Martin Ehrensberger

GENUSS WANDERN

ALTMÜHL-JURA

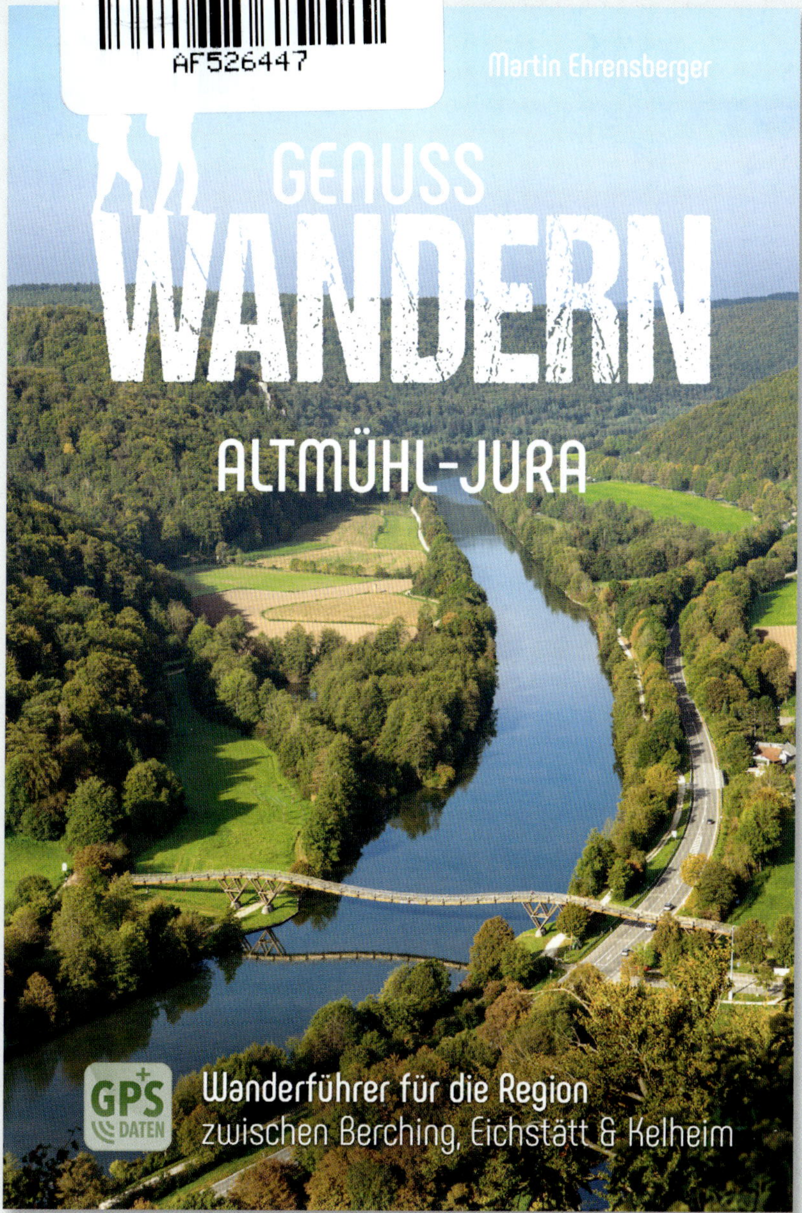

GPS+ DATEN

Wanderführer für die Region
zwischen Berching, Eichstätt & Kelheim

MZ BUCHVERLAG

STRECKENDETAILS

PIKTOGRAMME

Distanz

Wegzeit

Höhenmeter

Ausgangs-/Endpunkt

Wegpunkte

Bodenbeschaffenheit

Markierung

Charakteristik der Tour

Gasthäuser / Cafés

SCHWIERIGKEITSBEWERTUNG

Die Schwierigkeitsgrade sind subjektiv und von mir frei gewählt. Sie beziehen sich auf die Kriterien: Länge und Anstiege der Wanderung, Beschaffenheit und Markierung der Wege.

Leicht – Einfache Wanderung. Grundkondition erforderlich. Leicht begehbare Wege. Kein besonderes Können erforderlich.

Mittel – Mittelschwere Wanderung mit einer gewissen Länge. Gute Grundkondition erforderlich. Meist leicht begehbare Wege. Trittsicherheit oftmals vorteilhaft. Durchaus mit einigen Höhenmetern.

Schwer – Anspruchsvolle Wanderung mit einer gewissen Länge. Gute Grundkondition erforderlich. Überwiegend gut begehbare Wege, aber auch steile Passagen. Trittsicherheit und ggf. Schwindelfreiheit erforderlich. Wanderstöcke können sehr hilfreich sein. Es können einige Höhenmeter zu bewältigen sein.

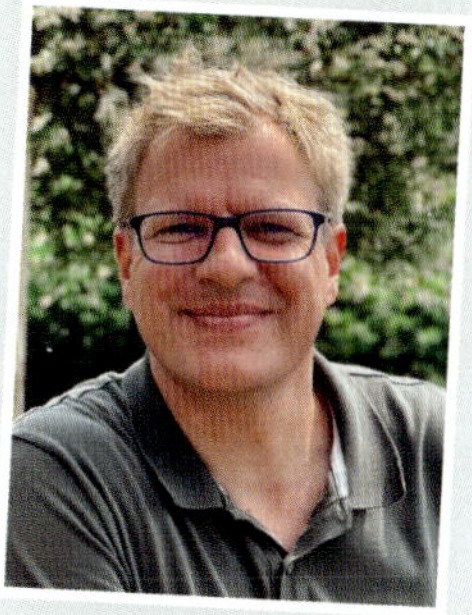

Lieber Wanderfreund,

das Wandern in der Natur kann bis zu einem gewissen Grad süchtig machen. Zumindest habe ich bei mir selbst nach den ersten beiden Wanderführern „Oberpfälzer Jura - Im Tal der Schwarzen Laber" und „Genusswandern Bayerischer Jura" derartige Tendenzen festgestellt. Sobald sich ein Projekt dem Ende näherte, hatte ich das Gefühl, weiterwandern zu wollen. Viel zu sehr habe ich mich daran gewöhnt, mir neue Wandertouren zu überlegen und so mir bis dato unbekannte, faszinierende Ort zu erschließen. In den meisten Fällen war ich alleine unterwegs, denn die Gesellschaft nur mit mir finde ich zum einen oftmals ganz angenehm, zum anderen ist dies die Zeit, wo ich in Ruhe mehrere Stunden am Stück einem Hörbuch lauschen kann. Gerade bei den Kontrollgängen einige Wochen nach der Erstbegehung genoss ich jedoch die Gesellschaft meiner Eltern oder meines Schwiegervaters sehr.
Nach zwei abgeschlossenen Projekten stellte sich mir nun die Frage: Wohin könnte ich noch gehen? Nachdem das Gebiet zwischen Neumarkt in der Oberpfalz und Regensburg vollumfänglich in den ersten beiden Werken behandelt wurde und ich im Zuge dessen Einblicke in die herrliche Landschaft des Altmühltals erhalten hatte, sollte es nicht lange dauern, um festzustellen, dass es in diesem Gebiet noch viel mehr zu erkunden gibt, als mir bewusst und bekannt war. Passend zum bekannten Spruch „Warum in die Ferne schweifen, wenn das Gute liegt so nah." machte ich mich auf, um mich tatsächlich von der Einmaligkeit der Landschaft „vor der Haustür" verzaubern zu lassen.
Da der Naturpark Altmühltal mit einer Ausdehnung von 2962 Quadratkilometern der viertgrößte Naturpark Deutschlands ist, wäre er für mich viel zu groß gewesen, um ihn zu bewandern und ihn in seiner Gänze in einem Buch darstellen zu können. Aus diesem Grund habe ich mich für das kleinere Gebiet „Altmühl-Jura" entschieden und dieses leicht erweitert. Sie finden in diesem Wanderführer 22 abwechslungsreiche Touren zwischen 5 und 19 Kilometern. Der Fokus lag darauf, möglichst wenig asphaltierte Wegstücke einzubauen, sondern Pfade und Steige und zudem bekannte und vielleicht weniger geläufige Orte und Sehenswürdigkeiten. Kennen Sie den „Jägersteig" bei Dollnstein, den „Pfad der Sprüche und Weisheiten" nahe Dietfurt an der Altmühl oder die Burgruine Brunneck bei Altdorf nahe Titting? Darüber hinaus wandern wir auf den Spuren der Ritter und Römer entlang des Limes, am Main-Donau-Kanal, nahe der Anlauer im gleichnamigen, verwunschenen Tal und natürlich zudem an der namensgebenden Altmühl.
Ich danke meiner Familie, dass sie mir die Freiheit einräumt und mich im wahrsten Sinne des Wortes laufen lässt. Sowie meiner Chefin Manuela für das erneute Vertrauen und den zuvorkommenden und hilfsbereiten Mitarbeitenden im Verlag.
Des Weiteren danke ich Ihnen für den Erwerb des Wanderführers. Ich wünsche Ihnen viele einmalige Erlebnisse auf den mehr als 250 Kilometern und unvergleichliche Eindrücke beim Nachwandern meiner vorgeschlagenen Wander Touren, zudem Inspiration und gute Beine.
Bleiben Sie gesund!

Herzlichst
Martin Ehrensberger

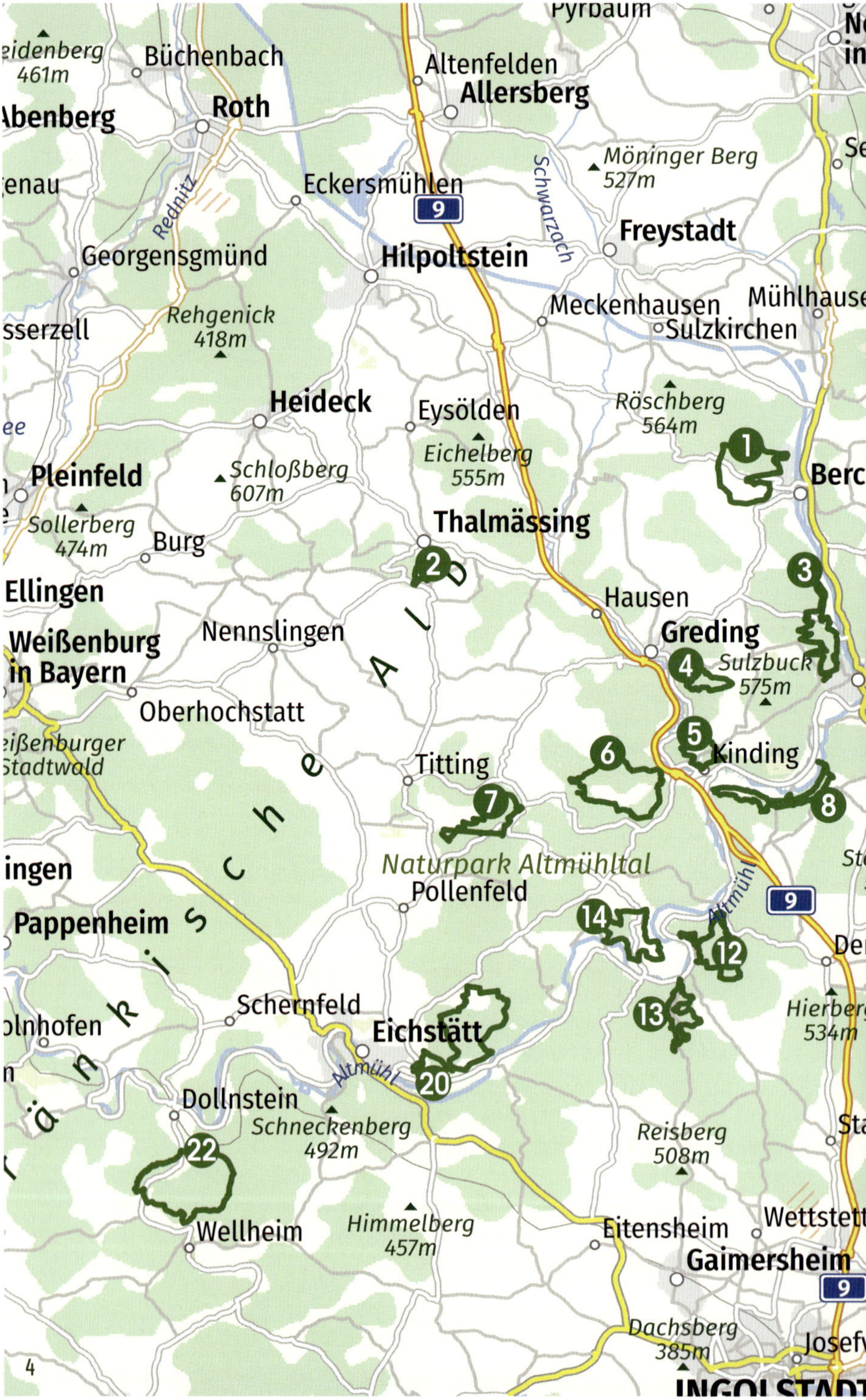
Pyrbaum
Büchenbach
Altenfelden
Allersberg
Roth
Möninger Berg
527m
Schwarzach
Rednitz
Eckersmühlen
9
Freystadt
Georgensgmünd
Hilpoltstein
Meckenhausen
Sulzkirchen
Rehgenick
418m
Heideck
Eysölden
Röschberg
564m
Eichelberg
555m
Pleinfeld
Schloßberg
607m
Sollerberg
474m
Burg
Thalmässing
Ellingen
Hausen
Weißenburg in Bayern
Nennslingen
Greding
Sulzbuck
575m
Oberhochstatt
Kinding
Titting
Fränkische Alb
Naturpark Altmühltal
Pollenfeld
Altmühl
Pappenheim
Schernfeld
Eichstätt
Hierberg
534m
Dollnstein
Schneckenberg
492m
Reisberg
508m
Wellheim
Himmelberg
457m
Eitensheim
Gaimersheim
Dachsberg
385m
1
2
3
4
5
6
7
8
12
13
14
20
22

Hinweis zu den Öffnungszeiten von Gaststätten

Es kann immer zu spontanen Änderungen von Öffnungszeiten oder auch zu generellen Schließungen kommen. Wir bitten Sie, dies bei Ihrer Tourplanung zu berücksichtigen und sich vorab selbst über die tagesaktuellen Öffnungszeiten der jeweiligen Gaststätte zu informieren – telefonisch oder auf der Website (falls vorhanden).

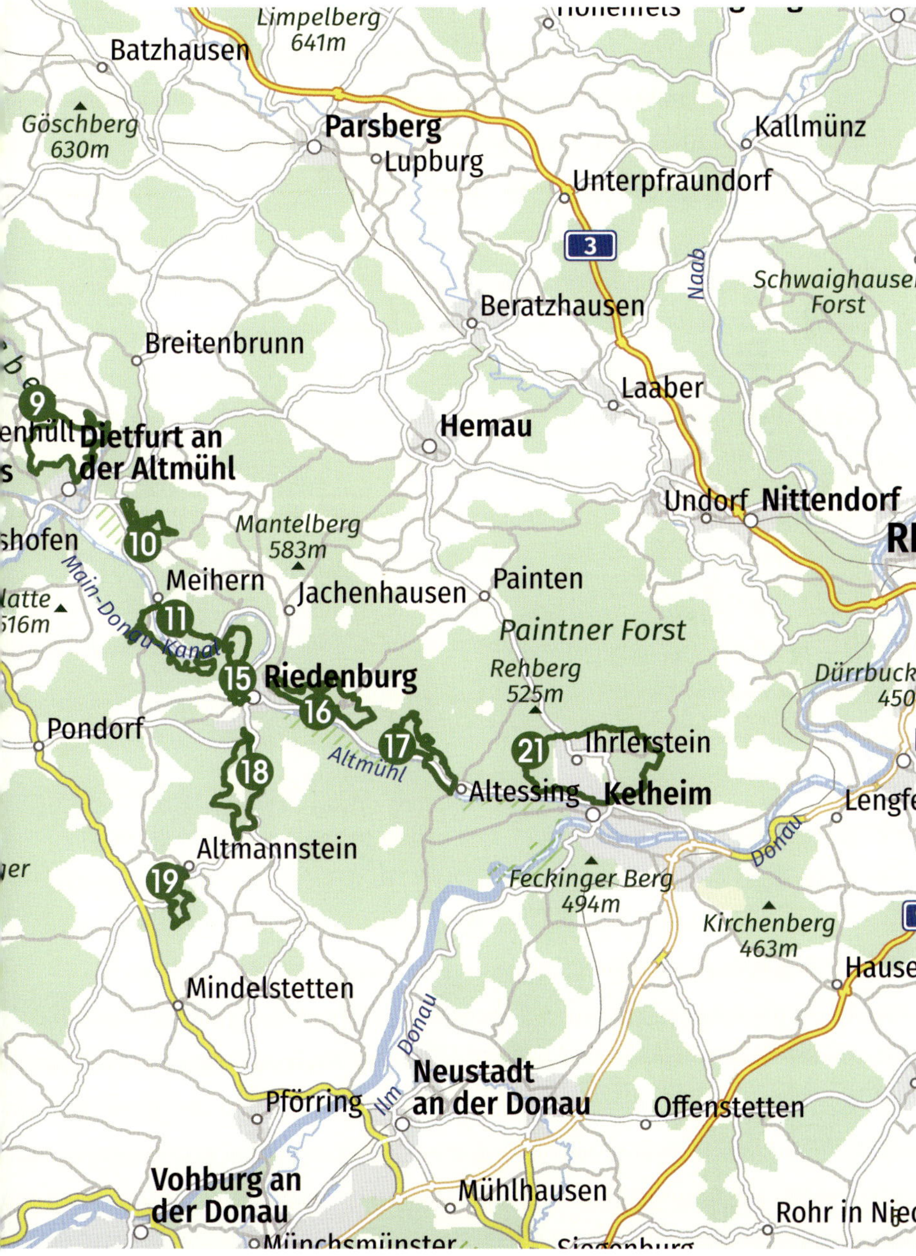

INHALT

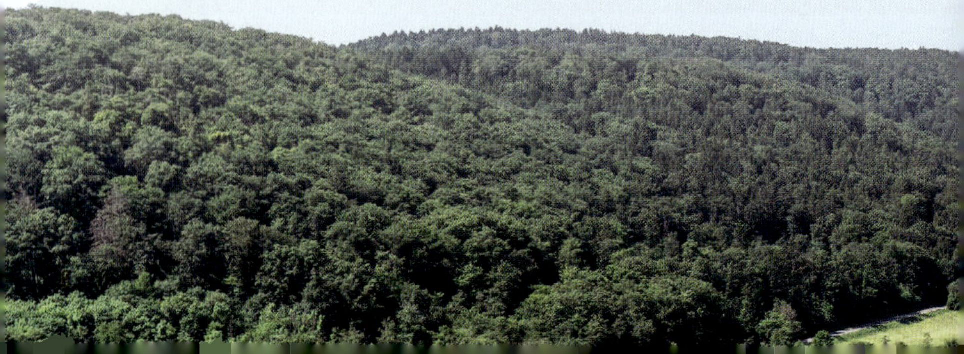

INHALT

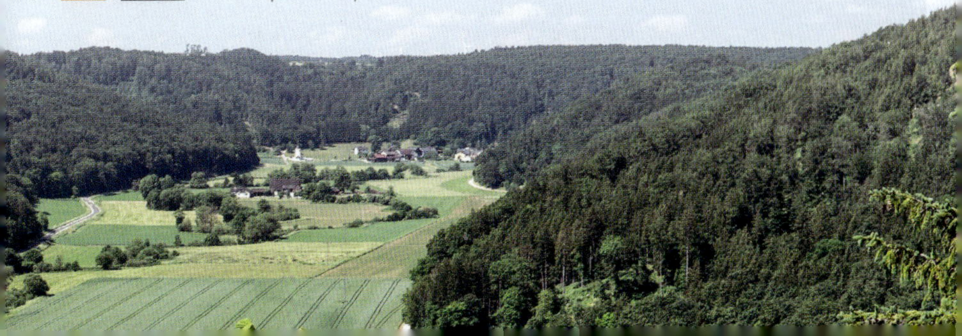

Altmühl-Jura

Die Altmühl-Jura-Region lebt von der Kooperation und gemeinschaftlichen Zusammenarbeit der 12 Gemeinden Altmannstein, Beilngries, Berching, Breitenbrunn, Denkendorf, Dietfurt, Greding, Kinding, Kipfenberg, Mindelstetten, Titting und Walting in den drei Landkreisen Eichstätt, Roth und Neumarkt i. d. Opf. in den drei Regierungsbezirken Oberbayern, Mittelfranken und Oberpfalz. Im Jahr 2008 haben sich die 12 Mitgliedsgemeinden unter dem Dach von „Altmühl-Jura" zusammengefunden und realisieren seitdem im intensiven Austausch zahlreiche Projekte in ganz unterschiedlichen, für die Region bedeutenden Themenbereichen. Dafür werden in der gemeinsamen Geschäftsstelle in Beilngries die beiden Förderinstrumente „Regionalmanagement Bayern" und „LEADER'bearbeitet. Letzteres ist als Förderprogramm der Europäischen Union im sog. „ELER-Fonds" (Europäischer Landwirtschaftsfonds für die Entwicklung des ländlichen Raums) verankert und steht dabei für „Liaison Entre Actions de Développement de l'Economie Rurale" (Verbindungen zwischen Aktionen zur Entwicklung der ländlichen Wirtschaft).

Ich habe das Gebiet noch um die Gegenden Riedenburg, Kelheim und Dollnstein-Konstein erweitert, da es dort zahlreiche landschaftliche Highlights zu erkunden gibt, die in keinem Wanderführer fehlen sollten, um ein stimmiges Gesamtbild abzugeben.

Die Altmühl-Jura-Region ist bestes Wanderland: Mitten im Naturpark Altmühltal verbinden ihre Wandertouren entspannte Landschaft mit Gastfreundschaft und Kultur. Wer auf den Touren der Altmühl-Jura-Region unterwegs ist, darf sich außerdem über außergewöhnliche Weggefährten freuen: Römer, Bajuwaren und große Künstler wie Christoph Willibald Gluck begleiten den Wanderer ebenso wie Klöster und Mühlen, Biber und Schmetterlinge. Durch die Region verläuft außerdem der „Altmühltal-Panoramaweg" – seine außergewöhnlich schöne Route wurde als „Qualitätsweg Wanderbares Deutschland" zertifizert. Als weiterer Fernwanderweg in der Region führt der „Limeswanderweg" mitten hinein in die römische Geschichte, während der „Wallfahrerweg" beeindruckende Stätten gelebten Glaubens zum Ziel hat.

Quelle:
https://www.altmuehl-jura.de/altmuehljura

Wandern mit GPS

Vielleicht kennen Sie die Aussage, dass das Gebiet nicht der Landkarte entspricht. Eine topographische Karte zeigt etwas anderes an als eine Wanderkarte. Je nach persönlichem Hintergrund und Schwerpunkt entdeckt jede Person die Umgebung auf seine bzw. ihre eigene individuelle Weise. Ähnlich verhält es sich auch mit Wanderkarten und GPS-Daten. Jede App und jeder Kartenservice stellen die Wege unterschiedlich dar. Ich wandere mit den beiden Apps *Bergfex* und *Outdooractive*. Zu Hause zeichne ich die aufgezeichnete Strecke im BayernAtlas nach und importiere die Strecke in *komoot*. Die Strecken unterscheiden sich immer voneinander, zum einen wegen der Genauigkeit des Aufzeichnens und auch wegen der Kartenabbildungen. Wundern Sie sich deshalb nicht, wenn es, speziell in dichten Waldgebieten, einige Abweichungen gibt. Ich hoffe dennoch, dass Sie anhand meiner Beschreibungen die Runden mit hohem Baumanteil gut und mit Freude bewältigen können.

Dieses Buch ist so aufgebaut, dass Sie die Wege mithilfe der Tourbeschreibungen und der abgebildeten Karte auch ohne moderne Technik finden können. Es kann aber sicher nicht schaden, wenn man im Zweifelsfall auf technische Hilfsmittel zurückgreifen kann; besonders nützlich ist die elektronische Unterstützung auf unmarkierten Streckenabschnitten. Deshalb bieten wir unseren Lesern auf der Webseite des Verlags die GPS-Daten zu diesem Wanderführer kostenlos zum Download an. Die Adresse der Webseite lautet: **https://gps.battenberg-gietl.de/**.

Geben Sie zuerst das Passwort **w27GuKpg** in das entsprechende Feld ein und klicken Sie dann bei der Tour Ihrer Wahl auf den Download-Button.

Die Touren sind im gängigen GPX-Format gespeichert. Sie können einzelne Touren direkt herunterladen oder gleich alle auf einmal; in dem Fall erhalten Sie eine ZIP-Datei, die Sie erst einmal „entpacken" müssen. Um die GPS-Daten benutzen zu können, benötigen Sie ein Smartphone (iPhone oder Android) mit GPS-Empfänger und eine App, die GPX-Dateien darstellen kann (z. B. *komoot, Bergfex, Outdooractive* o. Ä.). Sie sollten nach Möglichkeit die Dateien so speichern, dass Sie sie offline nutzen können, da häufig Wälder und Berge beim Netzausbau nicht vorrangig behandelt werden und es im Online-Betrieb bei schlechtem Netz zu lästigen Verzögerungen kommen kann.

Navigationsaufgaben verursachen meist einen höheren Energieverbrauch auf dem Smartphone. Achten Sie daher besonders bei längeren Touren darauf, dass der Akku ausreichend aufgeladen ist.

SOLLNGRIESBACH

Panoramen, idyllische Wasserläufe, viel Wald und Kapellen

TOUR 01

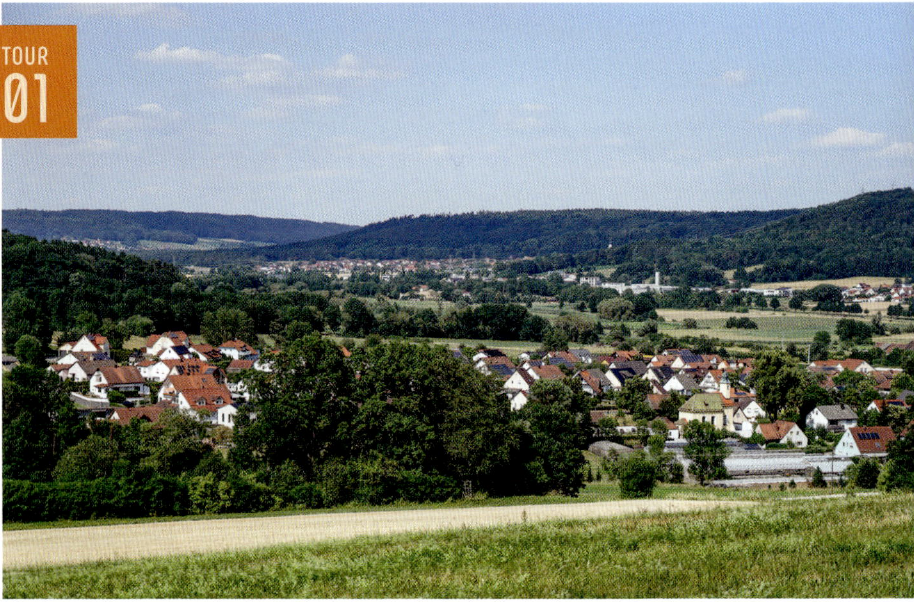

Start/Ziel: Stichweg an der Mauer der Pfarrkirche St. Nikolaus an der Kirchstraße in Sollngriesbach
Navi: Kirchstraße 17, 92334 Berching (Sollngriesbach)
Koord.: N 49° 7' 15.2508 E 11° 25' 53.148

Sollngriesbach – Aloisius-Kapelle – Zu-den-Vierzehn-Nothelfern-Aloisius-Kapelle – Hagenberg – Wasserhaus Rudertshofen – Sturzquelle am Gänsweiher – Wildbienenweg – Hoher Brunnen

Überwiegend gut begehbare Wege; meist naturbelassener bzw. loser Untergrund oder Kies; relativ wenig Asphalt; gute Grundkondition erforderlich; überwiegend markierte Wege.

Frankenweg (rot-weiß); Kapellenweg 7 (grün-gelb); Quellenweg 2 (grün-gelb); Hoher Brunnen 4 (grün-gelb); Wildbienenweg 6 (grün-gelb); Contemplatio (blau-weiß)

Eine einfache, meist markierte Wanderung bei Berching auf malerischen Pfaden zum Hohen Brunnen bei Rübling, vorbei an einigen Kapellen und Wegkreuzen.

Altstadthotel - Brauereigasthof Winkler
Reichenauplatz 22, 92334 Berching
Tel. 08462 1327
www.winkler-berching.de
Öffnungszeiten: siehe online

Hotel-Gasthof Blaue Traube
Pettenkoferpl. 3, 92334 Berching
Tel. 08462 1250
www.hotel-blauetraube.de
Öffnungszeiten: siehe online

 Foto: Panorama Sollngriesbach

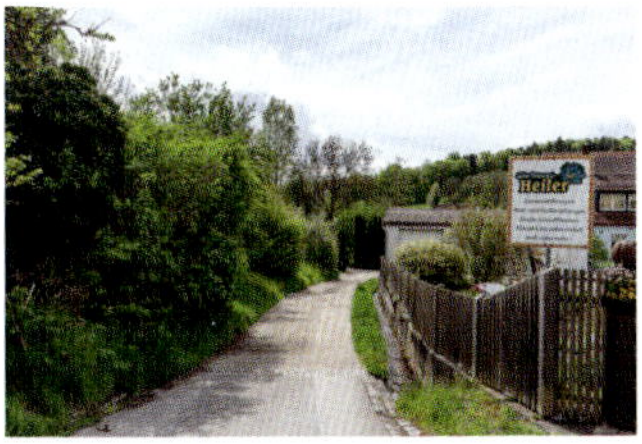

Startrichtung

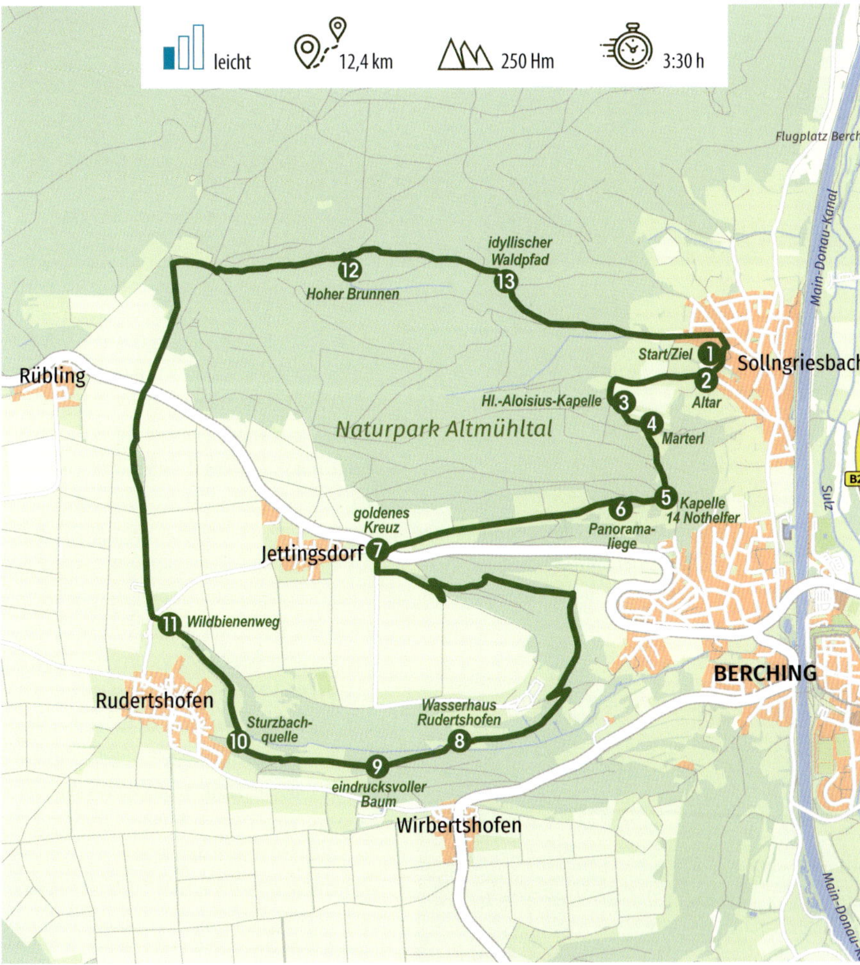

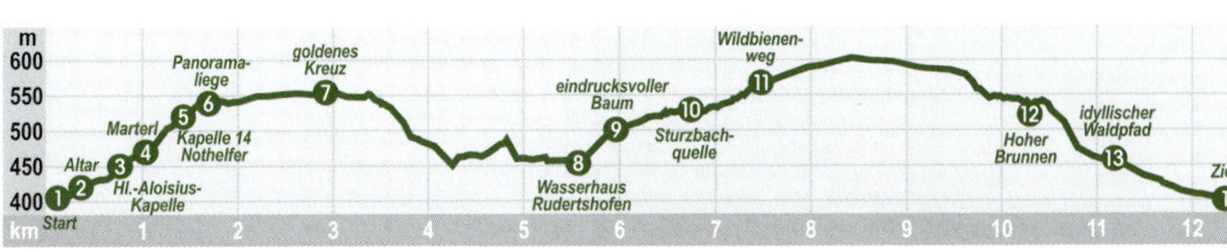

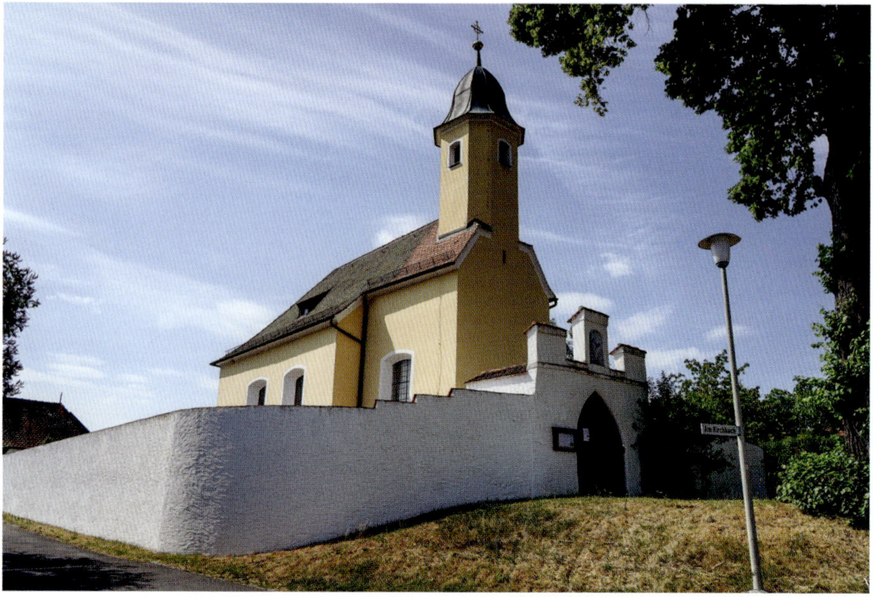

St. Nikolaus

Diese Runde beginnen wir direkt an der Pfarrkirche „St. Nikolaus" in Sollngriesbach ①.
Wir wenden uns nach rechts, auf den schmalen, fein geschotterten Weg in südlicher Richtung, welcher an einer Gärtnerei vorbeiführt auf der Straße „Am Kirchbach". Am Ortsausgang, nach etwa 140 Metern, erkennen wir einen kleinen, beschaulichen Altar ②.

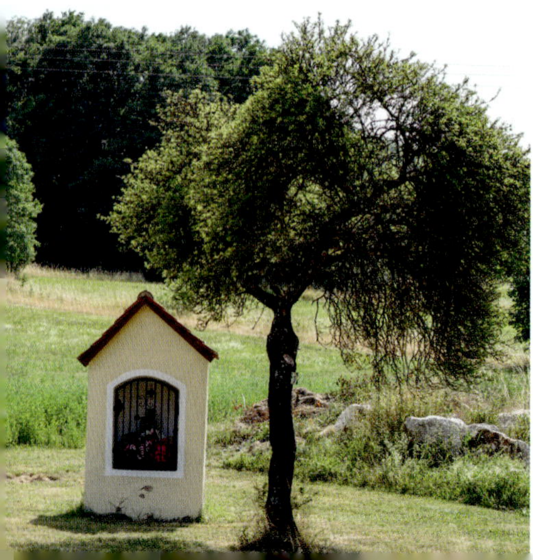

Kleiner Altar

Rechts daneben finden wir ein gepflastertes Stück, welches kurz darauf in einen Schotterweg mündet. Wir befinden uns auf dem Weg mit der Markierung „7". Dieser folgen wir das erste längere Stück der Wanderung. Nun folgt ein langgezogener, gewundener Aufstieg zuerst in Richtung Westen und dann nach zwei Biegungen in Richtung Südwesten. Von unten haben wir bereits eine kleine Kapelle oben am Berg erkannt. Dieser nähern wir uns und erreichen sie nach etwa 630 Metern. Je weiter nach oben wir kommen, umso herrlicher wird das Panorama hinab nach Sollngriesbach. Die Kapelle ist dem „Hl. Aloisius" gewidmet. Daneben können wir uns auf einer Sitzgruppe vom Aufstieg erholen und die großartige Aussicht genießen ③.
Wir gehen weiter. Der Anstieg ist jetzt nicht mehr ganz so steil, gemäß der Markierung. Nach 150 Metern befindet sich links, etwas versteckt hinter einer Ansitzvorrichtung, am Wegrand ein beeindruckendes Marterl ④.

Wir schlendern geradeaus weiter. So erreichen wir nach etwa 350 Metern in südlicher Richtung die nächste Kapelle. Sie ist den „Heiligen Vierzehn Nothelfern" gewidmet ❺.
Wir bleiben auf dem „Frankenweg", Berching „3" und der bekannten „7" in westlicher Richtung, am Waldrand. Nach etwas mehr als 200 Metern kommen wir an einer freien Fläche vorbei. Ein paar Meter hinter einem Insektenhotel finden wir eine hölzerne Liege. Hier oben haben wir ein herrliches Panorama über Berching ❻.
Nach und nach verabschieden sich der „Frankenweg" und die „4" nach rechts. Wir gehen auf dem fein geschotterten Weg geradeaus weiter. Nach etwa einem Kilometer in westlicher Richtung erkennen wir links, an der Straße „St 2388", einen weiteren kleinen Altar und eine mächtige Linde. Kurz darauf überqueren wir die Straße und halten uns rechts. An dieser finden wir rechts von uns zwischen zwei Birken ein großes, goldenes Wegkreuz ❼.

Wir folgen der Markierung „7" auf der schmalen Straße nach links und verlassen den Asphalt nach 90 Metern vor einer Scheune nach links. Nun folgt das einzige unmarkierte Stück. Nach 360 Metern endet der Wiesenweg südöstlich an einem Schotterweg. Diesem folgen wir scharf nach links. Wir nehmen aber nicht die erste, sondern die zweite Abzweigung nach rechts auf den zweispurigen, unbefestigten Forstweg. Nun folgen einige Y-Gabelungen. Wir halten uns immer links. Die erste erreichen wir bereits nach etwa 100 Metern, die zweite nach ungefähr derselben Distanz. Der Waldpfad scheint, seit der scharfen Rechtsabbiegung oben, nach insgesamt 300 Metern vor einer Ansitzvorrichtung an einer T-Kreuzung zu enden. Hier gehen wir auf dem unteren breiten Forstweg, welcher sich direkt vor dem Hochsitz befindet, auf losem Untergrund nach rechts in Richtung Osten weiter. Nach etwa 430 Metern haben wir an einer weiteren T-Kreuzung das Ende des Waldgebietes erreicht. Vor uns blicken wir

Panorama über Berching

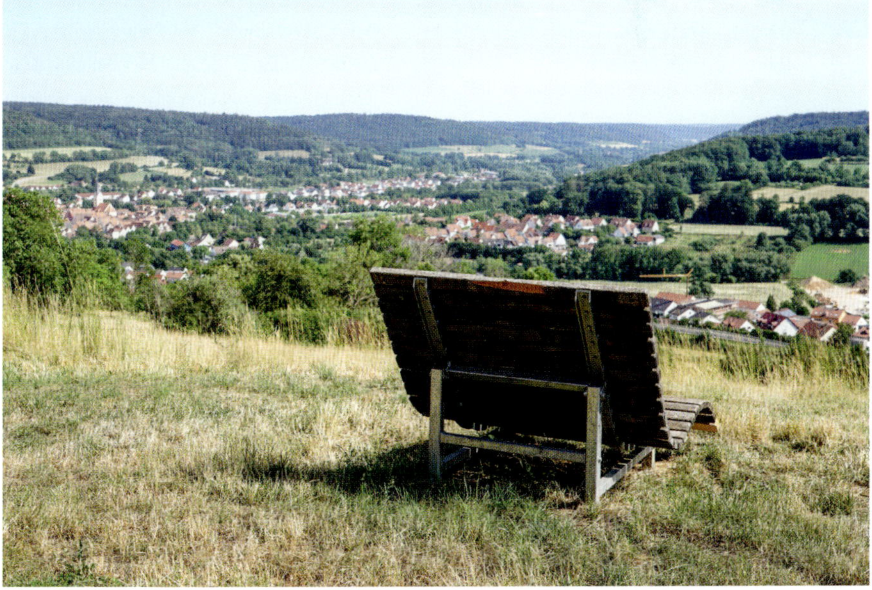

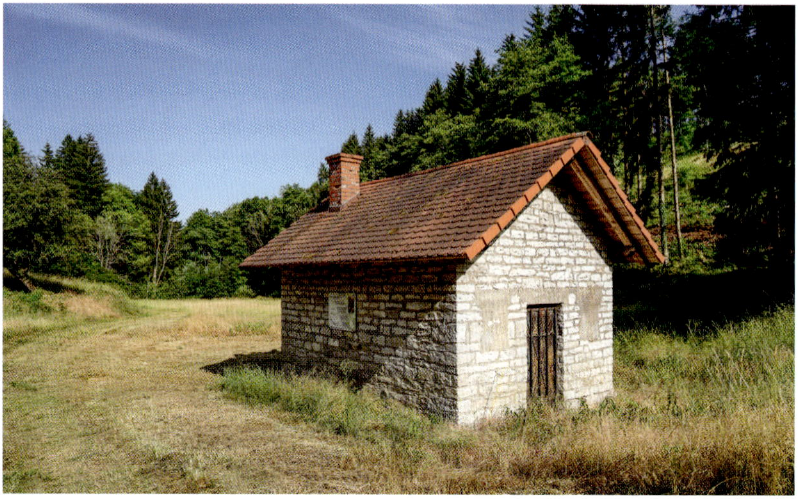

Wasserhaus Rudertshofen

erneut geradewegs hinab nach Berching. Es geht nach rechts weiter. Im Schatten der Bäume am Rand des Waldes bringt uns der teilweise geschotterte Feldweg in südlicher Richtung nach etwa 560 Metern bis kurz unterhalb der kleinen Ortschaft Hagenberg. An einer weiteren T-Kreuzung halten wir uns links, scharf ins Tal hinab. Der Schotterweg geht am Haus mit der Nr. 17 vorbei. Ebenso sind wir wieder markiert unterwegs, denn wir erkennen die „2" des „Quellenwegs". Unterhalb der Einfahrt zweigt dieser scharf nach rechts auf einen Feldweg ab. Die nächsten 2,5 Kilometer auf dem „Quellenweg" sind unfassbar idyllisch und malerisch, auf welchen wir von kleinen Bachläufen begleitet werden. Nach etwa 620 Metern erreichen wir eine offene Fläche. Hier finden wir, eingebettet in eine Senke, das Wasserhaus Rudertshofen vor **8**.

Gemäß dem Hinweis „2" folgt ein weiterer, geschotterter Anstieg. Nach 330 Metern in westlicher Richtung erreichen wir eine Weggabelung. Hier halten wir uns rechts und orientieren uns weiter am Hinweis „2". Ein paar Meter weiter befindet sich rechts am Wegesrand ein eindrucksvoller Baum **9**.

Der Feldweg bringt uns am Hang nach 500 Metern zu einer weiteren Weggabelung. An dieser Stelle spazieren wir ebenfalls nach rechts, auf der dem Tal zugewandten Seite weiter. Schon bald erkennen wir vor uns einen idyllischen kleinen Wasserfall. Hier, unterhalb von Rudertshofen, überqueren wir die „Sturzbachquelle am Gänsweiher" **10**.

Der Pfad führt links herum auf einem Wiesenweg durch das malerische Tal und bringt uns nach 730 Metern an eine Teerstraße. Hier halten wir uns links und erkennen eine interessante Säule. Es handelt sich um die Station 6 des „Wildbienenwegs". Auf den nächsten Metern werden wir noch mehrere dieser lehrreichen Stationen antreffen, denn die „6" ist die Markierung, an welcher wir uns auf dem nächsten Abschnitt orientieren **11**.

Wir halten uns links und überqueren gemäß dem Hinweis die Straße. Nach etwa 300 Metern in nördlicher Richtung wird aus dem Asphalt wieder ein fester Feldweg. Wir gehen in Richtung Norden weiter und überqueren schon bald erneut eine Straße. Auf der gegenüberliegenden Seite gibt es zwei Möglichkeiten in Richtung Wald weiterzu spazieren. Wir wählen den linken, der mit der bekannten „6" markiert ist. Nach 260 Metern zweigt der „Wildbienenweg" bei der Station 5 nach links ab, doch wir gehen auf dem Feldweg geradeaus weiter. Nach 350 Metern, kurz vor dem Wald, überqueren wir die „St 2388", eine schmale Teerstraße. Wir bleiben noch für 650 Meter auf dem leicht geschotterten Weg, welcher in das Waldgebiet hineinführt. Dann kommen wir zu einer Abzweigung vor einer Lichtung. An dieser Stelle finden wir die Markierungen des „Frankenwegs" und die bekannte „6". Diese leiten uns auf dem unbefestigten Waldweg nach rechts. Nach 140 Metern kommen wir zu einer Kreuzung, die etwas unübersichtlich erscheint. Im Prinzip gehen wir jedoch geradeaus weiter zum „Hohen Brunnen" in ca. 500 Metern. Hier finden wir auch das „C" des „Contemplatio"-Weges. Auf den nächsten Metern ist der Weg teilweise sehr feucht und tief. Aus diesem Grund wählen wir den idyllischen Trampelpfad, welcher sich nach etwa 250 Metern oberhalb, nahe des Forstweges, befindet. Der verwunschene Pfad bringt uns in 650 Metern zum Highlight unserer Wanderrunde: dem „Hohen Brunnen". Diese einmaligen geologischen Kalktuffterrassen, welche sich etwa 40 Meter rechts vom Wanderweg befinden, laden zum Staunen und Verweilen ein ⑫.

Wir gehen wieder zurück und rechts in Richtung Sollngriesbach weiter. Die Ortschaft befindet sich in 2 Kilometern. Auf dem nächsten, abschüssigen Stück ist der Boden teilweise richtig sandig. Nach weiteren 650 Metern ostwärts endet unser Pfad an einem Schotterweg. Wir gehen gemäß der Markierung „4" geradeaus weiter. Der Waldpfad auf diesem Abschnitt ist sehr idyllisch ⑬.

Schon bald endet unser Pfad an einem Schotterweg, auf welchem wir nach links in Richtung Sollngriesbach weiterwandern. Der Weg bringt uns parallel zum beschaulichen Kirchenbach in der Ortschaft auf die Straße „Zum Hohen Brunnen". Rechts erkennen wir bereits den Turm der Pfarrkirche. An der Kreuzung „Hangerweg" finden wir rechts einen fein geschotterten Fußgängerweg. Diesem folgen wir und beenden kurz darauf unsere Wanderung am Ausgangspunkt.

Hoher Brunnen

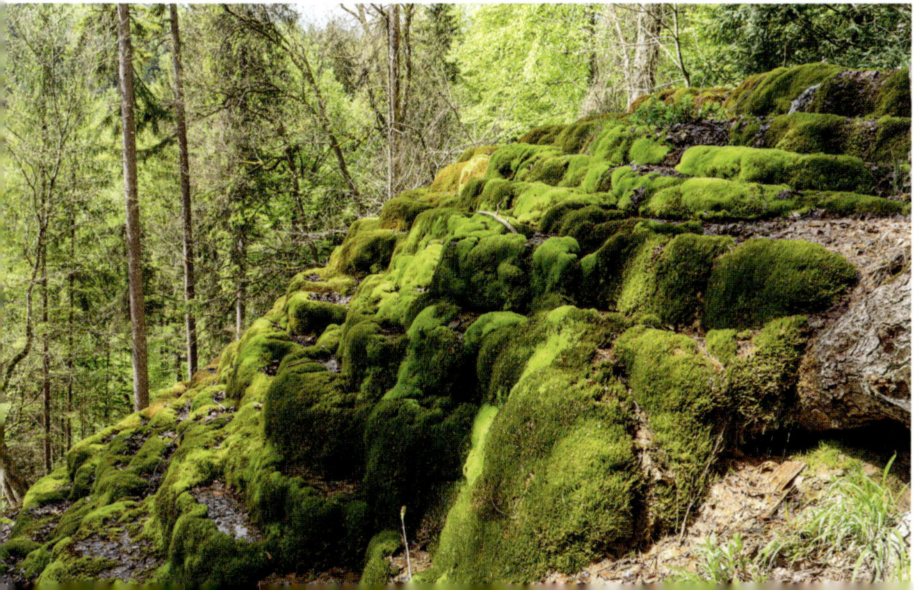

WAIZENHOFEN

Auf archäologischen und vorgeschichtlichen Pfaden

TOUR 02

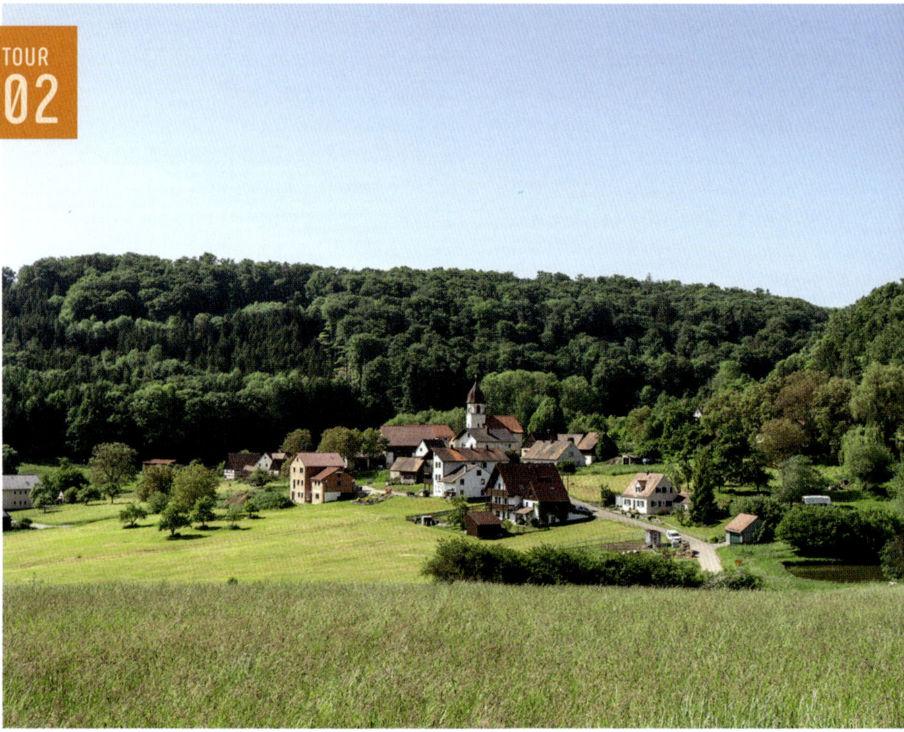

Kostenloser Wanderparkplatz ca. 500 Meter nordwestlich von Waizenhofen links (an der St 2225) in Richtung Ruppansburg
Navi: SG Thalmässing 1853 e. V., Waizenhofen 50, 91177 Thalmässing
Koord.: N 49° 4.292340 E 11° 12.833820

Info Archäologie erleben – Info Grabhügel Gebersdorf – Waldkindergarten – Felsenkeller

Überwiegend gut begehbare Wege auf losem oder naturbelassenem Untergrund; nahezu ohne Asphalt; kein besonderes Können notwendig, für alle Fitnesslevel geeignet.

Spaßwanderweg Rundweg 2; Vorgeschichtlicher Weg „V"; Mittelalterweg „M"; Archäologischer Wanderweg; Thalachtal-Panoramaweg „5" (grün-gelb), grün-gelbe „3", „4", „6"

Eine kurze Runde auf archäologischen und vorgeschichtlichen Waldpfaden bei Thalmässing, die speziell auch für Kinder geeignet ist.

Landgasthof Weglehner
Landersdorf 5, 91177 Thalmässing
Tel. 09173 226
www.landgasthofweglehner.jimdofree.com
Öffnungszeiten: siehe online

 Foto: Panorama Gebersdorf

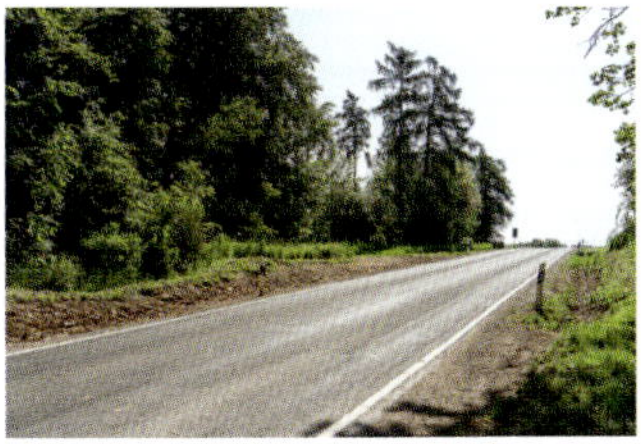

Startrichtung

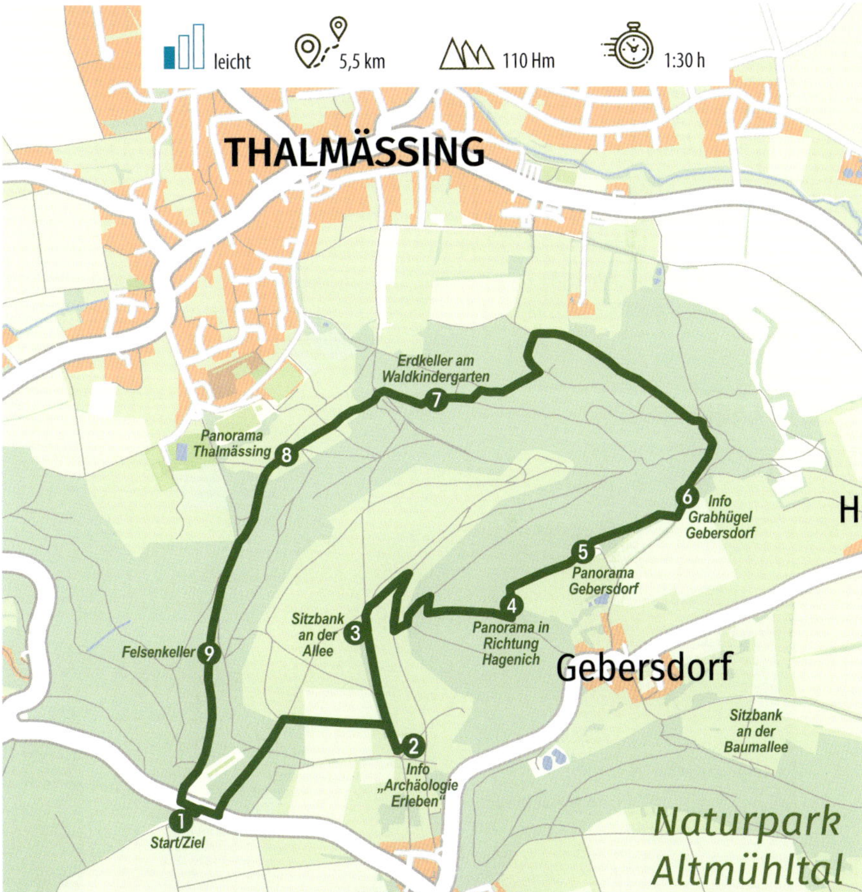

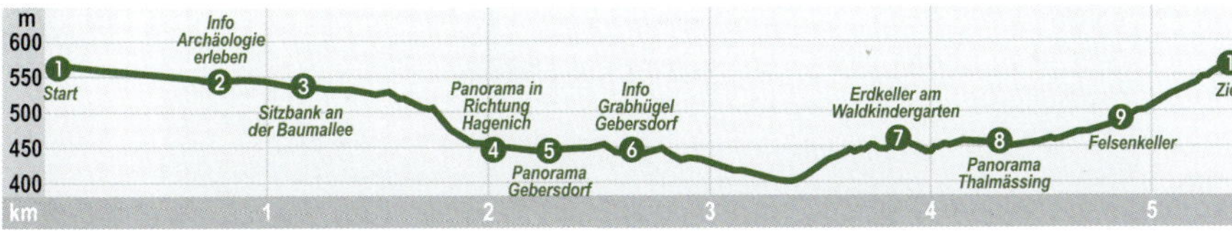

Diese Runde ist ideal für einen entspannten Spaziergang an einem Sonntagnachmittag mit Hund und Kindern. Wir beginnen etwa einen halben Kilometer außerhalb von Waizenhofen nordwestlich an einem Wanderparkplatz ❶.

Auf der anderen Straßenseite halten wir uns für ein paar Meter rechts und biegen dann bei der Beschilderung „Spaßwanderweg" links auf den Feldweg. Nach 300 Metern in nördlicher Richtung, am Ende des Waldes, wenden wir uns auf den Wiesenweg nach rechts. Nach 280 Metern erreichen wir einen Schotterweg an einem Bolzplatz. Ein paar Meter rechts erkennen wir eine Sitzgruppe und eine moderne Infotafel zum „Fundreich Thalmässing - Archäologie erleben" ❷.

Wir drehen uns und gehen wieder auf demselben Wiesenweg zurück, denn vor uns breitet sich linker Hand eine majestätische Baumallee aus, entlang welcher wir auf dem „Jakobsweg" und dem „Vorgeschichtlichem Weg" für etwa 300 Meter in Richtung Norden spazieren möchten. Schließlich erkennen wir links unter einem prächtigen Baum eine Sitzgruppe ❸.

Etwa 30 Meter weiter gabelt sich der Wiesenweg. Wir verlassen den „V"-Weg und den „Nürnberg-Altmühltal"-Weg und wählen die ganz rechte, unmarkierte Möglichkeit, die uns nach ca. 150 Metern hinab an den Rand eines Waldgebietes bringt. Dort, an einem Wiesenweg, wenden wir uns nahezu in entgegengesetzter Richtung scharf nach rechts und folgen diesem für 160 Meter in südlicher Richtung. Dann erkennen wir eine

Info Archäologie erleben

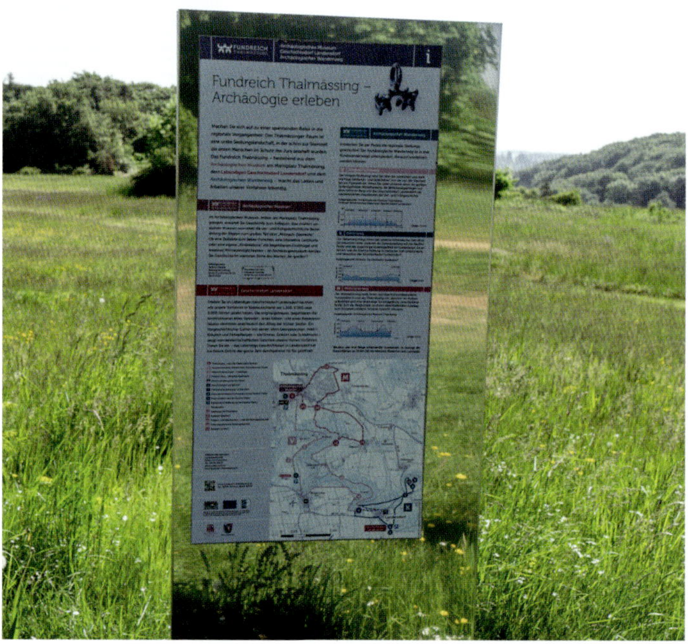

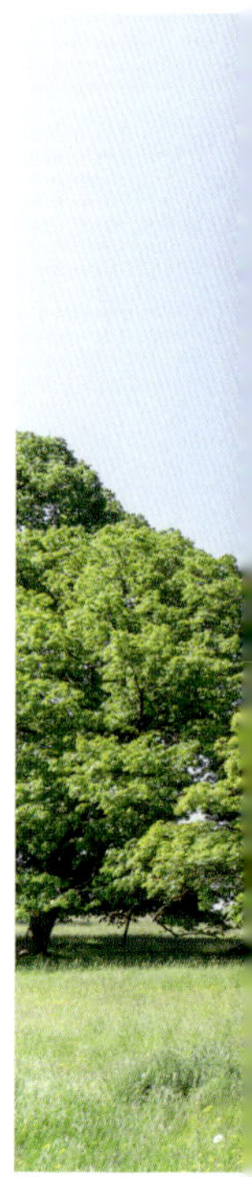

Abzweigung links hinab in eine Senke. Hier verlassen wir diese grüne Hochebene und tauchen ein in ein schattiges Waldstück. An der Baumgrenze halten wir uns auf dem Waldweg links. Nach 135 Metern erkennen wir an einem Baumstamm die grün-gelbe „3", welche von einer Abzweigung scharf rechts heraufführt. Diese kann man im Sommer leicht verpassen. Wir wählen sie und folgen dem „Thalachtal-Panoramaweg" in einem Linksbogen den steilen Pfad hinab, ostwärts ins Tal. Nach 230 Metern folgen wir der Abzweigung gemäß den Hinweisen „V" und „5", die sich an einem hohen Baumstumpf befinden, nach links, hinab in eine Lichtung. In deren Mitte befindet sich links am Waldrand eine Panoramabank, wo wir unseren Blick in Richtung der Ortschaft Hagenich gleiten lassen können 4.

Wir spazieren weiter und schlendern am Waldrand nach rechts. Nach etwa 200 Metern in östlicher Richtung erblicken wir rechts ein herrliches Panorama zur Ortschaft Gebersdorf, mit der Pfarrkirche „St. Nikolaus" in dessen Mitte 5.

Wir schlendern am Waldrand entlang in Richtung Nordosten. Dann endet der Waldweg an einer schmalen Teerstraße. Hier geht es gemäß der Beschilderung nach links weiter. Nach 60 Metern gelangen wir links erneut zu einem Platz. An dieser Stelle befindet sich eine weitere Infotafel bei einer Sitzgruppe, welche uns über den Grabhügel bei Gebersdorf in Kenntnis setzt 6.

Wir bleiben auf dem Waldweg und orientieren uns auf dem nächsten Wegstück an den Markierungen „V", „M" und „5". Nach 150 Metern machen wir eine Linksbiegung, der Weg wandelt sich in

Sitzbank an der Baumallee

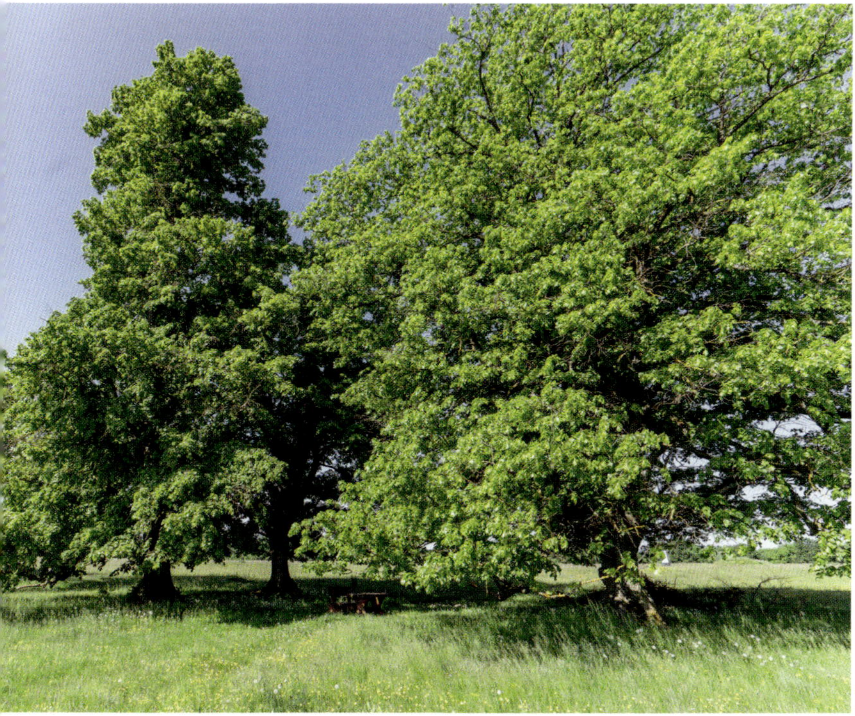

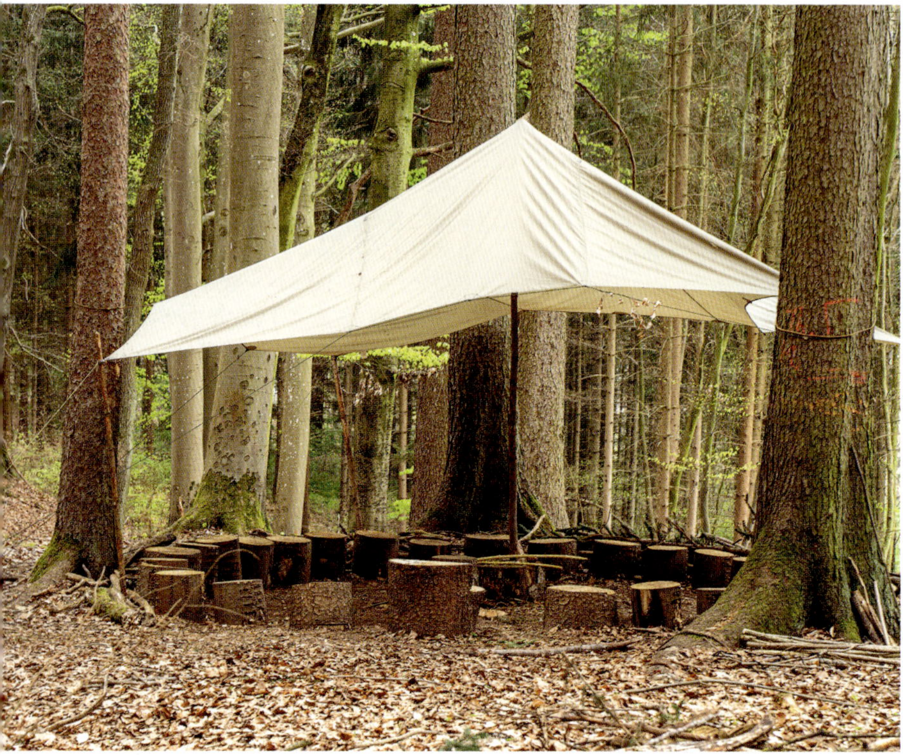

Waldkindergarten

einen idyllischen Waldpfad. Wir spazieren nordostwärts durch den schattigen Wald. Dank der drei Markierungen kann man sich nicht verirren. Nach einigen Minuten erreichen wir den Waldrand. Vor uns erkennen wir die Ortschaft Thalmässing. Während nach 60 Metern die Wanderwege am Schotterweg nach rechts in Richtung Ortschaft abzweigen, wählen wir den kurzen, steinigen Aufstieg nach links. Nach einer Linksbiegung erkennen wir vor uns ein Wasserversorgungshäuschen an einer Y-Gabelung. Etwa 20 Meter vorher zweigt rechts ein Waldpfad ab. Diesen wählen wir in südwestlicher Richtung. Nach 180 Metern scheint er zu enden, doch es geht vor einem bemoosten Baumstamm links den Pfad eine Rampe hoch. Nach 40 Metern sind wir erneut auf einem offziellen Wanderweg, welcher mit „V" und „3" markiert ist. Es geht nach rechts weiter. Kurz darauf zweigt die „3" nach rechts in Richtung Tal ab, doch wir bleiben dem „V" treu und gehen geradeaus weiter. So erreichen wir nach etwa 150 Metern eine Art Waldkindergarten. Links davon befindet sich der erste von noch weiteren Felsenkellern 7.

Auf dem „Vorgeschichtlichen Weg" erreichen wir schon bald erneut den Waldrand. Vor uns befindet sich eine Wiese, und rechts erhalten wir eine wunderbare Aussicht auf Thalmässing, während wir auf dem Wiesenweg über die Ebene schlendern 8.

Kurz darauf erkennen wir die grün-gelbe „4" und „6", welche uns erneut links in den Wald hineinleiten. So halten wir uns an der Weggabelung links. Nach 220 Metern gelangen wir an einen

breiten Schotterweg. Hier halten wir uns links und machen uns an den Aufstieg. Schon bald zweigen die markierten Wege nach rechts ab, doch wir gehen geradeaus weiter. Auf dem Weg nach oben passieren wir einige ungewöhnlich große, relativ neurenovierte Felsenkeller, welche für Fledermäuse reserviert sind, sowie einen altertümlichen Grenzstein, welcher uns darüber informiert, dass Eichstätt 24 Kilometer entfernt ist 9.
Nach 600 Metern, auf Höhe des Schützenhauses Thalmässing, erreichen wir die bekannte Teerstraße. Wenige Meter links beenden wir unseren kurzen Spaziergang bei Thalmässing.

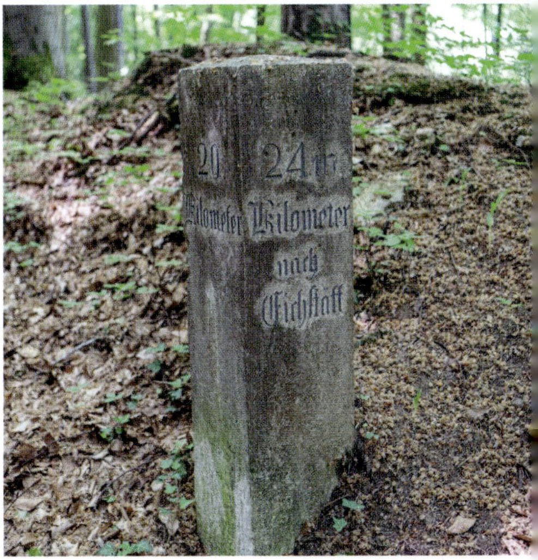

Wegmarkierung Eichstätt 24 km

Felsenkeller

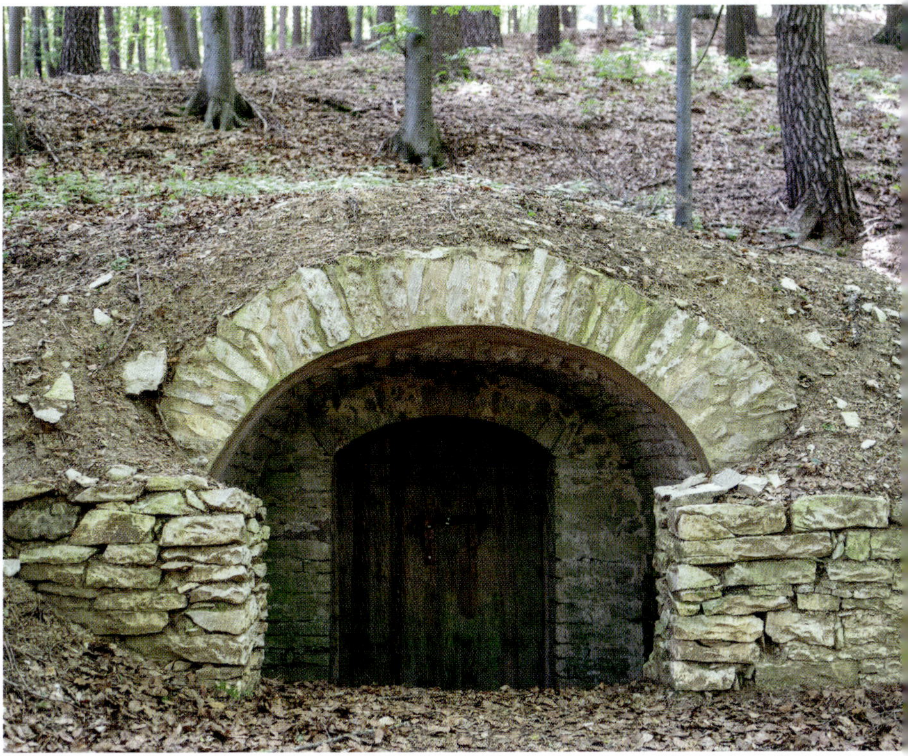

HIRSCHBERG

Auf den Wegen der Benediktiner auf Wallfahrt vom Hirschberg zum Kruzerloch

TOUR 03

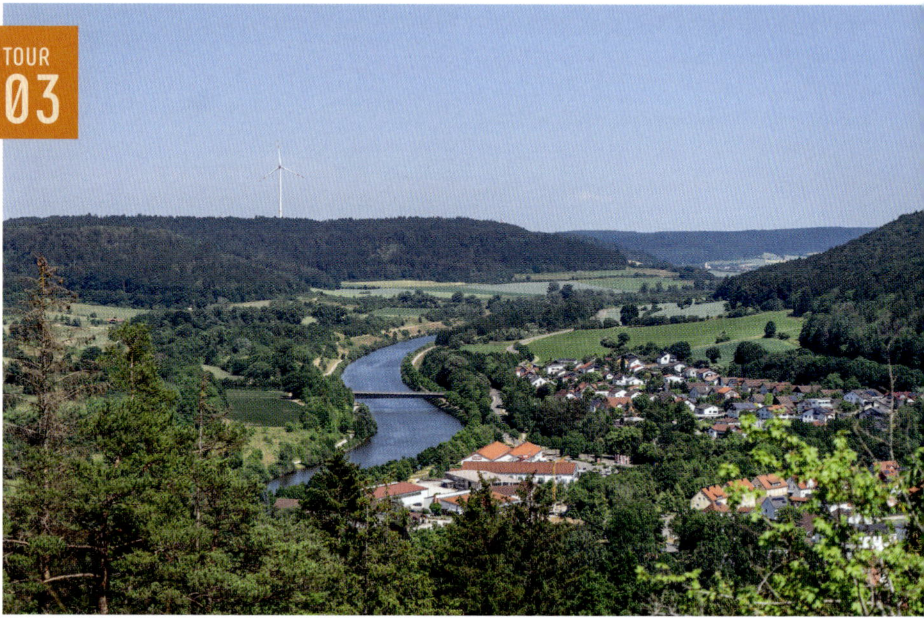

Kostenloser, gut beschilderter Parkplatz am Ortsausgang von Hirschberg nahe dem Funkmast in der Nähe des Sportplatzes
Navi: Hirschberg 107, 92339 Beilngries
Koord.: N 49° 2' 6.5616 E 11° 27' 10.9368

Schloss Hirschberg – Marienklause – Biberbach – Benediktinerabtei Plankstetten – Kruzerloch – Sichelberg – Birkental

Mittelschwere Wanderung; gute Grundkondition erforderlich; leicht begehbare Wege auf überwiegend naturbelassenem oder losem Untergrund oder Kies; in und nahe den Ortschaften auch längere Abschnitte auf Asphalt.

Sulztal-Wanderweg 22 (blau-gelb); Beilngries 1 Benediktinerweg (gelb-grün); Beilngries 2 (gelb-grün); JT (grün-gelb, Jura-2000-Tour); Altmühltal-Panoramaweg (rot-gelb); Benediktusweg 5; Wallfahrerweg (grün-gelb); Kinding K2 (grün-gelb)

Eine längere Runde vom Aussichtspunkt nahe dem Schloss Hirschberg auf Waldpfaden entlang den Hängen über dem Altmühltal zur weltbekannten Benediktinerabtei des Klosters Plankstetten und zur Höhle Kruzerloch und auf den Pfaden der Benediktiner durch schattige Wälder wieder zurück.

Schenke der Benediktinerabtei
Klosterplatz 1, 92334 Berching
Tel. 08462 2060
www.kloster-plankstetten.de/betriebe/schenke/
Öffnungszeiten: siehe online

 Foto: Aussicht in Richtung Dietfurt

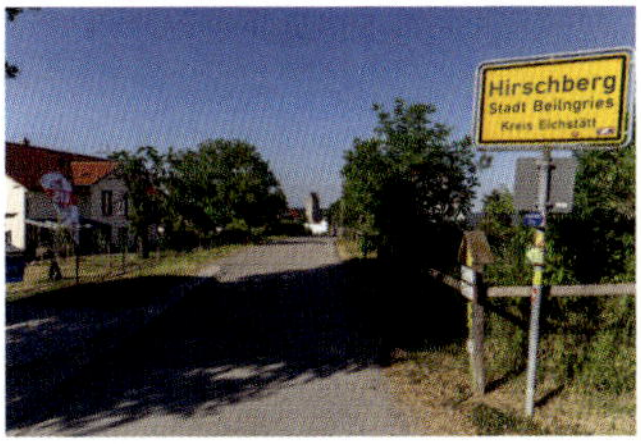

Startrichtung

mittel | 17,1 km | 340 Hm | 4:30 h

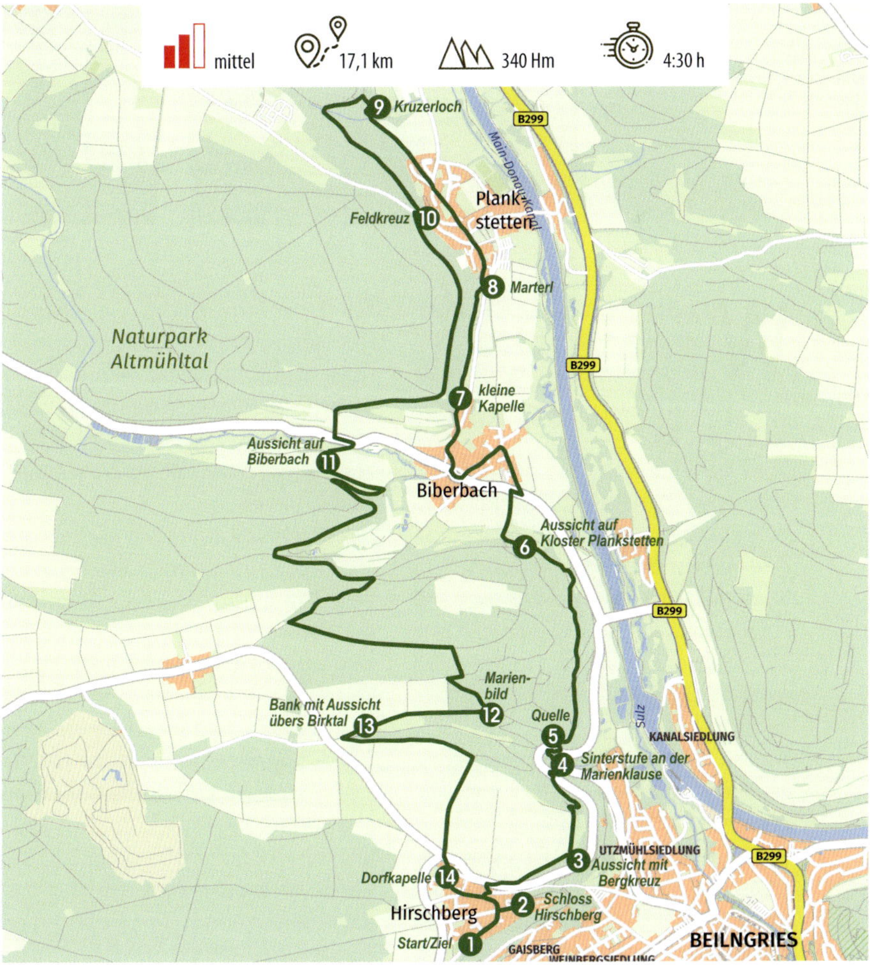

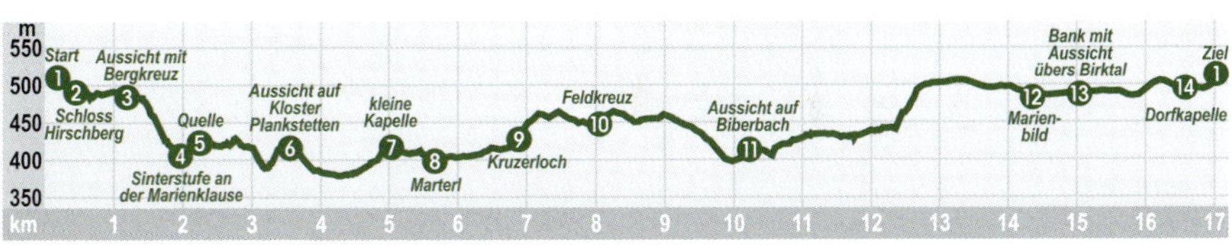

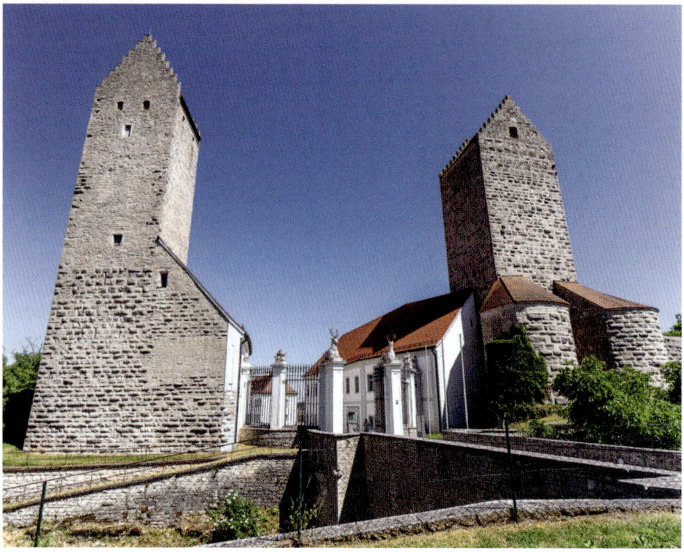

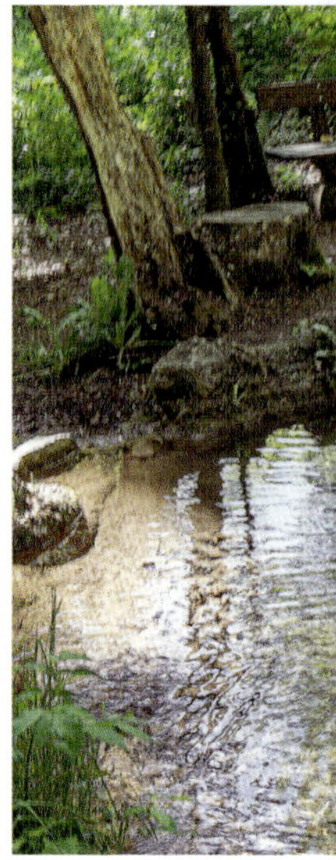

Schloss Hirschberg

Wir parken unmittelbar bei einem Rastplatz am Ortsausgang von Hirschberg und genießen zu Beginn der Runde einen großartigen Ausblick über das Altmühltal bei Beilngries ❶.

Da wir drei Orte durchqueren – mit Hirschberg, Biberbach und Plankstetten –, bewegen wir uns zwangsläufig etwas mehr auf Asphalt, um an diese wunderschönen Ortschaften und Plätze zu gelangen. Wir orientieren uns nach rechts und machen gemäß dem Hinweis „Beilngries 2" nach 215 Metern einen Abstecher nach rechts und sehen uns im majestätischen Schloss Hirschberg um ❷.

Wir gehen wieder zurück und halten uns rechts, gemäß den Wanderhinweisen. Nach einer Linkskurve folgen wir den Hinweisen „Beilngries 2" und „Kinding K2" nach rechts und verlassen kurzzeitig den „Altmühltal-Panoramaweg". Dann dürfen wir den kleinen, schmalen Geheimgang zwischen zwei Grundstücken hindurch nicht verpassen. Er befindet sich bereits nach 45 Metern, gegenüber eines blauen Wasserleitungsschildes, links. Wir überqueren die Straße „EI 21" und halten uns leicht rechts. Die schmale Teerstraße führt eine kleine Rampe hoch und ist mit dem „Altmühltal-Panoramaweg" markiert. Nach 190 Metern verlassen wir den Asphalt und gehen auf einem geschotterten Feldweg. Wenig später passieren wir ein mächtiges Bergkreuz. Auf der Bank daneben haben wir erneut eine großartige Aussicht auf Beilngries ❸.

Kurz darauf macht der Feldweg eine Linkskurve und wir gehen geradewegs in Richtung Norden weiter. Dann folgen wir dem Hinweis nach rechts und folgen dem Waldpfad in einem S-Bogen den Hang hinab und überqueren kurz darauf ein weiteres Mal die Straße. Wir halten uns etwas links, denn die Hinweise leiten uns auf einem schmalen Trampelpfad weiter hinab. An der nächsten Straße verlassen wir den Panoramaweg, welcher geradewegs über die Straße weiterführen würde. Hier finden wir einen Schilderbaum. Bis Plankstetten in 4 Kilometern orientieren wir uns nun am „Sulztal-Wanderweg", dem „Benediktinerweg" 1 und der „Jura-2000-Tour" (JT). Wir biegen scharf nach links ab. Der nächste, kurze Abschnitt ist unfassbar idyllisch: Es geht über eine kleine Holzbrücke über einen schmalen Bachlauf. Es handelt sich um Kalktuffterrassen an der „Marienklause".

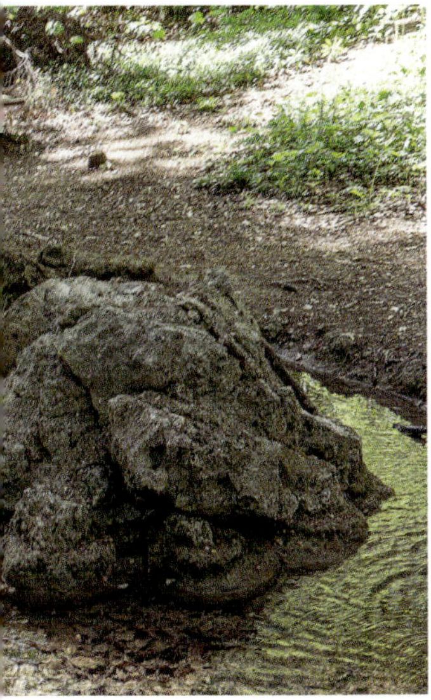

Wasserlauf

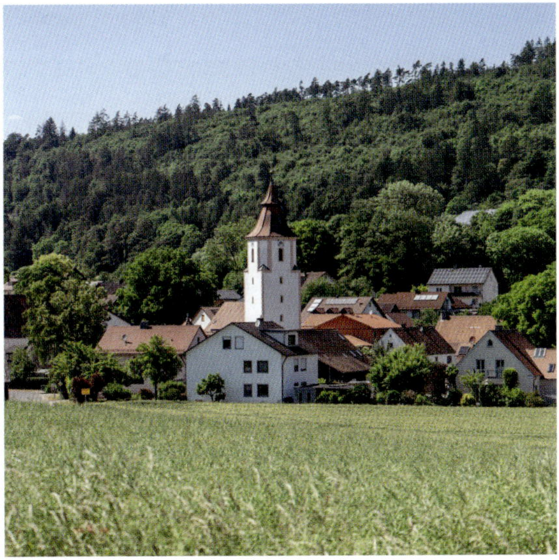

Blick nach Biberbach

Wenig später erreichen wir einen weiteren Wasserlauf, der sich um Steine herumschlängelt. Unser Pfad führt uns an einer malerischen Kapelle vorbei hoch zur Straße „El 21", welche wir auch überqueren 4.

Sodann erfahren wir, dass es bis Biberbach 2,5 Kilometer und nach Plankstetten 4 Kilometer sind. Ein weiterer Orientierungspunkt ist ab jetzt der Hinweis des „Wallfahrerwegs". Nach einer Linkskurve finden wir zu unserer Linken den Quelltopf des kleinen Bächleins 5.

Unser idyllischer Waldpfad führt jedoch rechts gegenüber gen Norden in Richtung Biberbach. Auf den nächsten 1,3 Kilometern im schattigen Waldgebiet wechseln sich Trampelpfade und Wiesenwege mit den schönen Waldpfaden ab. Dank der Wegweiser „22", „Wallfahrerweg" oder „JT" kann man sich nicht verirren. Ehe wir nach rechts hinab auf den gepflasterten Weg nach Biberbach abbiegen, kommen wir an einem tollen Aussichtspunkt auf Kloster Plankstetten vorbei. Hier befindet sich zudem eine Sitzgelegenheit 6.

So biegen wir kurz darauf gemäß den Hinweisen schließlich hinab zur Straße nach Biberbach. An der Straße halten wir uns rechts und biegen gegenüber einer kleinen Kapelle links in die Ortschaft hinein. Unser Fixpunkt ist der Turm der Pfarrkirche „St. Michael". Schließlich orientieren wir uns in der Ortschaft links entlang des Forellenbachs. Unser Weg führt uns an der Pfarrkirche vorbei. Wenige Meter weiter erreichen wir die Kreuzung der „St 2393", an welcher wir uns rechts, vorbei am „Müchhaisl", halten. Nach 80 Meter halten wir uns erneut rechts. Damit wir nicht auf der Straße bleiben müssen, dürfen wir nach 250 Metern die Abzweigung nach links, gemäß den Wegweisern, nicht verpassen. Es geht eine gepflasterte Rampe hoch und nach 80 Metern spazieren wir rechts weiter. Auf Höhe des Ortsausgangs Biberbach passieren wir links eine kleine, gelbe Kapelle 7.

Der folgende Waldpfad bringt uns am Fuße des Hanges nach 750 Metern in nördlicher Richtung nach Plankstetten. Zwischendurch lassen wir unsere Blicke zurück in Richtung Beilngries gleiten, um ein großartiges Panorama des Naturparks Altmühltal zu genießen, und haben die Türme der Benediktinerabtei Plankstetten fest im Blick. Wir befinden uns noch immer auf dem „22", der „Beilngries 1" und der „JT". Vor der Ortschaft

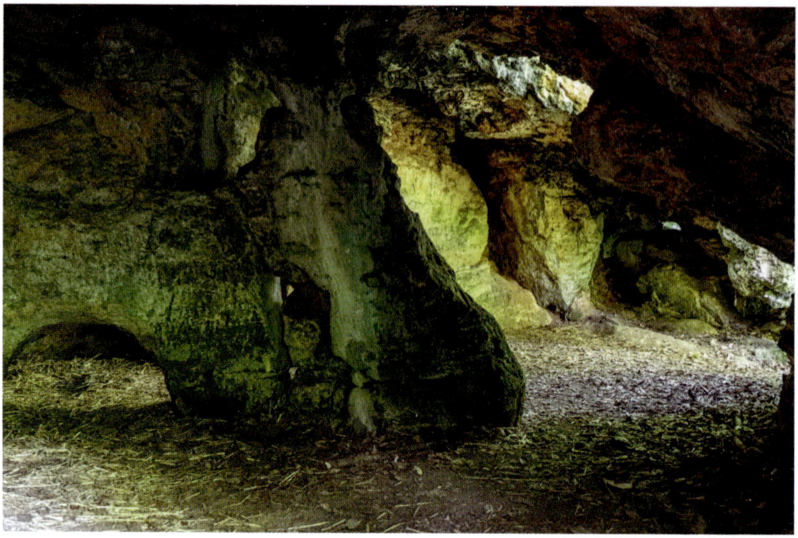

Kruzerloch

erreichen wir die Teerstraße. Die Straße gabelt sich an einem großen, braunen, hölzernen Marterl 8.

Hier verlassen wir die „Biberbacher Straße" und gehen links davon weiter. Der Weg führt uns geradewegs zur Klosterpassage des Klosterhofladens. Wir spazieren durch den Klosterkomplex hindurch und erreichen den Klosterplatz. Eine Einkehr in die Klosterschenke ist immer lohnenswert. Wir orientieren uns danach auf dem „Benediktusweg 5" und weiterhin an dem „JT" und dem „Sulztal-Wanderweg 22" und gehen in Richtung Sportplatz gerade weiter auf der „Eglasmühler Straße". An einer Dreifachweggabelung gehen wir geradeaus weiter. Kurz darauf weicht der Asphalt einem geschotterten Feldweg. Nach 350 Metern erreichen wir einen hölzernen Steg, welcher über einen idyllischen Bachlauf führt. Auf der anderen Seite erkennen wir bereits den Hinweis „Kruzerloch". Der Pfad führt uns links den Berg hinauf. Nach 50 Metern gabelt sich der Weg und wir machen einen kurzen Abstecher rechts zu dieser mystischen Höhle. Besonders Kinder und abenteuerlustige Erwachsene haben ihre Freude daran, denn sie wirkt von außen kleiner, als sie im Inneren tatsächlich ist 9.

Wir gehen wieder zurück und rechts hoch weiter. Nach einer Linksbiegung erreichen wir kurz darauf einen breiten Forstweg. Wir befinden uns am nördlichsten Punkt unserer Wanderung. An dieser Stelle halten wir uns links am „Benediktusweg 5". An einer hölzernen Infotafel zweigt dieser nach rechts ab, doch wir bleiben auf dem geschotterten Forstweg und gehen geradeaus in westlicher Richtung weiter. Ein paar Meter weiter ist das „C" des „Contemplatio"-Weges zu uns gestoßen und so überqueren wir nach 160 Metern erneut den Bachlauf nach links, wo wir erneut „5" finden (Kloster Plankstetten 1,2 km). Nach 700 Metern in südlicher Peilung erreichen wir auf dem fein geschotterten Weg die „Fribertshofener Straße" oberhalb von Plankstetten. Rechts von uns thront majestätisch ein beeindruckend großes Bergkreuz 10.

An der Straße biegen wir nach rechts ab und verlassen sie zum Glück bereits nach 40 Metern wieder nach links. Der nächste Wegabschnitt ist unmarkiert. Wir folgen dem festen, breiten, geschotterten Forstweg für 1,7 Kilometer in südlicher Richtung. Oberhalb von Biberbach haben wir an einer Wasserversorgung eine Rechtskurve gemacht, und bald danach fällt der Weg in westlicher Richtung leicht ab, bis er an einem gepflasterten Stück endet. Diesem folgen wir nach links hinab für 130 Meter bis zur Straße. An der „St 2393" gehen wir nach links und verlassen sie bei nächster Gelegenheit wieder rechts, um ein weiteres Mal den Forellenbach zu überqueren. Der Untergrund ist erneut gepflastert, so auch nach 120 Metern. Hier gabelt sich der Weg und wir spazieren nach links weiter, direkt hoch in Richtung Waldgebiet. Auf dem Weg nach oben erhalten wir nach links einen wunderschönen Blick zur Ortschaft Biberbach 11.

Oben am Waldrand besteht der Bodenbelag aus Kies. Hier wenden wir uns in Richtung Biberbach nach links. Nach 330 Metern kommen wir an eine Kreuzung. Erfreulicherweise finden wir hier den Hinweis „Beilngries 1", und so folgen wir diesem scharf nach rechts einen Waldpfad hoch. Nach 290 Metern erreichen wir ein weiteres Mal einen geschotterten Forstweg. Die Infotafel des „Benediktinerwegs 1" sagt uns, dass es links nach Hirschberg 5,5 Kilometer sind. Von nun an ist das unser Hinweis bis zum Ausgangspunkt der Wanderung. Der breite, geschotterte Forstweg windet sich in weiten Bögen am Hang entlang. Nach etwa 900 Metern passieren wir an einer scharfen Biegung eine hölzerne Tafel zum Thema „Naturwaldreservat Mittelberg" und die Info „Hirschberg 3,5 km". Wir bleiben unserem Forstweg auch in dieser Linkskurve, an der Weggabelung rechts, treu und schlendern in östlicher Richtung für weitere 580 Meter. Dann scheint es, an einer Kreuzung etwas unübersichtlich zu werden. Erst an der Kreuzung erkennen wir, dass wir keinen der breiten Forstwege wählen, sondern der Hinweis „1" scharf nach rechts den Waldpfad hoch-

Feldkreuz

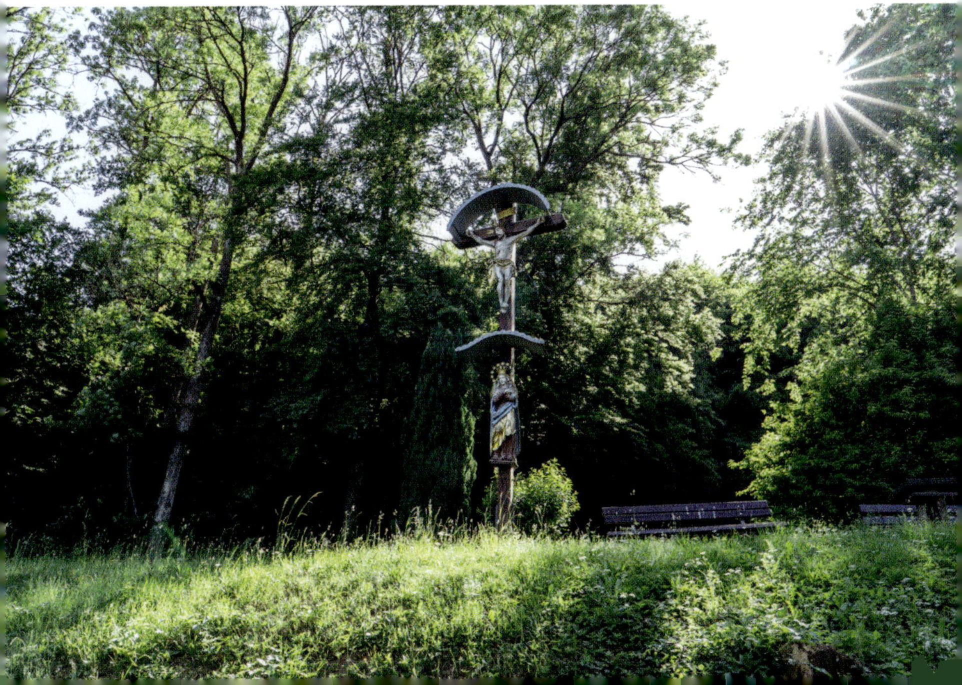

führt. Es geht durchaus steil entlang einer Doline hoch. Wenig später, nach etwa 400 Metern auf dem Schotterweg, folgen wir dem Hinweis nach rechts, um dann nach weiteren 130 Metern scharf nach links abzubiegen. Hier finden wir ein kleines Gedenkkreuz an Norbert, welcher hier offensichtlich im Jahr 2019 verstorben ist. Interessanterweise sind es nun bis nach Hirschberg wieder 4 Kilometer. Nun durchqueren wir ziemlich gerade in Richtung Osten den „Sichelberg" für 900 Meter auf einem breiten, geschotterten Forstweg. Kurz nach einer Ansitzvorrichtung und einem Baum mit der Aufschrift „Sichelberg" geht es auf unbefestigtem Waldboden nach rechts weiter, genauso wie nach weiteren 160 Metern auf den festen Waldweg. An einem Baumstamm erkennen wir schließlich, dass es bis nach Hirschberg noch 2,5 Kilometer sind. Gemäß der „1" biegen wir nach links ab und bleiben innerhalb des Waldes auf dem holprigen Waldboden. Der Waldpfad endet wenig später an einer breiten Kreuzung. Dort finden wir rechts ein historisches Wegkreuz und gegenüber an einem Baumstamm ein farbenfrohes Marienbild ⓬.

Nun wenden wir uns nach rechts auf den breiten Forstweg. Dann erreichen wir kurz darauf den Rand des Waldes. Vor uns befindet sich das „Birkental", welches wir nun umrunden dürfen. Bald verwandelt sich der geschotterte Kiesweg in eine schmale Flurstraße. Hier passieren wir eine idyllische Sitzbank, die uns einen herrlichen Blick über das Tal bietet. Diese kann im Sommer etwas im hohen Gras versteckt sein ⓭.

Vor der Straße folgen wir dem Hinweis scharf nach links und gehen auf der anderen Seite des Tals quasi wieder zurück in Richtung Osten. Nach

Historisches Kreuz

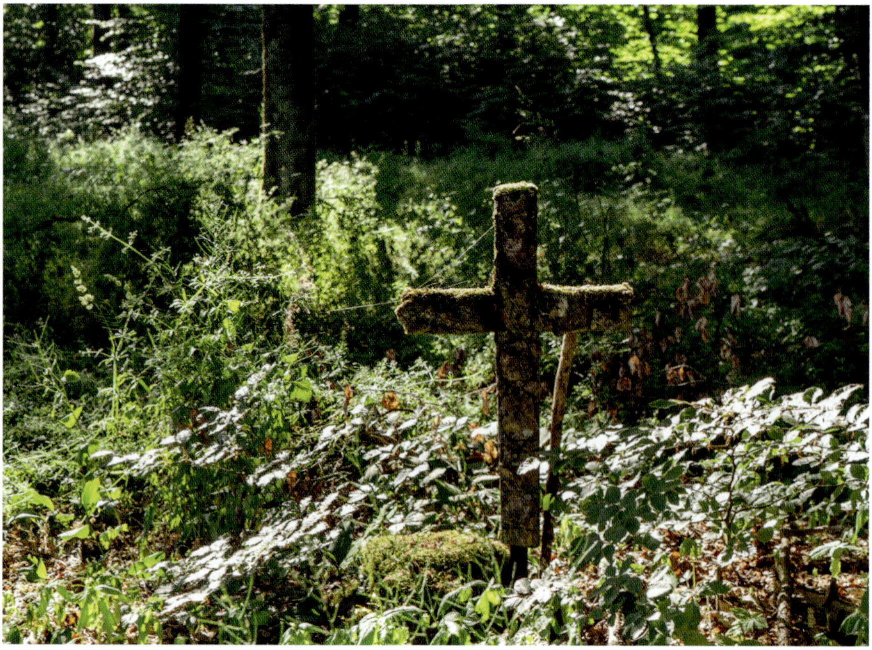

700 Metern biegen wir gemäß dem Hinweis nach rechts ab, dabei verlassen wir den breiten, festen Schotterweg und gehen in südlicher Richtung auf der schmalen Straße geradewegs auf Hirschberg zu. Schon bald erkennen wir die Türme des Schlosses. Nach 520 Metern überqueren wir die „El 23" und gehen in den Ort hinein. Links passieren wir die kleine Dorfkapelle 14.

Wir folgen der Straße bis zu unserem Ausgangspunkt am Ende des Dorfes und lassen unseren Blick noch ein letztes Mal über das Altmühltal schweifen.

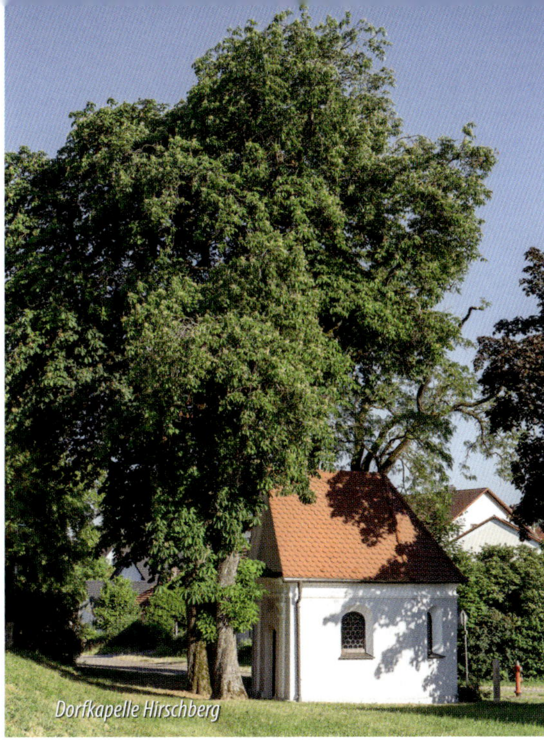

Dorfkapelle Hirschberg

GREDING

Lehrreich unterwegs im Kaisinger Tal

TOUR 04

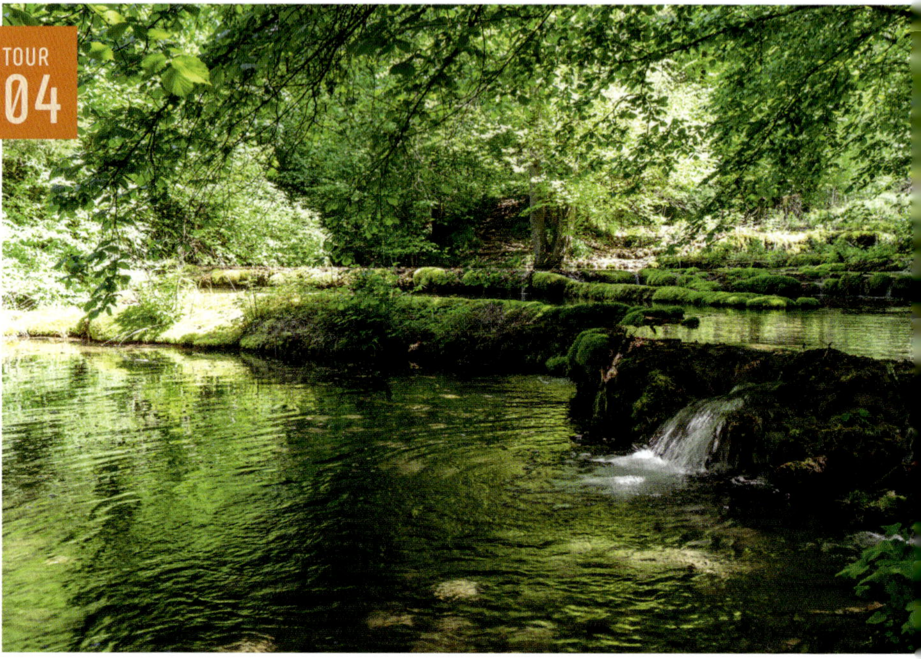

Kostenloser Parkplatz am Wertstoffhof von Greding am Ortsausgang Richtung Kaising
Navi: Kindinger Straße 39, 91171 Greding
Koord.: N 49° 2' 24.2484 E 11° 22' 12.6624

Greding – Naturlehrpfad Kaisinger Tal – Sinterterrassen/Kalktuff – Hoher Felsen

Nahezu ohne Asphalt, überwiegend Waldpfad, naturbelassen oder Kies; im Wald ist ein GPS-Gerät als Orientierungsstütze ratsam; leicht begehbare Wege, kein besonderes Können erforderlich.

Greding 10 (grün-gelb), Naturlehrpfad Kaisinger Tal (grün-weiß); Greding 5 (grün-gelb); Wallfahrerweg (grün-gelb), Schwarzachtal-Panoramaweg 19 (blau-gelb); Nürnberg-Altmühltal-Panoramaweg (blau-weiß)

Eine kurze und einfache, aber dennoch sehr lehrreiche Tour auf dem Naturlehrpfad Kaisinger Tal und zum Hohen Felsen, ideal mit Kindern.

Hotel „Bauer-Keller"
Kraftsbucher Str. 1, 91171 Greding
Tel. 08463 64000
www.hotel-bauer-keller.de
Öffnungszeiten: siehe online

Hotel „Am Markt"
Marktplatz 2, 91171 Greding
Tel. 08462 64270
www.hotelammarkt.com/de/home
Öffnungszeiten: siehe online

 Foto: Kalksinterterrassen

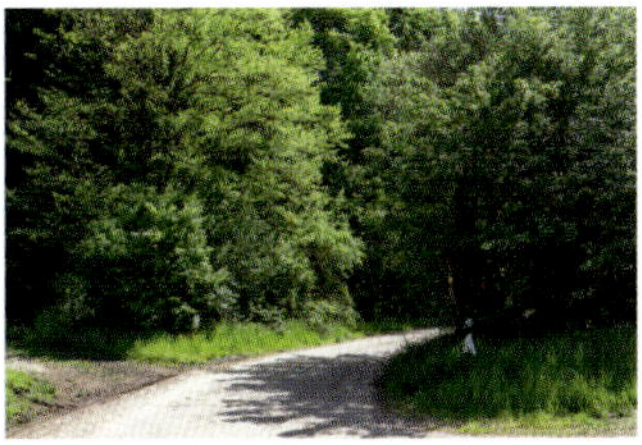

Startrichtung

leicht | 6,6 km | 145 Hm | 2:00 h

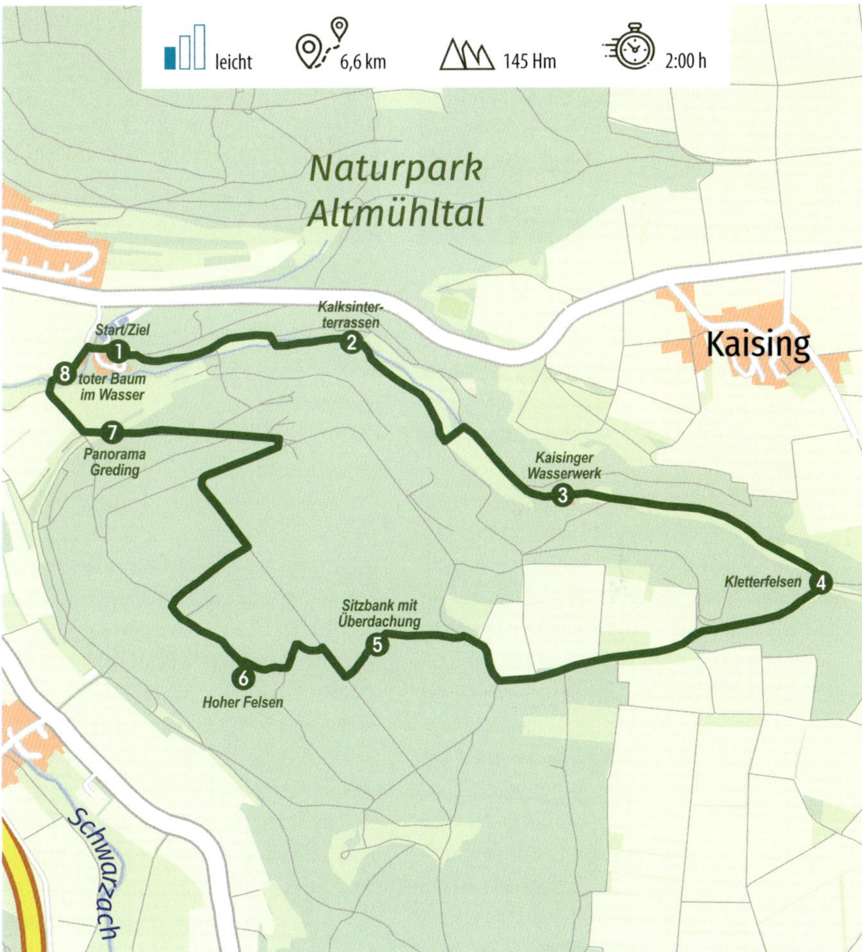

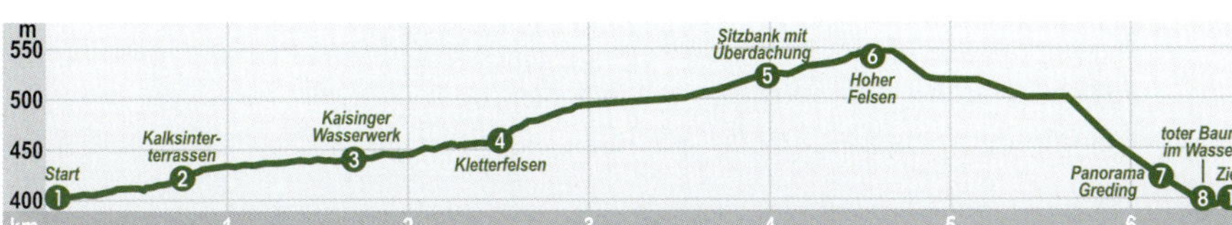

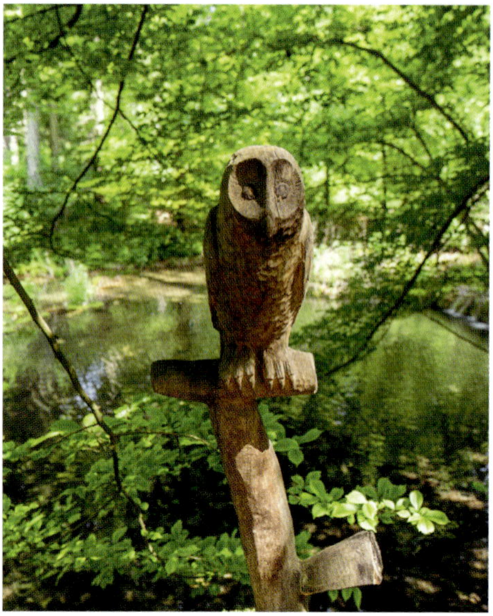

Eule

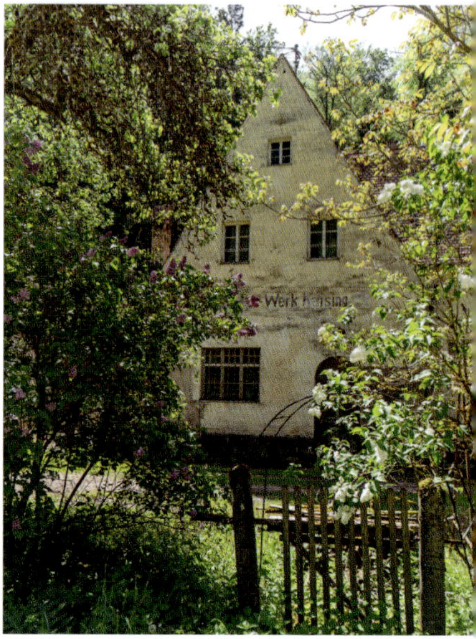

Kaisinger Wasserwerk

Diese kurze Wanderrunde ist ideal für junge Entdecker und junggebliebene Abenteurer. Wir beginnen direkt am Eingang zum „Naturlehrpfad Kaisinger Tal" in Richtung Osten ❶.

Nach 50 Metern folgen wir dem Hinweis nach links, verlassen den Asphalt und tauchen gemäß den Markierungen „10" und „Naturlehrpfad" rechts auf dem Feldweg sofort ein in die wilde Natur entlang des Kaisinger Brunnenbachs. Schon bald werden wir von der ersten Lehrstation begrüßt. Auf dem ersten Teil der Wanderung werden wir noch an einigen weiteren Informationsständen vorbeikommen. Nach etwa 400 Metern gabelt sich der Weg. Hier wenden wir uns nach rechts und überqueren zum ersten Mal den Bach. Nach einer Linkskurve spazieren wir auf einem schmalen Pfad. Der Flusslauf befindet sich links, unterhalb von uns. Die Stationen 7 und 8 behandeln das Thema „Bäume und deren Absterben". Dann wird es im Fluss spannend, denn dort erkennen wir eine geologische Besonderheit: Der Bach hat sich in Sinterterrassen bzw. Kalktuffterrassen verwandelt. Diese sind nicht nur sehr malerisch und idyllisch, sondern zudem äußerst beeindruckend ❷.

Ein paar Meter weiter grüßt uns eine hölzerne Eule, das Symbol des Naturlehrpfads. Schließlich breitet sich nach Station 13 („Der Bach") das Tal vor uns aus und wir erfahren etwas über „Das Wiesental" (Station 14). Wir schlendern auf dem Wiesenweg am Waldrand für 380 Meter in südöstlicher Richtung. Dann biegen wir scharf nach links ab, lassen die Weite des Kaisinger Tals auf uns wirken und überqueren über eine schmale Brücke den Bachlauf, welcher sich wieder in der Breite recht verjüngt hat. An dieser Stelle finden wir zahlreiche Wanderhinweise. Freunde von Steinen könnten hier einen kurzen Abstecher nach links machen, einen Kalksteinbruch erforschen und wieder zum Ausgangspunkt zurückkehren. Wir spazieren jedoch auf dem Schotterweg nach rechts weiter und passieren noch drei weitere Lehrstationen, ehe wir zum Kaisinger Wasserwerk kommen ❸.

Hier befindet sich mit der Station 18 die letzte auf unserer Wanderrunde. Gemäß den Hinweisen „Greding 5" und „Wallfahrerweg" wandern wir weiter in Richtung Osten. Links von uns finden wir Hänge mit Magerrasen und Felsen, die zum Klettern einladen. So auch nach etwa 830 Metern. Hier finden wir links einen eindrucksvollen Felsen, vor uns einen Rastplatz, denn hier kreuzen sich einige Wanderwege 4.

Wir spazieren auf dem festen Kiesweg auf „Wallfahrerweg“ und „Schwarzachtal-Panoramaweg 19“ nach rechts in Richtung der Ortschaften Mettendorf und Kinding weiter. Das erste Stück des nächsten Kilometers ist leicht ansteigend. Oben angekommen spazieren wir in südwestlicher Richtung von einem Waldgebiet zum anderen. Schließlich kommen wir zu einer T-Kreuzung. Da wir die zweite Hälfte der Wanderung auf unmarkierten Wegen unterwegs sind, lohnt es sich nun, das GPS-Gerät im Auge zu behalten und nach dem Track zu gehen. Die offiziellen Wanderwege biegen nach links ab, wir nicht. Wir gehen nach rechts weiter und bleiben noch kurz am Waldrand. Nach 100 Metern biegt unser Weg links in den Wald ein, und 70 Meter weiter verlassen wir den festen Forstweg und nehmen den Waldpfad links. Auf unbefestigtem Untergrund tauchen wir in den Wald hinein. Nach etwa 200 Metern entlang eines eingezäunten Gebietes macht unser Pfad eine Linksbiegung. Kurz darauf erkennen wir rechts von uns eine überdachte Sitzgelegenheit 5.

Wir folgen dem Waldpfad in südlicher Richtung für 140 Meter und stoßen wieder auf einen geschotterten Forstweg. Hier halten wir uns rechts in nördlicher Richtung, um ihn bereits nach etwa 110 Metern wieder links zu verlassen. Am

Kletterfelsen

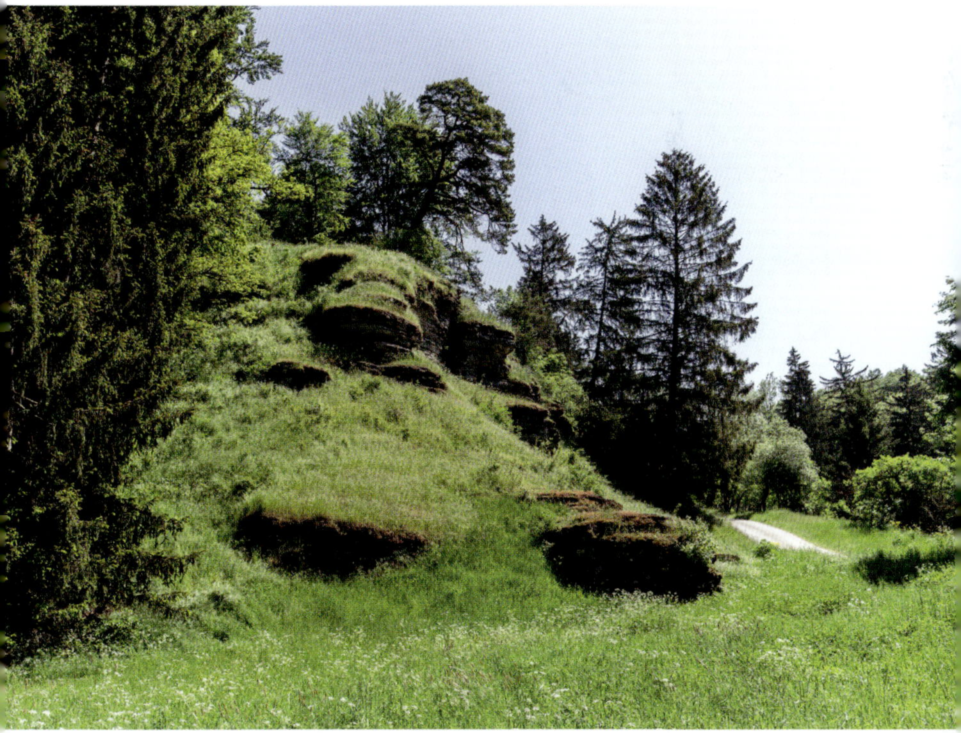

Boden finden wir zwei Baumstümpfe. Der Waldweg schlängelt sich mal rechts, mal links zwischen den Bäumen hindurch. An der Y-Gabelung halten wir uns auf dem losen Untergrund links, und nach insgesamt etwa 260 Metern erkennen wir vor uns einen Abgrund. Wir befinden uns auf dem „Hohen Felsen", oberhalb der Ortschaft Mettendorf an der Autobahn „A 9". Achtung! Wagen Sie sich nicht zu weit nach vorne, denn hier kann man recht leicht abstürzen. Dennoch lohnt es sich, hier kurz zu verweilen und die Aussicht zu genießen, sofern die Vegetation dies zulässt 6.

Ein paar Meter weiter lassen wir einen Funkmasten rechts liegen. Wir bleiben auf dem abfallenden Waldpfad in nördlicher Richtung und dürfen dann etwa 220 Meter nach dem Funkturm die zweite Abzweigung nach rechts nicht verpassen. Sie befindet sich direkt an einem hohen Zwillingsbaum. Der Waldpfad geht vorbei an einem eingezäunten Gelände (links) und bringt uns schnurgerade nach 290 Metern in nordöstlicher Peilung wieder auf den bereits bekannten geschotterten Forstweg. Nun spazieren wir nach links weiter. Nach 240 Metern folgt eine scharfe Rechtskurve in Richtung Osten, und nach etwa derselben Strecke erkennen wir links eine Abzweigung. Diese stellt ein kurzes Verbindungsstück dar. Denn nach 40 Metern endet es wieder an einem weiteren Forstweg. Dieser bringt uns relativ steil nach links hinab ins Tal. Auf dem Weg nach unten erhalten wir je nach dem Ausmaß der

Panorama Greding

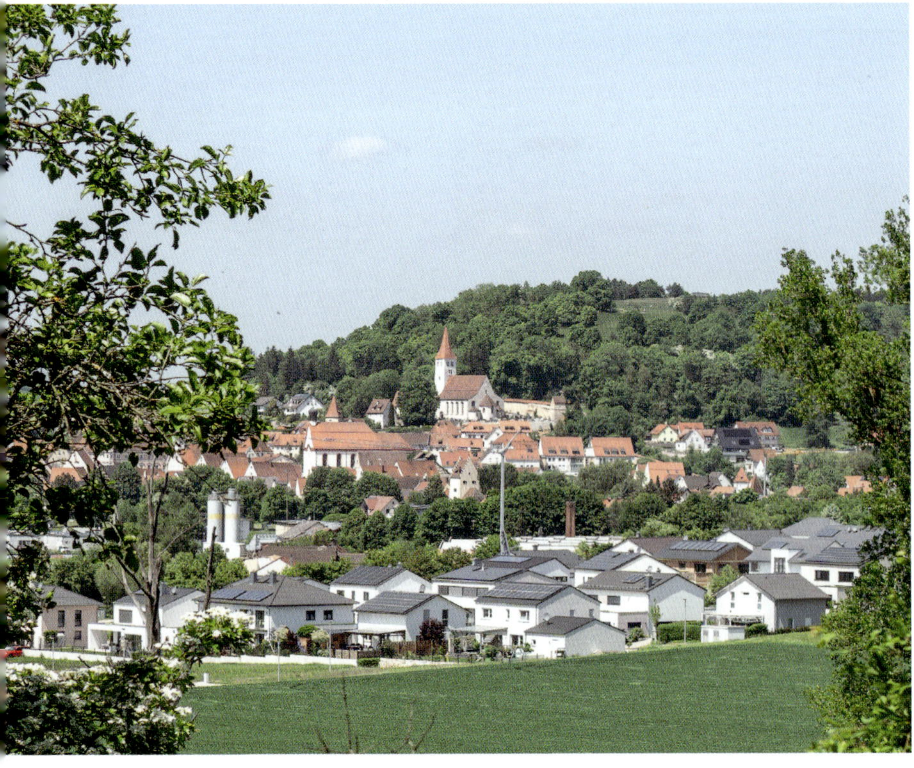

Vegetation immer wieder kurze Aussichten auf die Ortschaft Greding. Nach etwa 570 Metern sind wir unten angekommen. Am Ende des Waldes ist das Panorama in Richtung Greding besonders schön 7.

Hier mündet der Wanderweg „Greding 10" in unseren Pfad. Es geht rechtsherum und kurz darauf überqueren wir den Distelmühlbach, in welchen der Kaisinger Brunnenbach mündet. Die „Distelmühle" befindet sich in Sichtweite links. Hier finden wir im Wasser einen eindrucksvollen toten Baum: surreal und idyllisch zugleich 8. Wenige Meter weiter an einem kleinen Häuschen biegen wir nach rechts ab und beenden unsere kurze Wanderung.

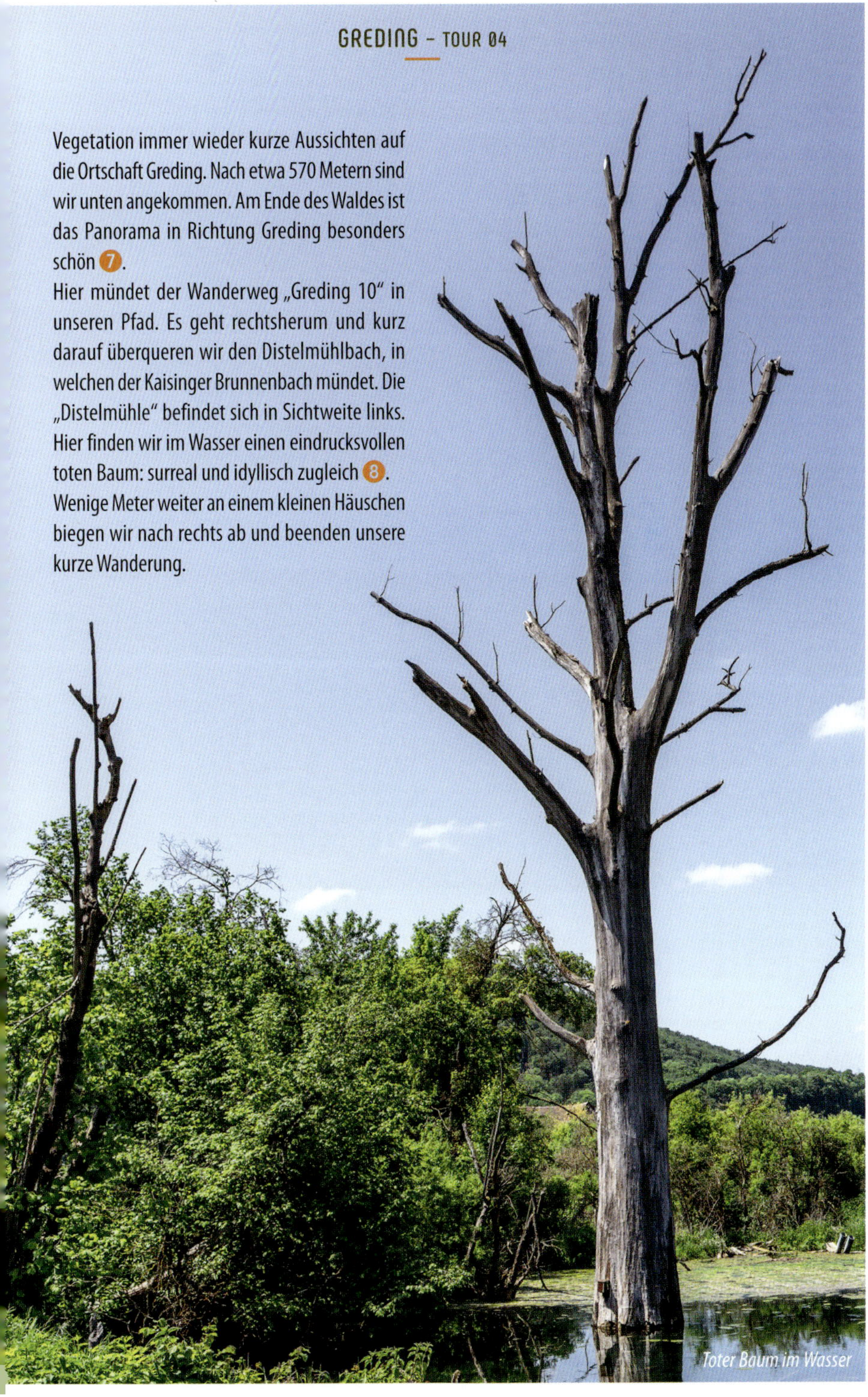

Toter Baum im Wasser

KINDING

Highlights rund um den Kreuzberg

TOUR 05

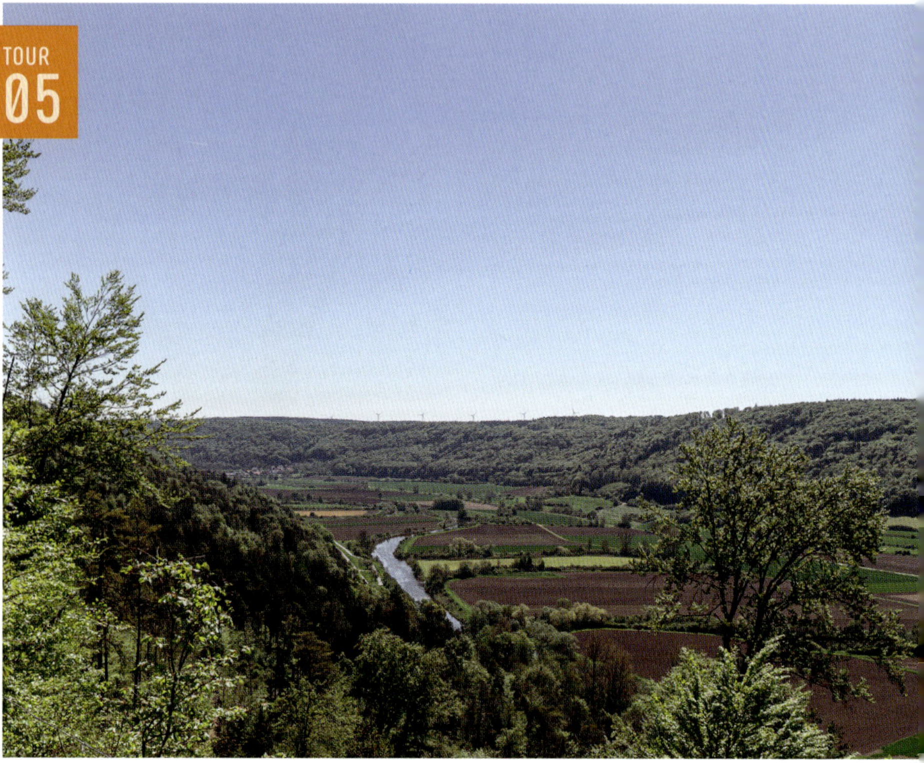

Start/Ziel: Kostenloser Wanderparkplatz auf dem Kreuzberg an der Kreisstraße EI 21
Navi: Kreisstraße EI 21, 85125 Kinding
Koord.: N 49° 0' 10.1412 E 11° 22' 48.8064

Kreuzberg – Hopfensteig – Kirchenburg – Karstquelle – Marienkapelle – Pestsäule – versteckte Aussicht – Pilzfelsen

Sehr wenig Asphalt (nur im Ort selbst), überwiegend naturbelassene Pfade und Wege auf losem Untergrund, abschnittsweise Kies; Schwindelfreiheit und Trittsicherheit sind ratsam.

Rundwanderweg Kinding (blauer Kreis); Greding 9 (grün-gelb); Schwarzachtal-Panoramaweg 19 (blau-gelb); Nürnberg-Altmühltal (blau-weiß)

Eine kurze, leichte Runde bei Kinding mit zahlreichen Wegkreuzen, Panoramen und stillen, verwunschenen Waldpfaden.

Hotel Gasthof Krone
Marktplatz 14, 85125 Kinding
Tel. 08467 801030
www.krone-kinding.de
Öffnungszeiten: siehe online

Foto: Aussicht in Richtung Unteremmendorf

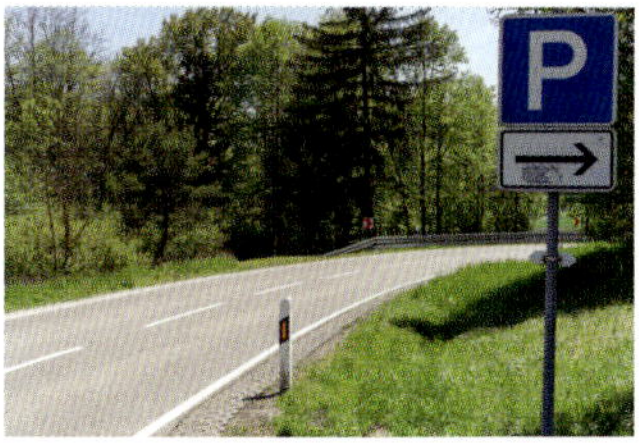

Startrichtung

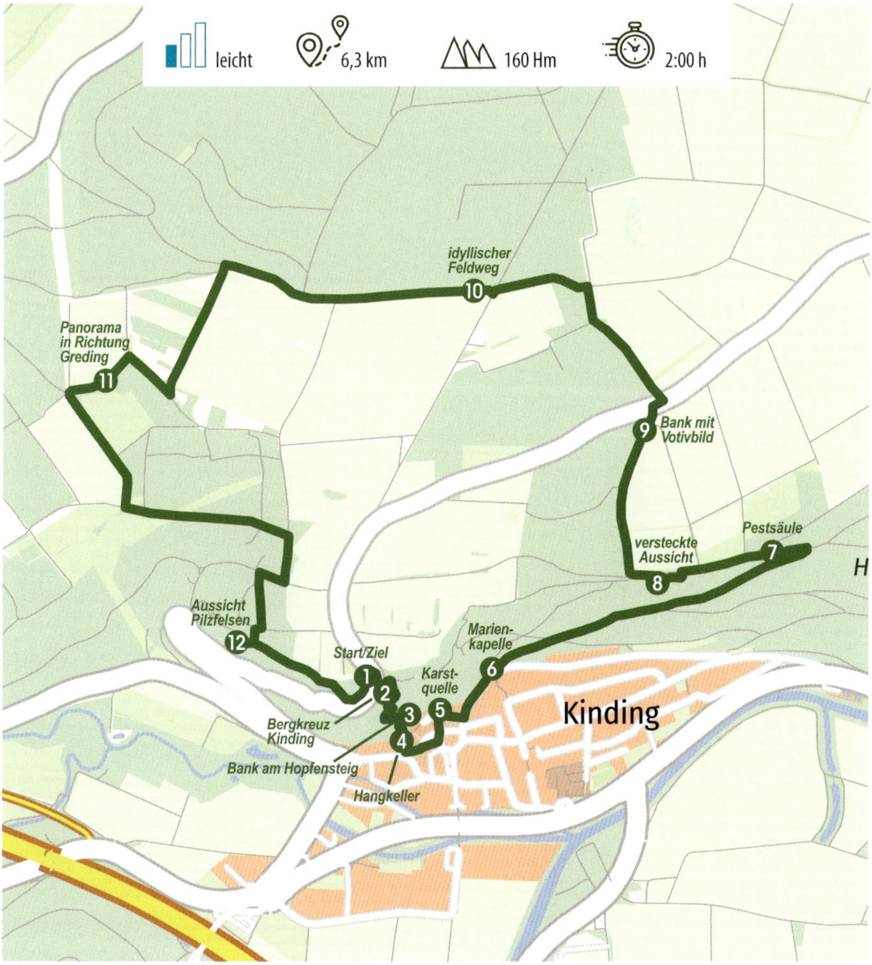

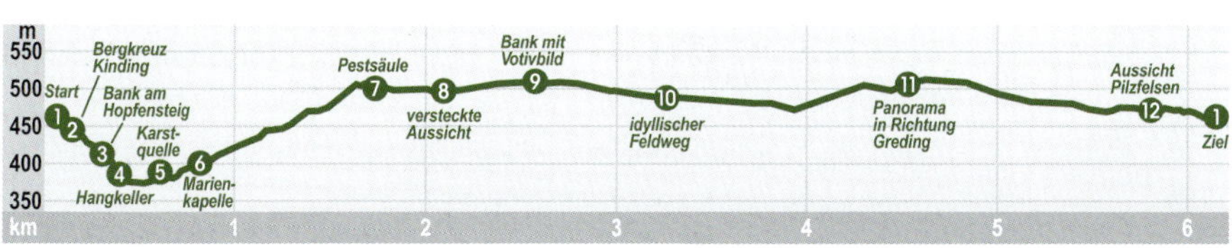

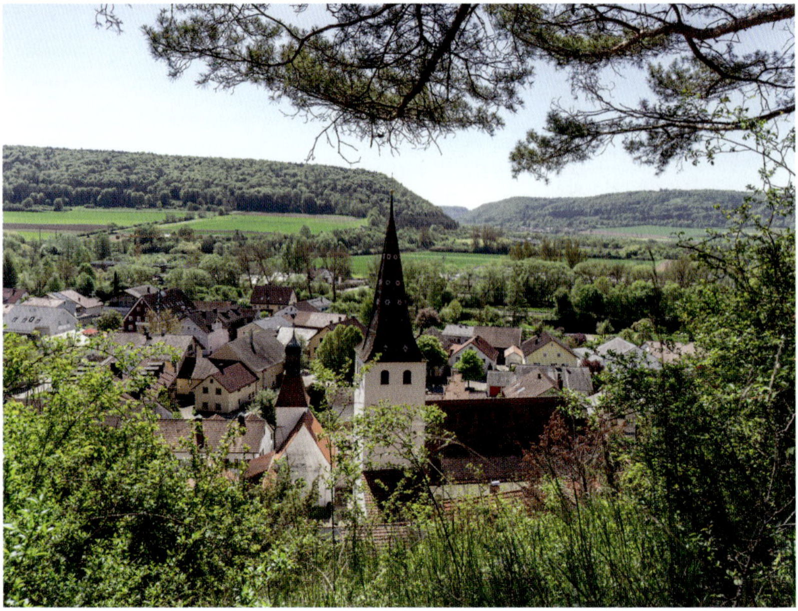

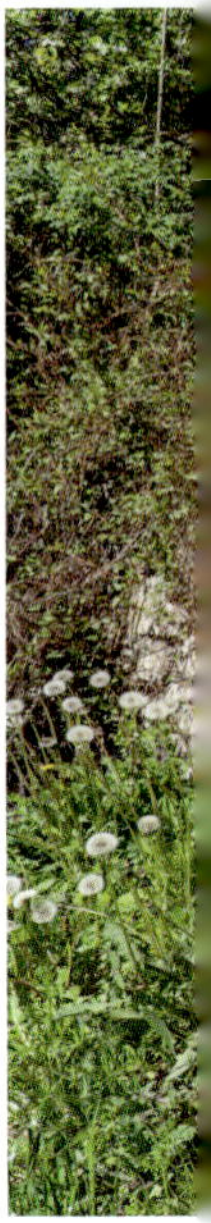

Aussicht von der Bank am Hopfensteig

Diese Wanderung wartet mit einigen großartigen Highlights rund um Kinding auf: beeindruckende Panoramen, einige Wegkreuze sowie abgeschiedene Pfade im Wald. Wir starten am Wanderparkplatz oben auf dem „Kreuzberg" an der Kreisstraße „EI 21" ❶. Wir halten uns an der Straße rechts und überqueren sie etwa 20 Meter weiter. Unser Pfad, markiert mit dem blauen Kreis des „Rundwanderwegs", beginnt gegenüber direkt neben der Leitplanke.

Hier erkennen wir sofort wenige Meter weiter ein mächtiges Bergkreuz mit einer Sitzbank daneben. Wir genießen zum ersten und nicht zum letzten Mal die Aussicht über Kinding ❷.

Links daneben erkennen wir den blauen Kreis des Rundwegs. Wir folgen dem Pfad und erkennen kurz darauf die Abzweigung „Hopfensteig". Die ›blaue‹ Runde geht geradeaus weiter, doch wir lassen uns den verwunschenen Steig am Hang nicht entgehen. Dieser führt im Zickzackkurs den Hang hinab in Richtung Ortschaft. Trittsicherheit schadet hier nicht. Nach einigen Kehren passieren wir eine Sitzbank, auf welcher wir direkt den Ortskern und den Kirchturm erblicken ❸.

Nach weiteren Kehren auf dem Trampelpfad passieren wir eine weitere Sitzgelegenheit. Am Ende des schmalen Pfades, schon beinahe bei den ersten Häusern, erkennen wir rechts ein Informationsschild und sehen, dass sich hier ein „Hangkeller am Kreuzberg" befindet ❹.

Das schmale, geteerte Gässchen bringt uns hinab zur eindrucksvollen Kirchenburg „Mariä Geburt". Sie wirkt mit ihrem mächtigen Mauerwerk tatsächlich beinahe wie eine uneinnehmbare mittelalterliche Festung. Es lohnt sich, das Areal etwas genauer zu erkunden. Deshalb wandern wir links durch den Torbogen und auf dem gepflasterten Weg entlang der südlichen Mauer. Links kann man das Gelände betreten und sofort große Figuren erkennen. Durch einen spitzen Torbogen geht es hinaus in die Gasse „An der Wehrkirche". An deren Ende biegen wir nach links in die Straße „Marktplatz". Hier finden wir Informationen zum „Alten Badhaus", der „Bachmühle"

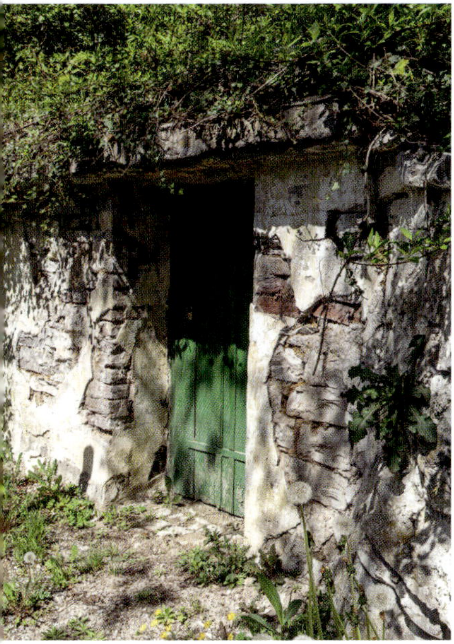

Hangkeller

und „Eisenhammer". Wir folgen dem leisen Plätschern und gehen zwischen den Hausnummern 5 und 7 in nördlicher Richtung hindurch und erkennen unweit der Informationstafel „Karstquelle" die selbige ein paar Meter weiter links **5**.

Oben, auf dem schmalen Weg mit Kopfsteinpflaster, „Am Kreuzberg", gehen wir nach rechts weiter, um dann für 130 Meter der Teerstraße „Kapellenweg" gemäß dem bekannten „blauen Kreis" zu folgen. Dann verlassen wir den Asphalt und sehen uns die unübersehbare „Marienkapelle" an **6**.

Während „Schwarzachtal-Panoramaweg 19" (blau-gelb) und „Nürnberg-Altmühltal" (blau-weiß)" hinter dem kleinen Gotteshaus am „Haunstettener Weg" den Berg wieder hochführen, wählen wir den breiteren Weg nach oben rechts daneben. Dieser ist mit dem blauen Kreis markiert, welcher für den Spazierweg „Sommerleitn" steht. Nun folgt der einzige, dafür lange Aufstieg der Wanderung. Nach 180 Metern verlässt uns der blaue Punkt und wir gehen geradeaus weiter nach oben. Nach weiteren 250 Metern verlassen wir den breiten Weg und nehmen den schmalen Trampelpfad links. Hier finden wir nach ein paar Metern einen Zwillingsbaum rechts. Auf den weiteren 420 Metern passieren wir beeindruckende Felsformationen und eine ebenso tolle Aussicht in Richtung der Ortschaft Unteremmendorf. Oben können wir uns auf einer Sitzbank ausruhen, ehe es auf dem geschotterten Feldweg scharf nach links weitergeht. Nach 60 Metern finden wir links am Weg eine sonderbare Säule. Es handelt sich um eine Pestsäule aus dem Jahr 1582 **7**.

Nach weiteren 100 Metern biegt der Schotterweg nach rechts ab, doch wir gehen auf dem Wiesenweg geradeaus weiter. Rechts von uns befindet sich ein Hopfenfeld und links ein verstecktes privates Grundstück. Nach dem Haus finden wir links einen leicht zu übersehenden Weg zwischen dem Gebüsch. Diesem folgen wir und wenden uns bei dem Gartentor nach rechts. 60 Meter weiter finden wir links eine Sitzbank. Von hier hat

Marienkapelle

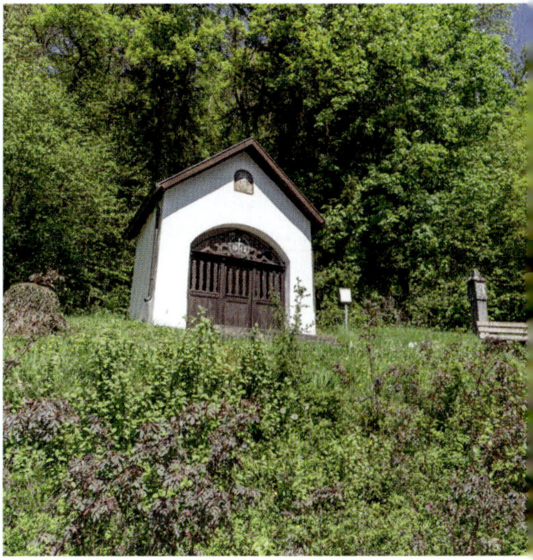

man eine herrliche Aussicht über den Ort Kinding unter uns, und man kann sogar die Ruine Rumburg bei Einkering erkennen 8.

Nun gehen wir zurück und spazieren nach links weiter. Am Ende des Hopfenfeldes geht es auf dem festen Feldweg nach rechts weiter. Nun befinden wir uns auf dem „Schwarzachtal-Panoramaweg 19" und dem „Nürnberg-Altmühltal"-Weg. Kurz bevor wir die Straße erreichen, nach etwa 400 Metern, passieren wir ein eindrucksvolles Votivbild, welches eingezäunt ist, mit einer Bank daneben 9.

Vor der Teerstraße erkennen wir die zwei bekannten Wanderhinweise und folgen ihnen leicht nach rechts auf die andere Seite. Der Feldweg führt uns zwischen dem Waldrand (links) und Feld (rechts) für 350 Meter in nördlicher Richtung. Dann bringen uns die Wegweiser nach links in den Wald hinein. Der Feldweg endet nach 230 Metern an einem festen Forstweg. Während die Wegmarkierungen nach rechts führen, verlassen wir sie, indem wir uns nach links orientieren und dann im Prinzip sofort am geschotterten Feldweg nach rechts oder – je nach Sichtweise auch geradeaus bleibend nach Westen – am Waldrand weiterbewegen. Vor uns breitet sich auf dem geschotterten Feldweg ein herrliches Panorama aus 10.

Wir sind nun komplett unmarkiert unterwegs. Nach 450 Metern biegt der geschotterte Weg nach rechts ab, doch wir halten unsere Peilung und schlendern auf dem Wiesenweg geradeaus weiter bis zur nächsten Kreuzung in etwa 220 Metern. Nun biegen wir nach links ab und folgen dem teilweise mit Kies gespickten Feldweg,

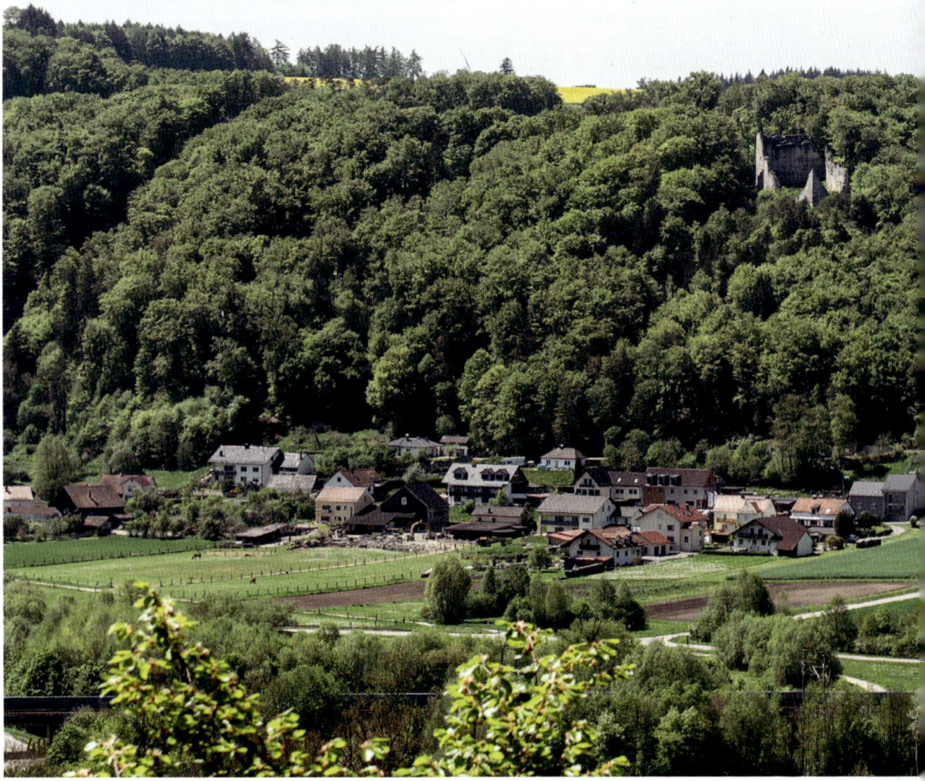

welcher zwischen Bäumen und Wiesen führt, in südlicher Richtung. Nach 350 Metern endet der Weg an einer T-Kreuzung. Hier wenden wir uns nach rechts und spazieren auf dem geschotterten Feldweg. Auf diesem bleiben wir ein Stück, deshalb geht es nach 150 Metern nach links weiter. Etwa auf halber Strecke, so nach 90 Metern, hören wir rechts von uns das Rauschen der Autobahn „A 9". Blicken wir in diese Richtung, erkennen wir in der Ferne die Ortschaft Greding ⑪.
Es folgt eine weitere Linkskurve in Richtung Südosten, ebenso nach 330 Metern in Richtung Osten. Nach 420 Metern biegen doch rechts auf die rumpelige, schmale Teerstraße ein. Nach 110 Metern an der T-Kreuzung halten wir uns rechts, um nach 60 Metern den Waldweg links zu nehmen. An der nächsten Gabelung nach wenigen Metern halten wir uns links. Es geht rechts- und an einem großen Gittertor linksherum. Dann befinden wir uns bereits nahe am Abgrund. Ebenso erkennen wir erneut den bereits bekannten blauen Kreis. Obwohl wir nach links weitergehen müssen, machen wir erst einen kurzen Abstecher nach rechts. Hier, auf dem Pilzfelsen, befindet sich eine Panoramabank, hoch über Kinding. Wir erkennen die Autobahn „A 9" und die ICE-Strecke „München-Nürnberg" ⑫.
Wir gehen wieder zurück und auf dem schmalen Trampelpfad nach rechts weiter. Immer wieder erhalten wir weitere Ausblicke über die Landschaft, während wir bereits die Straße „EI 21" unter uns erkennen. Schließlich beenden wir nach einer Linksbiegung unsere Wanderung am Parkplatz.

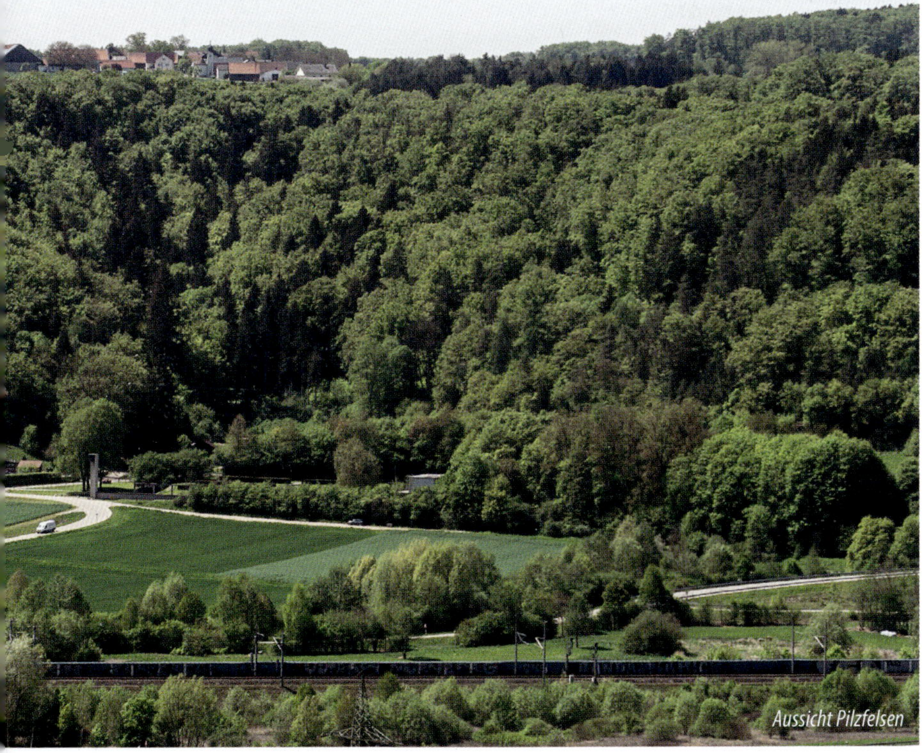

Aussicht Pilzfelsen

ENKERING

Auf den Spuren der Ritter auf dem Burgenweg Anlauertal

TOUR 06

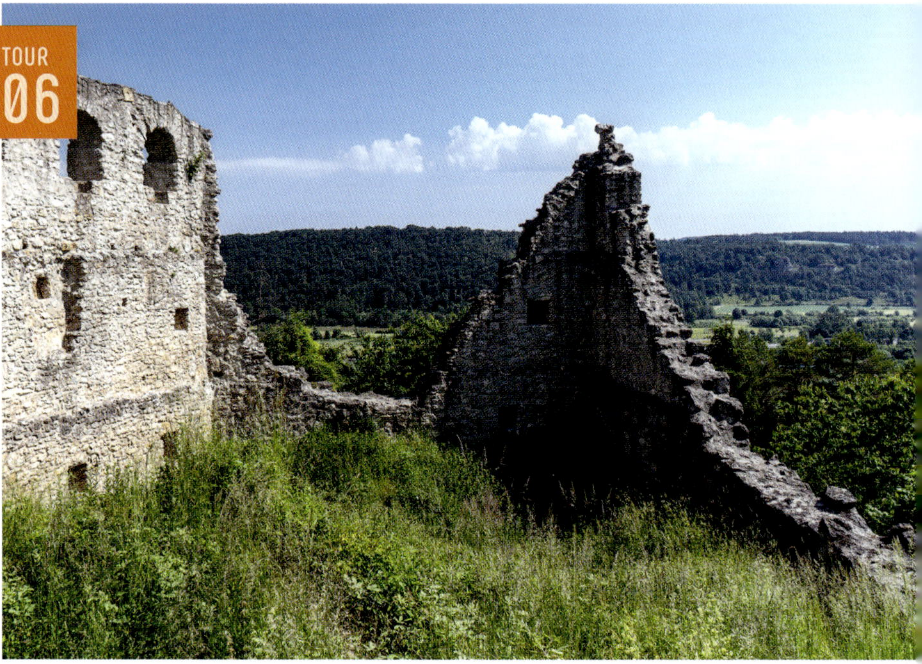

Start/Ziel

Wanderparkplatz unterhalb des neuen Friedhofs in Enkering, direkt nach dem Ortschild von Kinding kommend rechts
Navi: Rumburgstraße, 85125 Kinding (Enkering)
Koord.: N 48° 59' 48.9768 E 11° 21' 33.0732

Dachssteig – Manesteig – Räucherbergsteig – Forstermühle – Römerweg – römischer Abschnittswall – Glockensteig

Sehr wenig Asphalt, überwiegend Waldwege auf losem Untergrund, Kies oder naturbelassen; kein besonderes Können notwendig, jedoch schadet eine gute Grundkondition nicht.

Burgenweg Anlauertal 18 (blau-gelb); Schwarzachtal-Panoramaweg 19 (blau-gelb); Wallfahrerweg (grün-gelb)

Auf den Spuren der Ritter erforschen wir drei beeindruckende Burgruinen und genießen auf dem Burgenweg Anlauertal herrliche Panoramen ins Altmühltal.

Zum alten Wirt (zum Schellenberg)
Hauptstraße 22, 85125 Enkering/Kinding
Tel. 08467 243
www.zumaltenwirt-enkering.de
Öffnungszeiten: siehe online

Hotel Heckl
Hauptstraße 25, 85125 Enkering
Tel. 08467 8010-40
www.hotel-heckl.de
Öffnungszeiten: siehe online

 Foto: Burgruine Rumburg

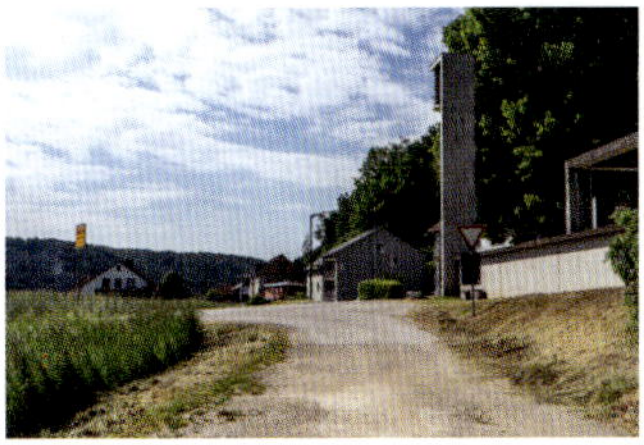

Startrichtung

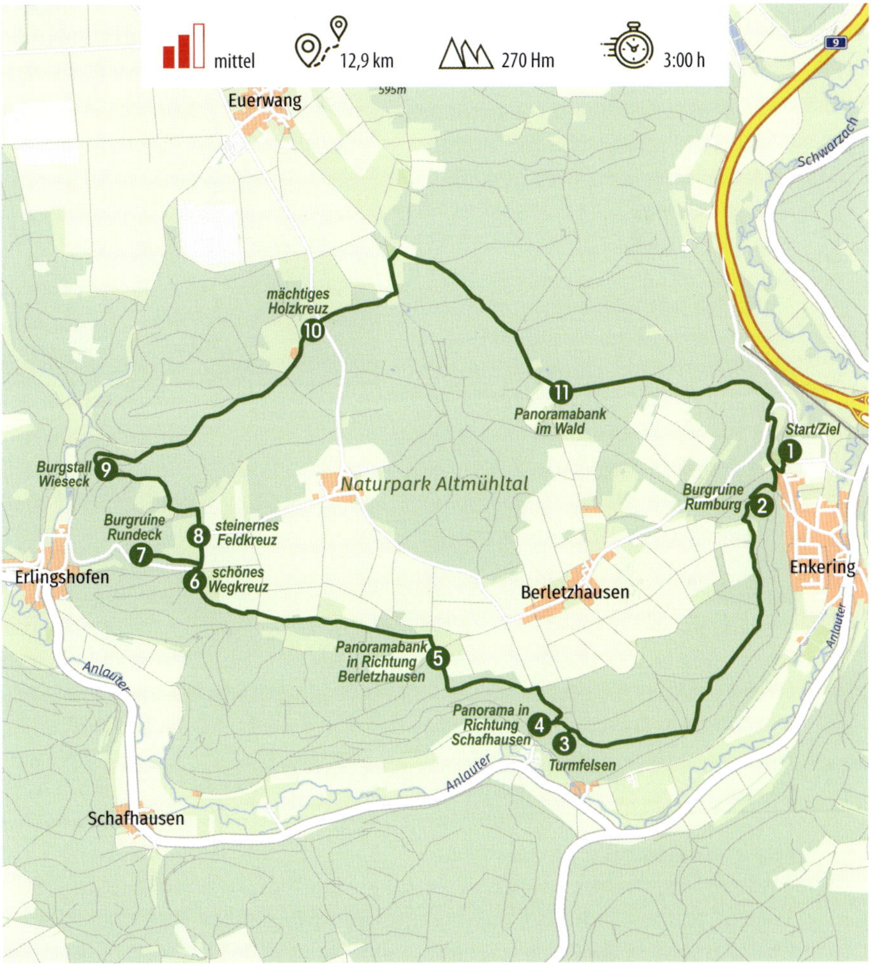

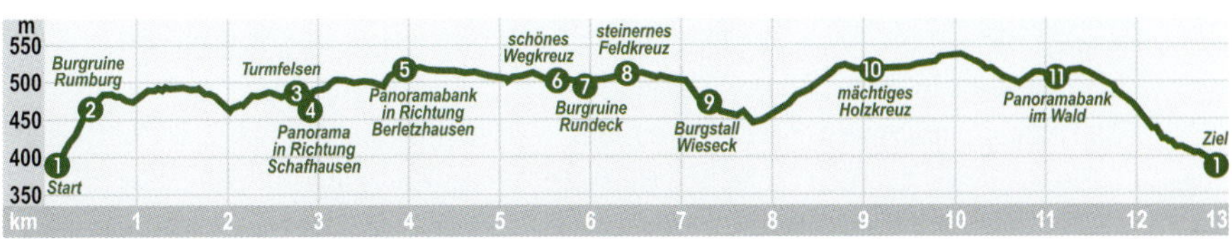

Auf dieser Wanderung wandeln wir auf den Spuren der Ritter. Das erste große Highlight erwartet uns bereits zu Beginn der Runde nach einem kurzen Aufstieg. Zuerst lassen wir unser Auto auf dem Wanderparkplatz unterhalb der Friedhofsmauer am Ortseingang von Enkering stehen. Wir biegen am Eingang des Friedhofs rechts vorbei am beeindruckenden Marterl in die „Rumburgstraße". Dort finden wir bereits die ersten Wegmarkierungen. Von hier hat man einen herrlichen Blick auf die Hänge mit Magerrasen des gegenüberliegenden „Schellenbergs" ①.
Die erste Hälfte der Wanderung orientieren wir uns überwiegend am „Burgenweg Anlauertal 18". Deshalb wenden wir uns bei nächster Gelegenheit zwei Mal links. Dabei lassen wir den Asphalt hinter uns und begeben uns in südlicher Richtung auf dem geschotterten Forstweg am Hang nach oben. Nach 115 Metern nehmen wir die Abzweigung nach rechts, hoch zur Ruine. Der schmale, ansteigende Pfad bringt uns auch bald nach oben. Auf dem Weg erkennen wir links – je nach der Dichte des Blattwerks der Bäume – das alte Gemäuer eindrucksvoll über uns. Beim Wegweiser „Ruine Rumburg ca. 100 Meter" wenden wir uns nach links und verlassen den „Schwarzachtal-Panoramaweg 19". Kurz darauf befinden wir uns auf einem schmalen Trampelpfad unterhalb der Burg. Nicht nur für Kinder, sondern auch für junggebliebene Abenteurer lohnt es sich, die mächtigen, mittelalterlichen Mauerreste zu erforschen. Auf einer Sitzgruppe innerhalb der Mauern kann man sich ausruhen und den Blick in Richtung der Ortschaft Kinding schweifen lassen ②.
Schließlich gehen wir auf dem Pfad an der nordwestlichen Mauer in südlicher Richtung leicht ansteigend weiter. Schon bald erkennen wir den Hinweis „18" und schlendern nach links weiter. Nach ungefähr 100 Metern sind wir oben auf dem Plateau angekommen. Hier biegen wir auf einen Wiesenweg nach links ab. Nach etwa 660 Metern wird aus dem Wiesen-/Feldweg ein fester, teilweise geschotterter Forstweg. Nach weiteren 400 Metern erreichen wir eine Y-Gabelung. Hier bleiben wir der „18" treu und halten uns links und folgen dem abfallenden Forstweg in südlicher Richtung. Nach etwa 320 Metern kommen wir zur kniffligsten Stelle der Wanderung: Hier ist eine Weggabelung, die etwas unübersichtlich ist. Der „Burgenweg Anlauertal" geht nach links weiter, doch wir verlassen ihn und halten uns leicht rechts, um dann sofort an der nächsten Y-Gabelung nach wenigen Metern links weiterzuspazieren. Hier finden wir am Wegesrand einen bemoosten Baumstumpf. Idealerweise orientiert man sich hier mit Hilfe eines GPS-Geräts. Die grundsätzliche Peilung ist westlich und tendenziell eher leicht ansteigend. Deshalb bleiben wir an der nächsten Y-Gabelung auch rechts bzw. schlendern geradeaus weiter. Der Waldweg ist

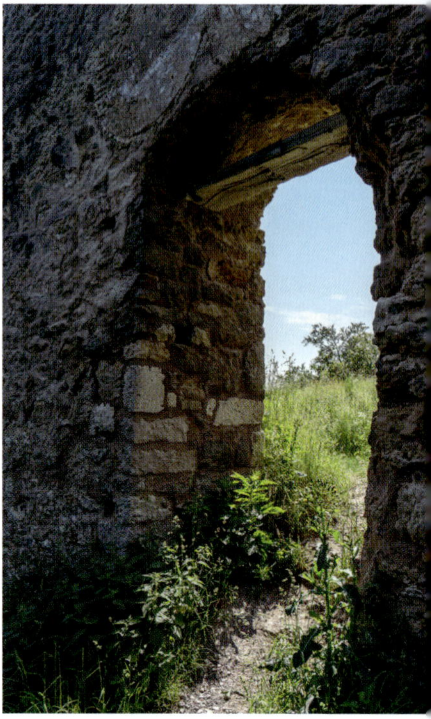
Eingang zur Ruine

kerzengerade, so dass man sicherlich ca. 400 Meter aus gerade blicken kann. Nach einer weitläufigen Rechtskurve zweigt links ein etwas unscheinbarer Pfad ab. In den Sommermonaten können die ersten Meter etwas bewachsen sein. Hier finden wir vor uns einen hohen Baum. Wir wählen den Pfad und erkennen nach etwa 50 Metern links von uns nicht nur einen steilen Abgrund, sondern auch einen beeindruckenden Felsen, welcher wie ein Turm wirkt. Dahinter breitet sich ein herrliches Tal aus, welches wir in Kürze noch näher betrachten können 3.
Nun spazieren wir auf dem Waldpfad zurück und halten uns dabei links, in der Nähe des Abhangs. Ungefähr 100 Meter weiter erkennen wir links eine Art Rampe, die über den Hang hinein ins Tal zu reichen scheint. Das Panorama hier oben, oberhalb des Örtchens Eibwang in Richtung der Ortschaft Schafhausen, ist gigantisch 4.

Nachdem wir uns sattgesehen haben, orientieren wir uns auf dem Waldpfad rechts. An der T-Kreuzung nach wenigen Metern halten wir uns auf dem breiten Waldweg links. Schon bald wird der Weg breiter und nach ca. 200 Metern in nordwestlicher Richtung erreichen wir erneut einen offiziellen Wanderweg. Es handelt sich um die „18", den bekannten „Burgenweg". Hier haben wir einen Blick auf die Ortschaft Berletzhausen. An diesem Wegweiser orientieren wir uns die nächsten Kilometer in Richtung Westen. Nun geht es auf dem geschotterten Forstweg erneut in den Wald hinein. Wir befinden uns auf der „Diebesleite". Der Wegweiser leitet uns nach 500 Metern rechts, nördlich, wieder an den Rand des Waldgebietes. Nach 200 Metern finden wir links von uns eine schöne Holzbank und dahinter eine Tischskulptur. Hier genießen wir die Aussicht in Richtung Berletzhausen 5.

Panorama in Richtung Schafhausen

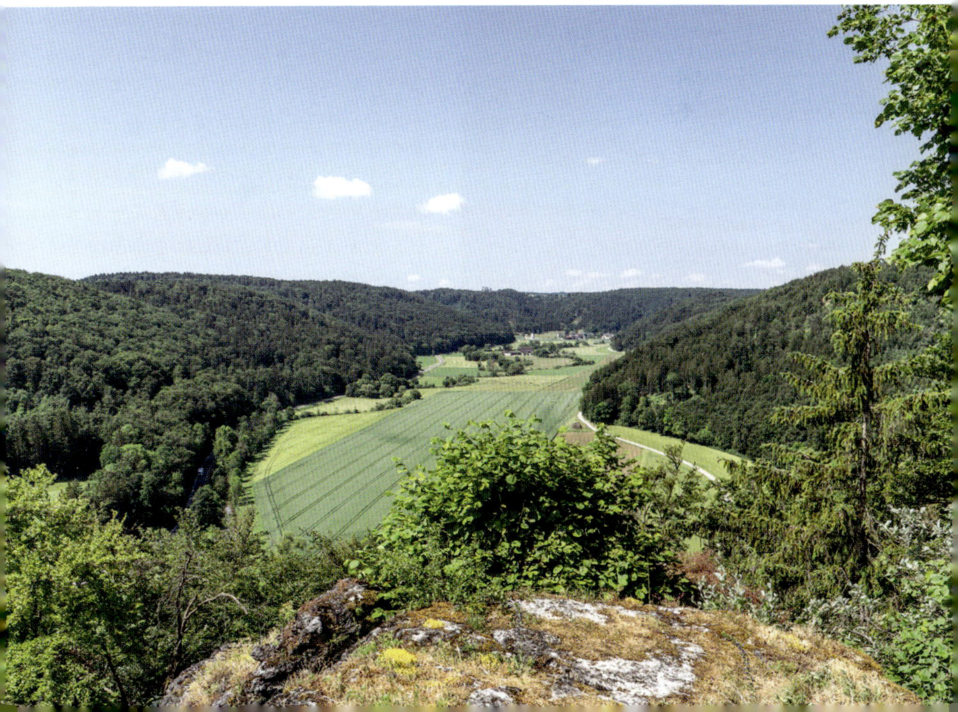

Wir überqueren die Kreuzung und gehen auf dem Feldweg geradeaus weiter in Richtung Norden. Ein Hinweis sagt uns, dass unser nächstes Etappenziel, die Ruine Stossenberg/Rundeck, sich in 1,9 Kilometern Entfernung befindet. Nach 100 Metern nehmen wir, gemäß dem Hinweis, die zweite Abzweigung links. Sie führt auf einem Wiesenweg an einem Zaun mit einem Kasten und dem Hinweis „Honig" vorbei. Den nächsten Kilometer bewegen wir uns stets westlich, mal am Waldrand, oftmals auch wenige Meter im Wald auf dem „Burgenweg". Rechts von uns erkennen wir die Ortschaft Niefang. Wir gehen auf dem festen Feldweg entlang des „Kirchbergs" noch ein Stück geradeaus weiter und biegen dann auf dem festen Weg rechts ab in Richtung Straße. Diese überqueren wir und erkennen auf der gegenüberliegenden Seite ein beeindruckendes Wegkreuz mit einer Sitzbank daneben 6.

Es geht rechtsherum und dahinter befindet sich links die Abzweigung zur Ruine Stossenberg/Rundeck. Diese lassen wir uns nicht entgehen und erreichen sie nach 300 Metern 7.

Wir sehen uns um, gehen zur Straße zurück und biegen dann nach links ab. Jetzt folgen bedauerlicherweise 150 Meter Asphalt. Während die Straße nach links in Richtung Niefang abbiegt, gehen wir auf dem festen Feldweg gemäß der blau-gelben „18" geradeaus weiter, jedoch nicht ohne das steinerne Feldkreuz auf der anderen Straßenseite zu begutachten 8.

Auf den nächsten Metern wechseln sich Feldweg, Schotterweg und Wiesenweg ab. Wir lassen die Bauschuttdeponie Niefang links liegen und bleiben auf dem abfallenden Waldpfad westlich. Nach 180 Metern im Wald erreichen wir eine Weggabelung. Die „18" geht geradeaus den Pfad hinab, doch wir wenden uns nach rechts zum „Burgstall Wieseck". Ein schmaler Trampelpfad führt rechts hoch. Auch hier kommen Forscher auf ihre Kosten, wenngleich nicht so viele Mauerreste auf den ersten Blick erkennbar sind wie bei den beiden anderen Ruinen vorher 9.

Wir gehen die 15 Meter hinab zum Weg und biegen auf dem Weg am Hang entlang auf losem Untergrund nach rechts in Richtung Norden ab. Dieser Wegabschnitt kann im Sommer phasenweise etwas verwachsen sein. Kurz darauf ändern wir unsere Richtung gen Osten und haben somit den westlichsten Punkt unserer Wanderung passiert. Nach ca. 200 Metern nehmen wir den Pfad links hinab. Dort erkennen wir einen breiten geschotterten Forstweg. Unten angekommen biegen wir nach rechts ab. Nun befinden wir uns auf dem „Wallfahrerweg". Es geht relativ steil für

Burgruine Rundeck

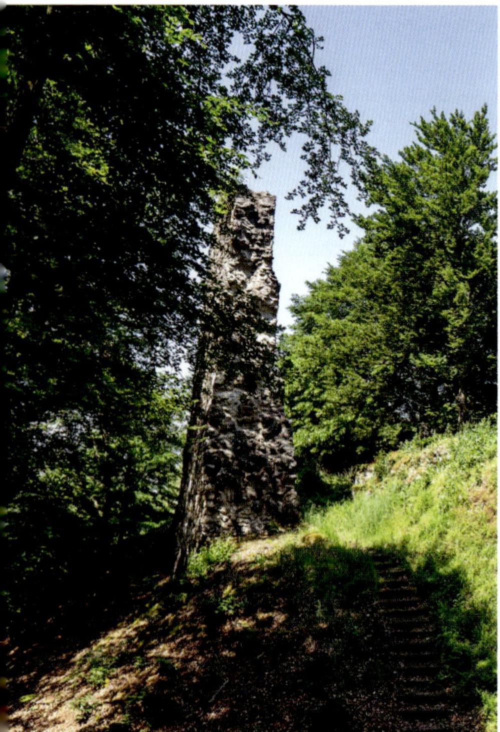

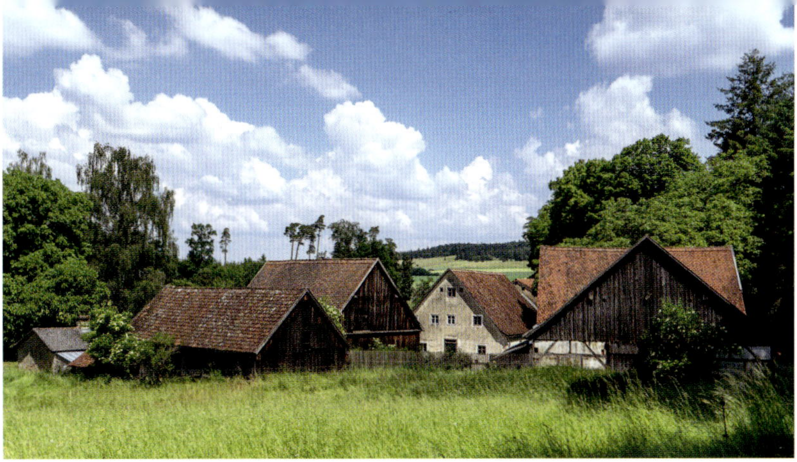

Ziegelhof

eine Weile bergauf in nordöstlicher Richtung. Nach etwa 900 Metern kommen wir zu einer Y-Gabelung. Hier halten wir uns auf dem Schotterweg links und passieren wenig später die Einöde „Ziegelhof". Etwas trist und verlassen liegt der Häuserkomplex links vor uns, wie ein vergessenes Heimatmuseum. Wenig später erreichen wir eine Teerstraße. Rechts von uns befindet sich ein hohes, hölzernes Wegkreuz ⑩.

Auf der anderen Seite schlendern wir auf dem Waldpfad geradeaus am Waldrand entlang und genießen auf den nächsten 450 Metern östlich das Panorama links von uns in Richtung der Ortschaft Euerwang. An der T-Kreuzung halten wir uns links auf dem festen Feldweg in nördlicher Peilung. Nach 180 Metern verlassen wir an der Abzweigung nach rechts den „Wallfahrerweg", welcher geradeaus weiterführen würde. Wir spazieren den kurzen Stichweg hoch und folgen nun dem „Schwarzachtal-Panoramaweg 19" nach rechts. Auf diesem bleiben wir die nächsten Kilometer, so auch nach 220 Metern, wenn wir den festen Weg zu Gunsten eines unbefestigten Waldwegs verlassen. Dank der guten Beschilderung kann man sich im Waldgebiet nicht verirren. Nach etwa 650 Metern erreichen wir wieder einen festen Forstweg. Hier halten wir uns für weitere 350 Meter rechts, bis wir zu einer großen Weggabelung kommen, an welcher sich eine schöne Sitzgelegenheit befindet. Hier kann man den Blick über die Lichtung und das Waldgebiet schweifen lassen ⑪.

Wir biegen nach links ab und bleiben noch ein kurzes Stück auf dem Panoramaweg. Dieser verlässt uns nach 180 Metern, doch wir gehen geradeaus weiter bis zur Y-Gabelung nach weiteren 300 Metern. Hier halten wir uns rechts. Jetzt ist wieder erhöhte Aufmerksamkeit notwendig, damit wir auf dem abfallenden Forstweg die schmale Abzweigung nach rechts nach 130 Metern nicht verpassen. Nun spazieren wir auf dem unbefestigten Waldweg rechts von einem Graben gen Tal, während die Straße links vom Graben ist. Je weiter nach unten wir kommen, umso mehr paart sich das sanfte Rauschen des Waldes mit dem unromantischen Geräuschpegel der Autobahn „A 9" und der ICE-Trasse. Die Straße biegt nach links ab und unser Pfad windet sich rechtsherum um den Berg. Nach etwa 300 Metern erreichen wir eine Straße. Diese überqueren wir und folgen dem Feldweg nach rechts talwärts. Dieser mündet oberhalb des Friedhofs in die bekannte „Rumburgstraße". Wenig später biegen wir linksherum ein und beenden am Parkplatz unseren Ausflug ins Mittelalter.

ALTDORF

Auf den Spuren der Römer und Ritter

TOUR 07

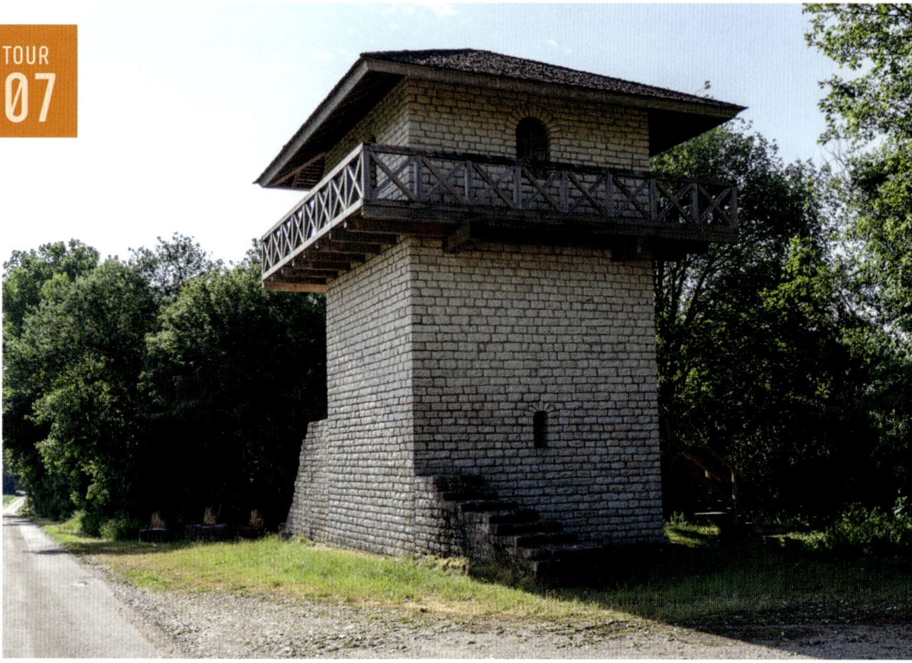

Kostenloser Wanderparkplatz links etwa 700 Meter nach Altdorf an der St 2228 südwestlich in Richtung Wachenzell
Navi: Burgstraße, 85135 Titting
(ca. 700 Meter der Straße folgen)
Koord.: N 48° 58' 46.5996 E 11° 16' 2.0676

Limesweg – römischer Wachturm – Gedenkstein Der Phalrain – Antoniuskapelle – römischer Wachturm – Burgruine Brunneck – Karstquelle Blaubrunnen

Gute Grundkondition und stellenweise Trittsicherheit erforderlich; überwiegend gut begehbare Wege auf naturbelassenem oder losem Untergrund bzw. Kies; kurze Abschnitte auf Asphalt in Altdorf und bei Erkertshofen.

Limesweg (grün-gelb); Ritter- und Römerweg 17 (blau-gelb); Titting 2, 8 (grün-gelb); Wallfahrerweg (grün-gelb); Jakobsweg (blau-gelb)

Auf dieser Wanderung wandeln wir auf den Spuren der Römer und Ritter zur Burgruine Brunneck bei Altdorf nahe Titting im Anlautertal.

Gasthof Rundeck
Erlingshofen 24, 85125 Kinding
Tel. 08423 488
www.gasthof-rundeck.de
Öffnungszeiten: siehe online

Gutmann Bräustüberl
Am Kreuzberg 4, 85135 Titting
Tel. 08423 985650
www.brauerei-gutmann.de

Foto: Nachbau eines römischen Wachturms

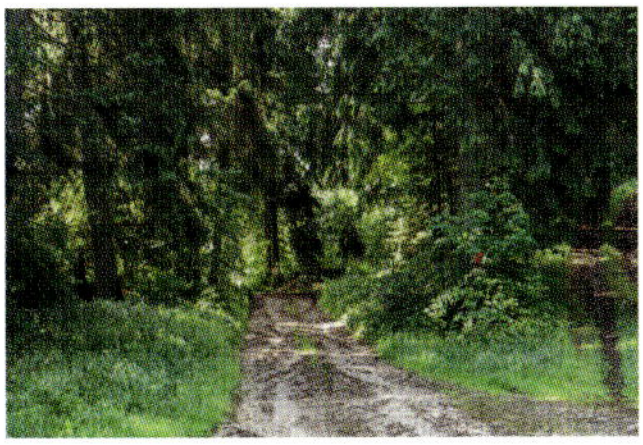

Startrichtung

mittel | 11,1 km | 235 Hm | 3:00 h

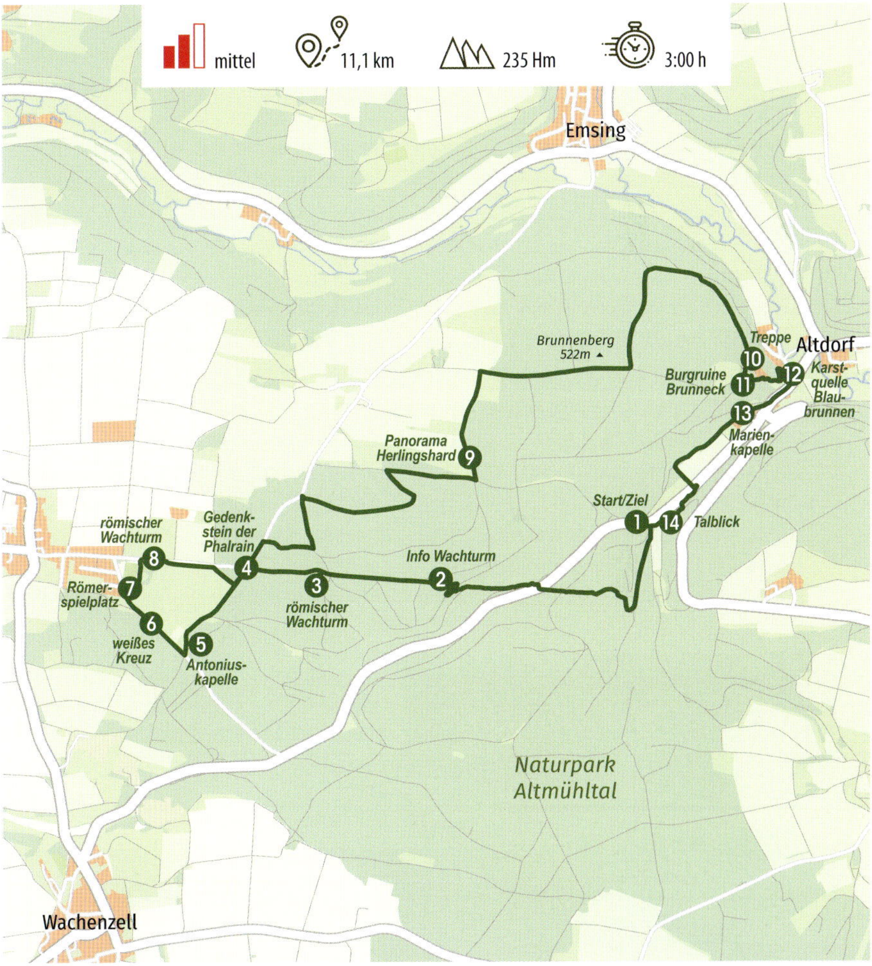

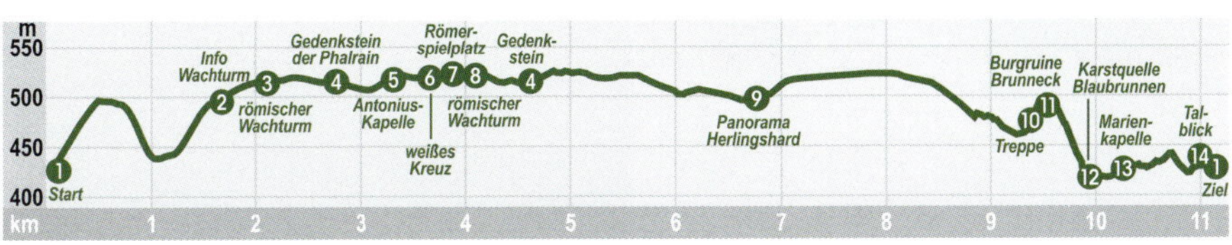

Vor dem Panorama hat der Römer den Schweiß gesetzt, und in unserem Fall tritt dieser Umstand sogar zwei Mal ein. Das erste längere Etappenstück bewältigen wir auf dem „Limesweg". Zuerst informieren wir uns am Parkplatz über die Lagesituation der Kleinkastelle „Biebig" und „Hegelohe". Danach nehmen wir nicht den steilen Waldweg, sondern den linken, geschotterten Forstweg ❶.

Nach 20 Metern erkennen wir die Markierung des „Limeswegs". Dieser leitet uns rechts zur Rampe und es geht den ersten längeren Anstieg hoch. Wir haben diese südliche Richtung durch den Wald gewählt, da wir sonst auf der befahrenen Straße hätten gehen müssen. Nach 350 Metern entscheiden wir uns für den Pfad rechts. Hier ist die Markierung nicht richtig erkennbar, doch wir bleiben dem „Limesweg" treu. Geradeaus weiter würden wir auf das Kleinkastell „Biebig" treffen. Ich habe jedoch oftmals festgestellt, dass man nichts bzw. sehr wenig von diesen historischen Spuren heute noch sehen kann. Deshalb folgen wir dem idyllischen, teilweise rumpeligen Waldpfad entlang der Markierungen in Richtung Westen, welcher sich entlang des ursprünglichen Limes windet. Schon bald geht es recht steil wieder hinab zur Straße, welche wir überqueren. Auf der anderen Seite folgen wir dem „Limesweg" nach links und wagen uns an den zweiten steilen Aufstieg, welcher eine Länge von etwa 470 Metern westwärts hat. Dann scheint der unbefestigte Waldweg zu enden, doch es geht scharf nach rechts weiter, auf einem idyllischen Waldweg. Nach 80 Metern mündet der „Ritter- und Römerweg 17" in unseren Pfad. Der „Limesweg" führt geradeaus weiter, doch wir wenden uns nach links auf die „17". Hier finden wir dann gleich eine weitere Infotafel zum Thema „Wachturm" ❷.

Der weitere Verlauf der Wanderung ist zunächst relativ eben. Nach etwa 150 Metern mündet der unbefestigte Pfad in einen geschotterten Forstweg, der aber auch kerzengerade in Richtung Westen führt. Nach weiteren 450 Metern erreichen wir eine Kreuzung. Auf der anderen Seite finden wir erneut eine Infotafel, zum Thema „Konservierung". Wir folgen dem „Limesweg", welcher nun wieder markiert ist, und der „17" auf dem schmalen, unbefestigten Waldpfad geradeaus. Nach etwa 50 Metern finden wir links eine etwas unscheinbare Abzweigung. Diese

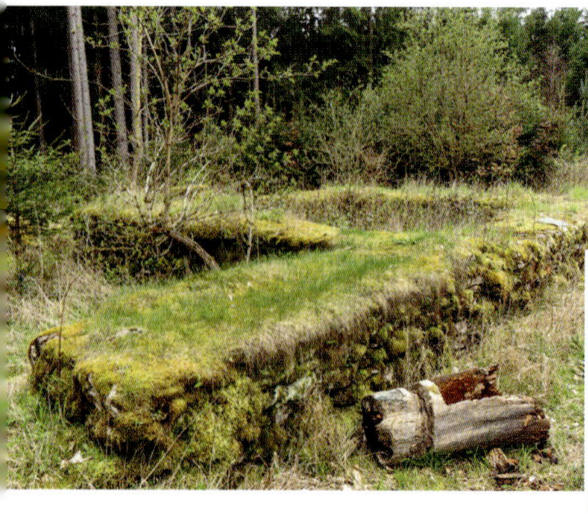

Links:
römischer Wachturm im Frühjahr

Unten:
Pfad nach rechts

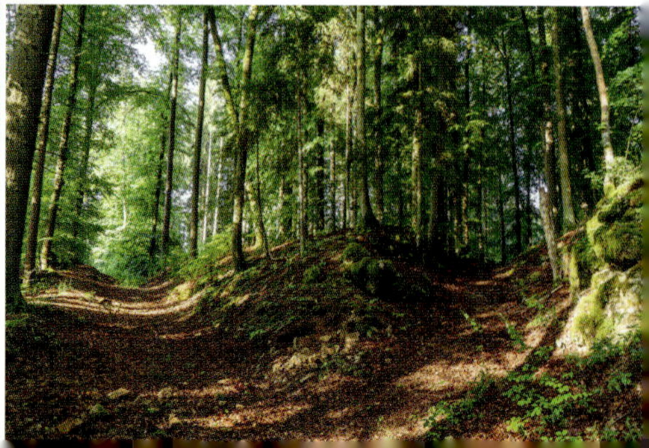

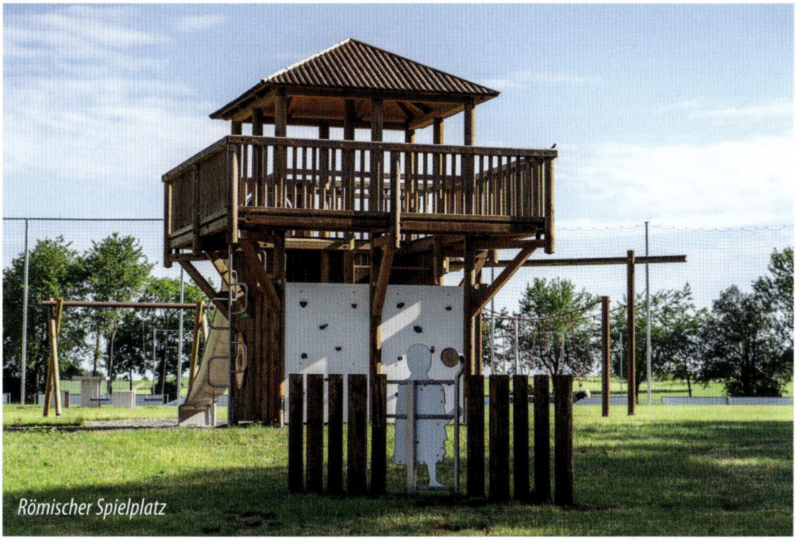

Römischer Spielplatz

bringt uns sogleich tatsächlich zu den Resten eines ehemaligen römischen Wachturms ❸.
Wir gehen wieder zum verwunschenen Waldpfad zurück und nach links weiter, und zwar für 390 Meter. Dann erreichen wir eine geteerte Kreuzung. Hier befindet sich links nicht nur eine Sitzgruppe, sondern auch ein Gedenkstein „Der Phalrain" ❹.
Alternative Abkürzung: Wer die Strecke etwas abkürzen möchte – auf die „Antoniuskapelle", den römischen Wachturm und auf etwas Asphalt verzichten möchte –, könnte auf der schmalen Straße für 160 Meter nach rechts weitergehen. Alle anderen gehen eine Schleife nach Erkertshofen und kommen wieder an diese Stelle zurück.
Dabei wenden wir uns nach links auf den fein geschotterten, breiten Weg am Rand des Waldes. Nach 550 Metern in südlicher Richtung erkennen wir links die prächtige und durchaus große „Antoniuskapelle" ❺.
Von dort geht es wieder zurück und nach links weiter. An der Kreuzung halten wir uns auf der schmalen Teerstraße rechts in Richtung Erkertshofen. Auf halber Strecke kommen wir links an einem beeindruckenden weißen Steinkreuz vorbei ❻.

Kurz nach dem Ortsschild stehen wir vor dem römischen Spielplatz des SV Erkertshofen. Dieser lädt die Kinder zum Verweilen ein ❼.
Wir gehen vor dem Turm auf dem Schotterweg rechts daran vorbei. Nach dem Sportplatz machen wir eine Linksbiegung und spazieren zwischen zwei hölzernen Hütten der Abteilung „Bogenschießen" hindurch zur Straße. Schon stehen wir rechts vor einem großen Nachbau eines weiteren römischen Wachturms ❽.
Wir schlendern auf der Straße ein Stück weiter und verlassen sie bei nächster Gelegenheit gemäß der bekannten Markierung „17". Sie leitet uns auf einen Wiesenweg nach rechts, welcher parallel zur Straße verläuft. Nach 400 Metern

Antoniuskapelle

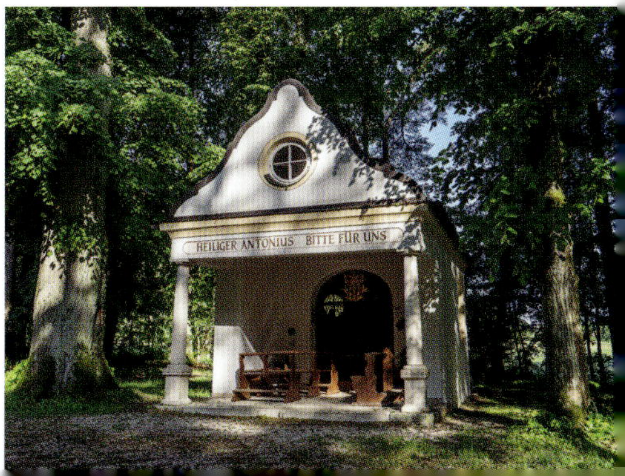

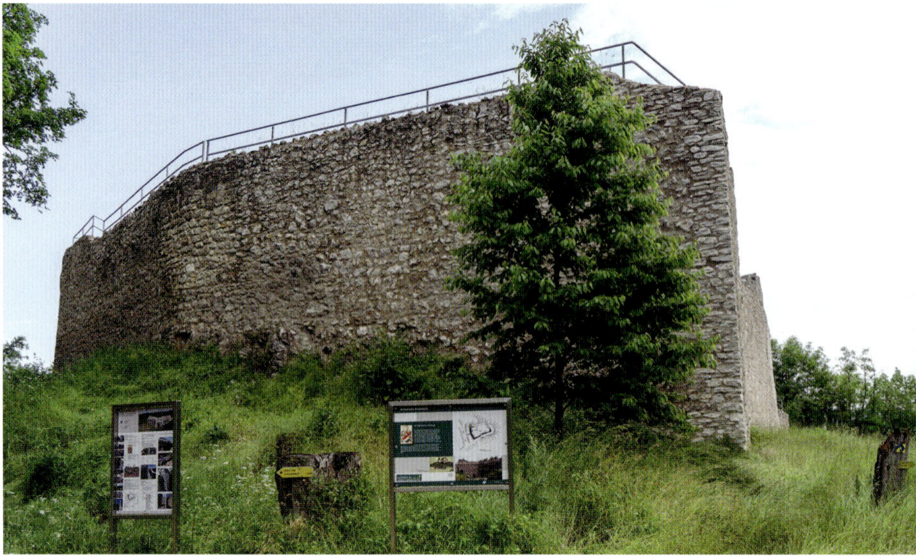

Ruine Brunneck von hinten

endet der Feldweg am fein geschotterten Forstweg. Wir halten uns ein paar Meter links und stehen wieder an der geteerten Kreuzung mit dem Gedenkstein „Der Phalrain". 4

Nun spazieren wir praktisch auf der Straße für 160 Meter geradeaus weiter. Dann verlassen wir sie in nördlicher Richtung bei der nächsten Gelegenheit rechts. An dieser Stelle finden wir eine breite Einmündung, die sich in einen unbefestigten Naturweg nach Osten verjüngt. Dieser endet nach 270 Metern an einem fein geschotterten Forstweg. Es geht nach links weiter, nördlich für 280 Meter. Nahezu bei der Straße biegen wir scharf nach rechts ab, in Richtung Osten. Hier finden wir ein rundes Verbotsschild für Autos und Motorräder. Wir sind noch immer unmarkiert unterwegs. Nach 620 Metern scheint der geschotterte Waldweg an einer T-Kreuzung zu enden. An dieser Stelle wenden wir uns auf losem Untergrund nach links durch das Waldgebiet „Kalkofen". Der nächste feste Forstweg wartet auf uns nach 200 Metern. Auf diesem geht es nach rechts, nach Osten weiter. Nach 460 Metern stoßen wir wieder auf die bekannte „17". Diese geht geradeaus weiter, doch wir halten uns am Waldrand links und genießen das herrliche Panorama in Richtung der Ortschaft Herlingshard 9.

Wir bewegen uns weiter entlang der Baumgrenze auf Naturboden in Richtung Norden, für 600 Meter. Schließlich geht es auf dem Schotterweg nach rechts weiter in das Waldgebiet „Brunnenberg". Nach weiteren 780 Metern kommen wir an eine Kreuzung, an welcher wir auf die Markierung „8" und wieder auf die „17" stoßen. Geradeaus würde der „Ritter- und Römerweg" zur Burgruine Brunneck führen (1,2 km). Wir gehen links, entlang der „8", auf dem geschotterten sog. „Franzosenweg" in Richtung Norden weiter. Nach 780 Metern und einer Rechtsbiegung kommen wir zu einer Y-Gabelung. Hier halten wir uns rechts in Richtung Brunneck. Nach 530 Metern, kurz vor dem Ortsschild, finden wir rechts eine malerische Treppe 10.

Oben angekommen thront über uns mächig der Bergfried der Burgruine Brunneck. Wir gehen linksherum, gehen an der Mauer entlang und in die Ruine hinein. Der Blick von dort oben hinab nach Altdorf und hinüber nach Erlingshofen ins Anlautertal ist atemberaubend 11.

Nachdem wir das mittelalterliche Flair der Burgruine ausreichend in uns aufgenommen haben, schlendern wir wieder zurück zu den Infotafeln und folgen den Wanderhinweisen „17" und „Altdorf" den steilen Abstieg auf dem verwunschenen Trampelpfad hinab zum Ort. Unterwegs genießen wir die herrliche Aussicht nach Altdorf. Schließlich geht es linksherum und der Pfad endet an der Straße direkt neben der Karstquelle „Blaubrunnen". Wir befinden uns am „Jakobsweg", und im Schatten der Bäume kann man sich auf einer Sitzgruppe ausruhen ⓬.

Wir gehen weiter nach rechts an einem beeindruckenden Wegkreuz vorbei, vor zur Straße. Hier trifft der „Jakobsweg" auf den „Wallfahrerweg". Wir halten uns rechts auf dem Gehweg in Richtung Eichstätt entlang der „Burgstraße". Nach 140 Metern leiten uns die Wegmarkierungen nach rechts. Es geht zwischen Wohnhäusern auf einem gepflasterten Stück hindurch. Dieses mündet in einen Wiesenweg am Fuße des Hangs in Richtung Südwesten. Ein wenig später passieren wir links die kleine „Marienkapelle" ⓭.

Wir spazieren noch für weitere 450 Meter südwestlich auf der idyllischen „Schloßleite". Dann zweigt nach rechts, vorbei an einer hölzernen Scheune, ein Pfad hinab zur Straße ab. Unterwegs haben wir rechts bereits den Parkplatz erkannt. An der „St 2228" wenden wir uns für etwa 10 Meter nach links und erkennen auf der gegenüberliegenden Seite einen unbefestigten Waldpfad. Dieser führt uns nach rechts parallel zur Straße an einer Holzhütte vorbei in Richtung Parkplatz. Kurz vorher erkennen wir links ein malerisches Tal ⓮.

Kurz darauf spazieren wir hinab zum Parkplatz und beenden unsere Tour auf den Pfaden der Ritter und Römer.

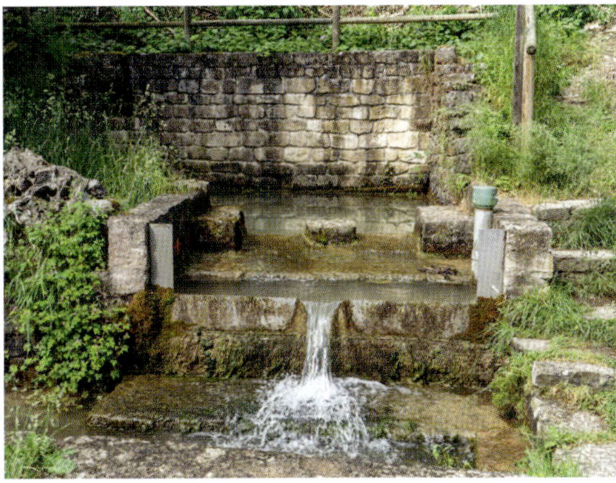

Karstquelle Blaubrunnen

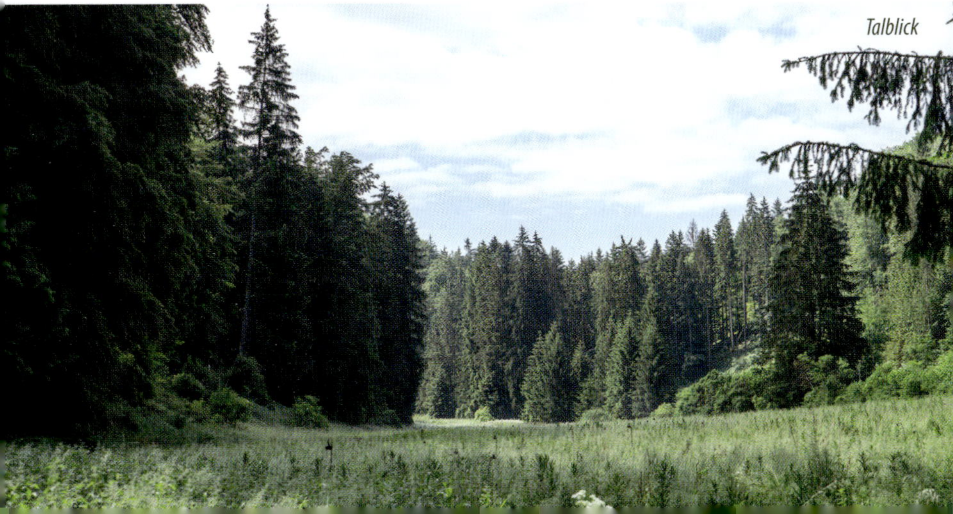

Talblick

KRATZMÜHLE

Viel Erholung, wilde Pfade, schroffe Felsen, großartige Ausblicke

TOUR 08

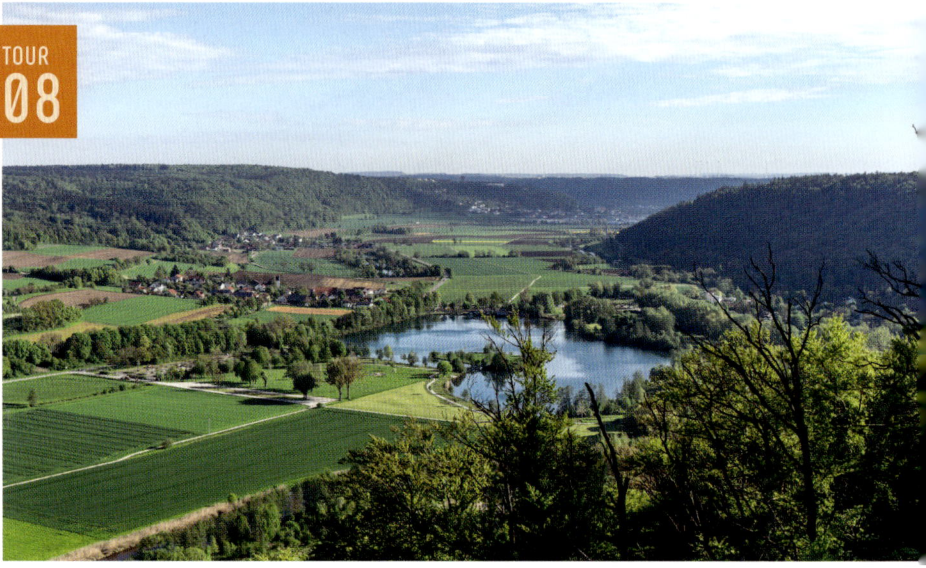

Kostenpflichtiger Parkplatz am Erholungs- & Freizeitzentrum Kratzmühle bei Pfraundorf an der St 2230 (Parkplatz P2) (7:00-22:00 Uhr
1,5 Std. 0,50 €; 6 Std. 2,00 €; 12 Std. 4,00 €)
Navi: Kratzmühle, Am See (Kratzmühlsee), 85125 Kinding
Koord.: N49°00'15.2" E11°27'00.7"

Erholungsgebiet Kratzmühle – Irfersdorf – Drachenfliegerrampe – Saufelsen – Felsentor – Hirschbachkreuz am Langfelsen – Hubertusfelsen – Hügelgräber bei Kinding – Kindinger Klause – Bachweg – Mühlbachquelle

Viele Waldpfade und schmale Steige, überwiegend auf losem, naturbelassenem Untergrund oder Kies, in den Ortschaften Teilstücke auf Asphalt; meist gut beschildert; gutes Schuhwerk und eine gute Grundkondition sind ratsam.

Altmühltal-Panoramaweg (rot-gelb); K2 Kinding; 2 Beilngries; Burgenweg Kinding (grün-gelb); Nordic Walking Beilngries 10; Kinding Hügelgräberweg 11 (grün-gelb)

Eine herrliche Wanderung auf dem Burgenweg Kinding entlang idyllischen Waldpfaden zu grandiosen Aussichtspunkten zwischen dem Erholungsgebiet Kratzmühle und Kinding.

Seerestaurant Kratzmühle
Am See 1, 85125 Kinding
Tel. 08461 7191
www.restaurant-kratzmuehle.de

Landgasthof Wagner
Unteremmendorf 5, 85125 Kinding
Tel. 08467 279
www.landgasthof-wagner.de

 Foto: Panorama hinab zur Kratzmühle

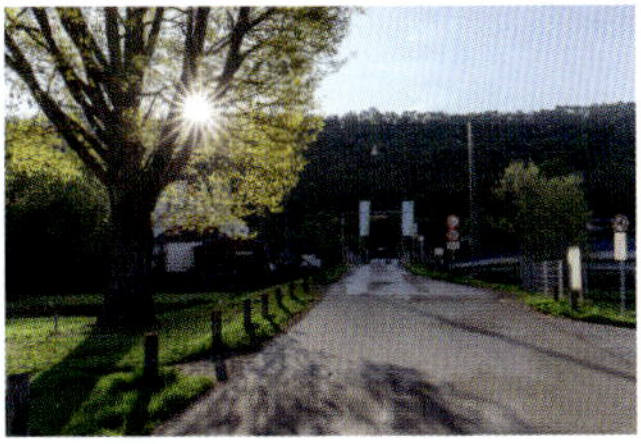

Startrichtung

Mittlerweile ist die neue Brücke 10 Meter weiter rechts eröffnet.

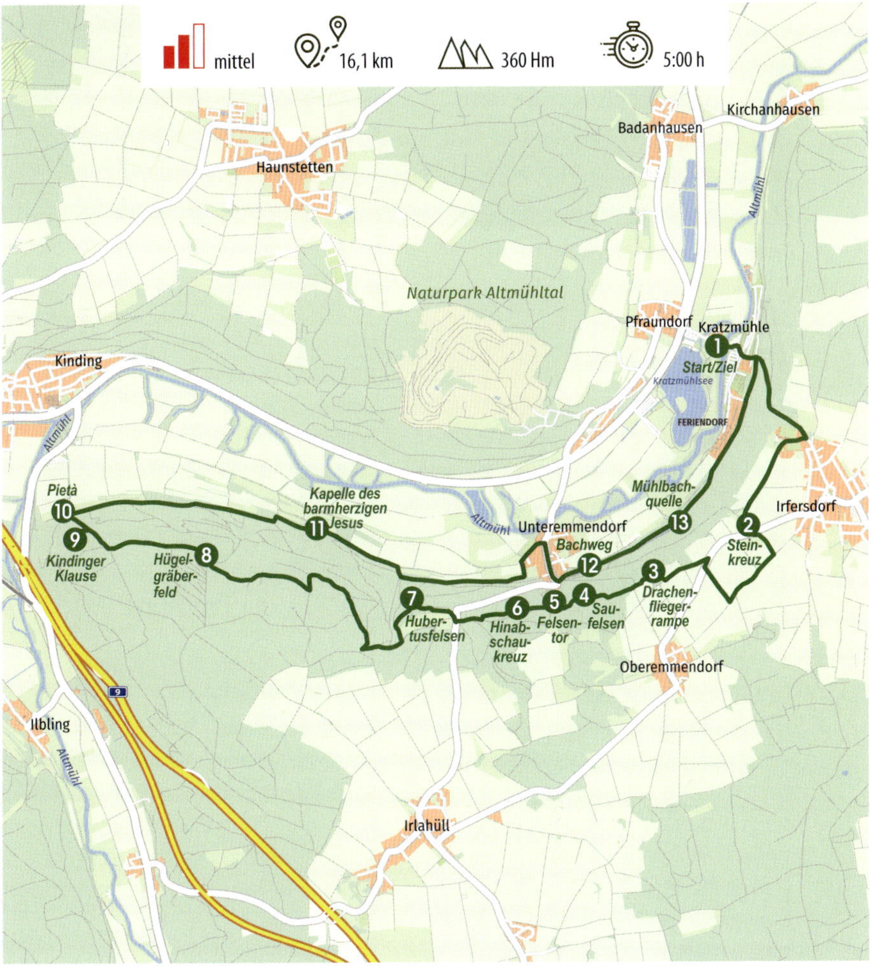

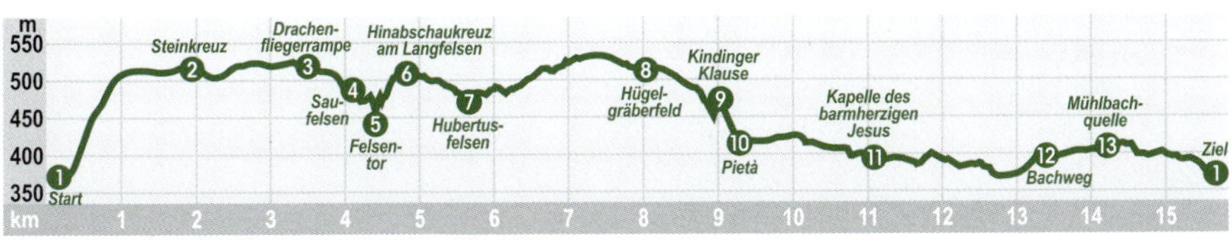

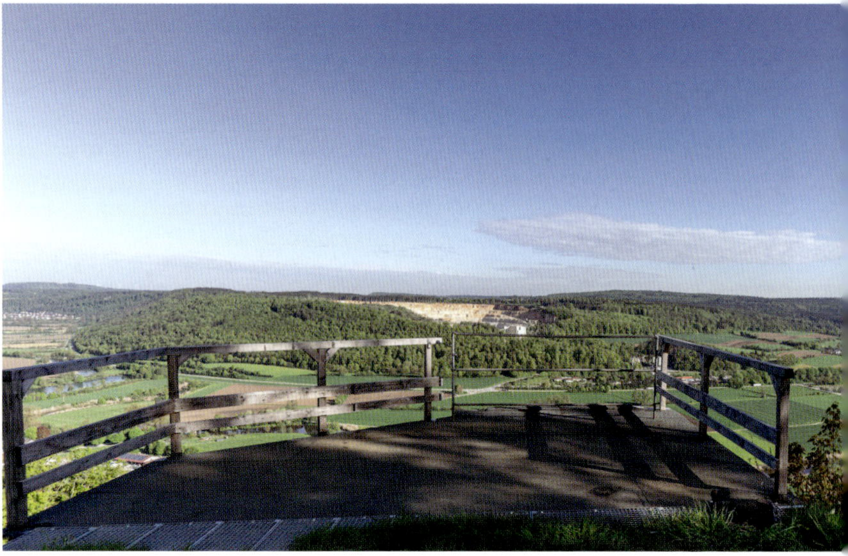

Vor der Drachenfliegerrampe

An sich ist es beinahe gemein, dass diese Runde am „Freizeit- & Erholungszentrum Kratzmühle Nord" beginnt. Vor der Entspannung betätigen wir uns jedoch erst einmal sportlich. Auf der Straße „Am See" geht es nach links weiter und wir schlendern über die neue, im Jahr 2023 eröffnete Brücke über die Altmühl ❶.

Auf der Straße halten wir uns links, lassen das „Wirtshaus zur Kratzmühle" mit dazugehörigem Technikmuseum links liegen und bleiben in westlicher Richtung auf der Straße „Mühlweg" und orientieren uns an den Wanderhinweisen „K2", „2" bzw. „Altmühltal-Panoramaweg". Kurz nach einer kleinen Kapelle zweigen die beschilderten Wanderwege nach links ab, doch wir gehen noch ein kurzes Stück geradeaus. Hinter dem letzten Haus am Hang vor dem Wald macht der mittlerweile geschotterte Weg eine leichte Rechtskurve. Links bzw. geradeaus vor uns finden wir einen schmalen, kurzen, steilen Trampelpfad vor. Je nach Vegetation ist er besser oder schlechter erkennbar. Gerade bei nassem Untergrund können diese 5 Meter sehr rutschig sein. Doch wir wählen ihn und machen uns an den ersten, längeren Aufstieg auf diesem schmalen Waldpfad. Nach etwa 230 Metern mündet der Pfad in einen breiteren, geschotterten Forstweg. Wir halten uns rechts, erkennen schon bald das Schild „Nordic Walking Beilngries 10" und setzen unseren Aufstieg fort. Nach weiteren 350 Metern verlassen wir das Waldstück und erreichen einen festen Feldweg. Hier sehen wir den Hinweis „Beilngries 2". Auch zu dieser Stelle halten wir uns rechts und gelangen vor der Ortschaft Irfersdorf an dessen Sportgelände. An einem mächtigen Felsen mit einer Inschrift „FC Irfersdorf" halten wir uns auf der schmalen Teerstraße rechts. Schon nach dem Vereinsheim macht die Straße eine Linksbiegung und verwandelt sich erneut in einen fein geschotterten Weg. Wir schlendern auf dem ebenen Wegstück in südlicher Richtung und halten uns an einer Y-Gabelung links. Wenig später erkennen wir vor uns in einer Baumgruppe ein mächtiges Steinkreuz ❷.

Wenige Meter weiter überqueren wir die Straße „EI 22" und gehen leicht versetzt links auf dem Schotterweg in südöstlicher Richtung weiter. An der T-Kreuzung nach 170 Metern halten wir uns rechts und spazieren für 450 Meter weiter. Nach

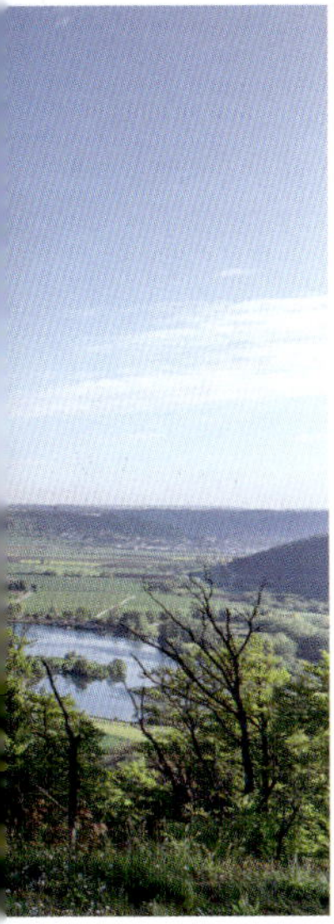

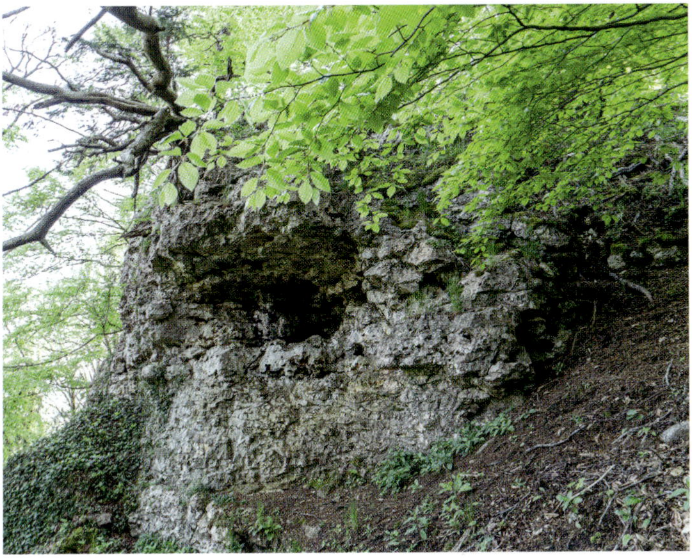

Am Saufelsen

einem sehr kleinen Waldstück wählen wir die erste Abzweigung nach rechts. Hier finden wir eine historische steinerne Säule aus dem Jahr 1625. Nach knapp 300 Metern endet der feste Feldweg an der Straße „EI 22". Es geht nach rechts weiter und dann erkennen wir nach 60 Metern links auf der anderen Straßenseite einen geschotterten Feldweg. Diesem folgen wir in südwestlicher Richtung. Unser nächstes Etappenziel ist die Drachenfliegerrampe. Nach 330 Metern zweigt ein Weg rechts von unserem Feldweg ab, und kurz darauf stehen wir praktisch am Abgrund bzw. der Drachenfliegerrampe des „Drachenfliegervereins Ingolstadt e.V". Die Aussicht über das Altmühltal ist großartig ❸.

Wir gehen nach wenigen Metern rechts auf dem unbefestigten Feldweg zwischen Bäumen und Sträuchern hindurch, welcher uns links an den Rand eines Feldes bringt. Nach 120 Metern erkennen wir den Hinweis „Felsentor" sowie die Markierungen „Altmühltal-Panoramaweg" und „Kindinger Burgenweg". Letzterer wird uns nun auf dem Großteil der Runde begleiten. Deshalb tauchen wir auf einem idyllischen Waldpfad in das Waldgebiet ein und spazieren geradeaus weiter. Nach etwa 400 Metern stehen wir vor dem Burgwall „Saufelsen". Dieser scheint mit einem umgestürzten Baumstamm versperrt zu sein. Auch hier sehen wir uns mit erhöhter Vorsicht um, denn wir wollen nicht den Abhang hinabstürzen ❹.

Es geht auf dem „Burgenweg" für 190 Meter weiter, und schon wartet das nächste Highlight auf uns: der „Torfelsen". Wir gehen durch den mächtigen Bogen hindurch und sehen uns die Höhlen an,

Torfelsen von unten

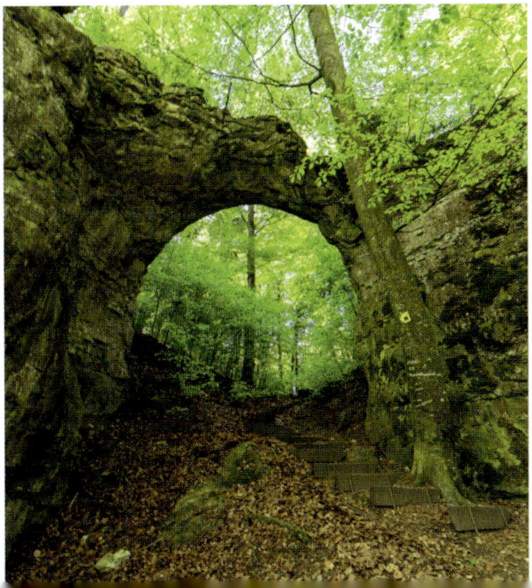

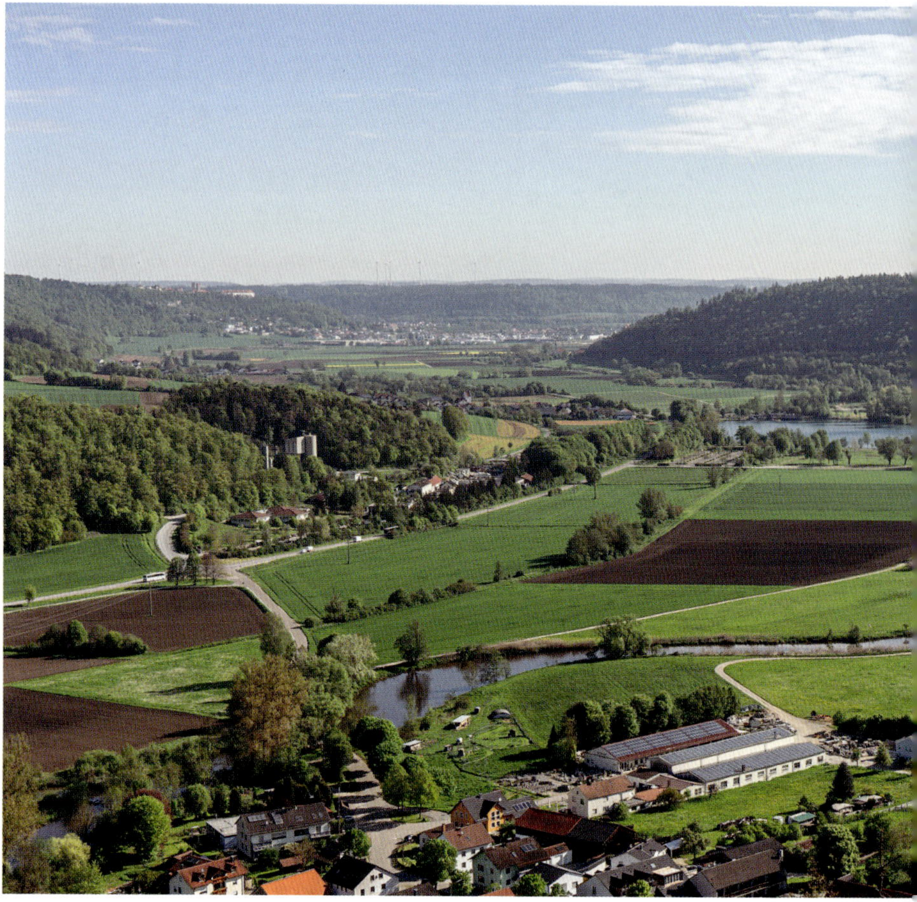

welche im Winter zum Schutz von Fledermäusen versperrt sind. Danach gehen wir wieder zurück und links auf das Dach der Höhlen und genießen ein weiteres Mal die umwerfende Aussicht 5.
Wir gehen wieder hinunter und halten uns gemäß der Beschilderung auf dem idyllischen Waldpfad wieder rechts. Der nächste Aussichtspunkt ist nicht weit entfernt: Schon nach 250 Metern erreichen wir den „Langfelsen". Hier finden wir nicht nur einmal mehr ein großartiges Panorama über die Altmühl, welche sich malerisch durch das Tal schlängelt, sondern auch das majestätische „Hinabschaukreuz" 6.
Wir bleiben auf dem „Kindinger Burgenweg" in Richtung Westen und verlassen nach etwa 200 Metern den verwunschenen Waldpfad. Ungefähr 50 Meter weiter mündet unser Weg in einen Schotterweg. Wir gehen nach rechts weiter und gelangen so schon bald an eine Teerstraße. Hier finden wir zahlreiche Wanderhinweise. Wir überqueren die Straße und erkennen auf der anderen Seite die Beschilderung „Burgenweg Kinding – Hubertusfelsen ca. 400 Meter". Während der „Altmühltal-Panoramaweg" geradeaus weitergeht, wollen wir uns den „Hubertus" nicht entgehen lassen. Ein beschaulicher Waldpfad bringt uns zu diesem Burgstall. Der ca. 1000 Meter westlich vom „Torfelsen" gelegene „Hubertusfelsen" trug wohl die jüngste der drei Emmendorfer Burgen. In der südlichen und höheren Hälfte des

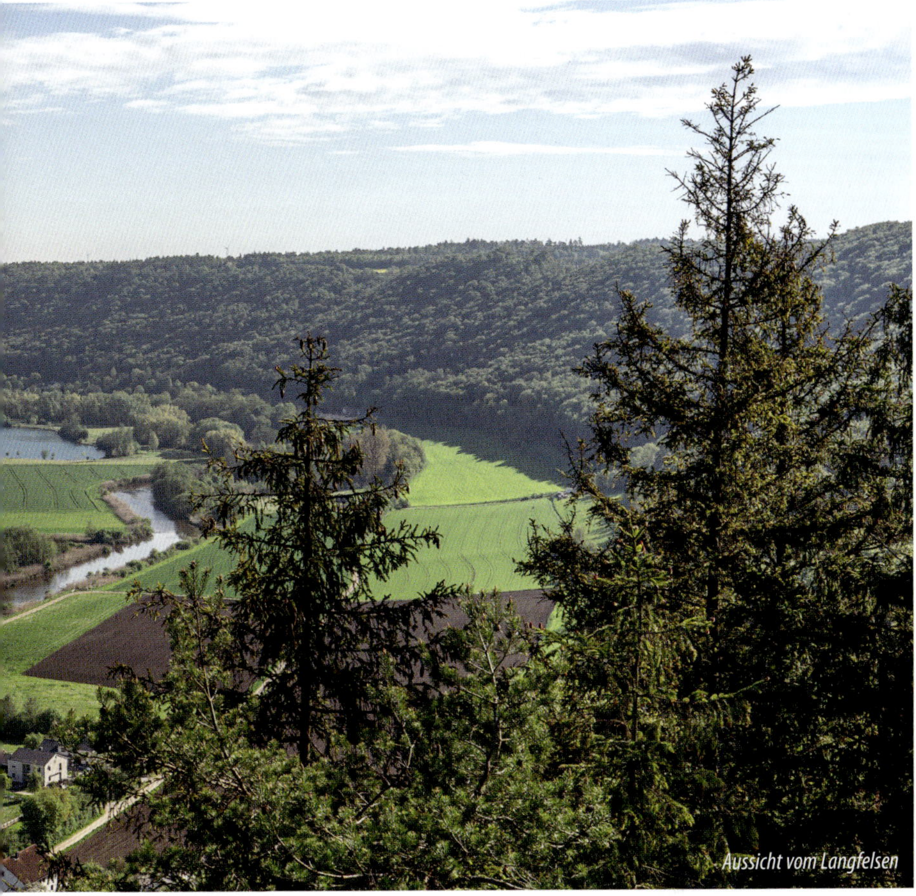

Aussicht vom Langfelsen

Burgstalls kann man sogar noch den Standort des Turms der Burg erkennen 7.

Nachdem wir uns umgesehen haben, drehen wir uns um und folgen erneut rechts auf dem schmalen Trampelpfad dem „Burgenweg Kinding". Dieser schlängelt sich zwischen die Bäume oftmals nahe am Bergkamm entlang. Nach ein paar Biegungen mündet der „Burgenweg" in den „Altmühltal-Panoramaweg". Dank der guten Beschilderungen können wir uns auf den nächsten Kilometern kaum verirren. Nach 300 Metern geht es auf dem Schotterweg scharf nach rechts weiter. Nach weiteren 250 Metern in nördlicher Richtung verlassen wir ihn wieder gemäß der Beschilderung nach rechts. Waldpfade und Wiesenwege wechseln sich hier oben ab. Nach 430 Metern folgt eine Linksbiegung und wenige Meter weiter wenden wir uns scharf nach rechts. Unsere Peilung ist nun westlich. Nach etwa 840 Metern gelangen wir auf einen geschotterten Forstweg. Mittlerweile hat sich auch der „Kinding Hügelgräberweg 11" zu uns gesellt. Sogleich erkennen wir rechts eine Sitzgruppe und eine hügelige, steinige Ebene. Wir erfahren, dass es sich hierbei um Hügelgräber aus der Bronzezeit handelt 8.

Nach 680 Metern verlassen wir den geschotterten Pfad und wenden uns gemäß den Markierungen auf dem Trampelpfad hinab ins Tal. Rechts von uns befindet sich eine Doline und links thront schon bald eine mächtige Felsformation. Etwa auf halber Strecke zweigt ein schmaler Pfad rechts ab. Wir erkennen den Hinweis „Klause". Diese wollen wir uns ansehen und so steigen wir zwischen Felsbrocken im Zickzackkurs hinauf und stehen vor einer beeindruckenden Höhle: der „Kindinger Klause" 9.

Wir gehen wieder zurück und links hinab ins Tal. Unten angekommen befinden wir uns bereits auf Höhe der Ortschaft Kinding. Links von uns ist eine kleine Kapelle mit dem Namen „Pietà" 10.

Nun verlassen wir – immer noch auf dem „Kindinger Burgenweg" bleibend – den westlichsten Punkt unserer Tour und treten den etwa 6,5 Kilometer langen Rückweg gen Osten an. Dabei geht es stets relativ eben dahin, am Fuße des Hangs und im Schatten der Bäume. Auf diesem Etappenstück passieren wir diverse Wegkreuze und eine weitere, ungewöhnliche Kapelle: die „Kapelle des Barmherzigen Jesus" nach ca. 1500 Metern. Sie ist außen mit farbenprächtigen Bildern kunstvoll gestaltet 11.

Kurz darauf kommen wir an einer Panoramaliege vor Unteremmendorf vorbei. Schon bald biegen wir rechts hinein in den Wald. Wir schlendern am Fuß des Hangs am Waldrand für 750 Meter nach Osten und orientieren uns dann gemäß der Beschilderung links hinab nach Unteremmendorf. Auf unserem Weg durch die Ortschaft lässt sich bedauerlicherweise ein Stück auf Asphalt nicht vermeiden. Unten halten wir uns rechts und passieren einen Spielplatz. Dann erreichen wir eine Wegkreuzung. Der beschauliche Mühlbach spaltet die Straße. Hier wenden wir uns nach

Kapelle des Barmherzigen Jesus

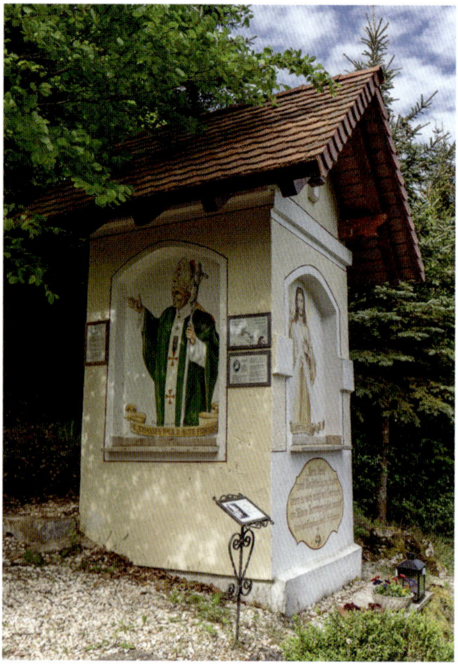

Panoramaliege

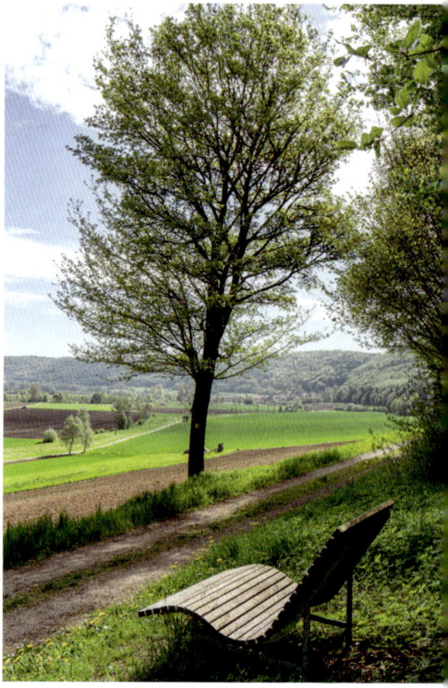

rechts und gönnen uns links im „Landgasthof Wagner" eine kulinarische Stärkung. Schließlich gehen wir weiter hoch in Richtung Wald und lassen die Kirche „St. Nikolaus" rechts liegen. Oben angekommen verlassen wir die markierten Wege. Etwa auf Höhe des Ortsschildes zweigt links ein schmaler Pfad zwischen zwei Gartenzäunen ab. Es handelt sich um einen romantischen Bachlauf und einem schmalen Trampelpfad daneben. Diesen wählen wir und wir befinden uns sogleich auf dem „Bachweg". Nun folgt das vermutlich idyllischste und zugleich malerischste Stück der Wanderung: Wir gehen auf der dem Tal zugewandten Seite des Mühlbachs nach rechts, und zwar direkt am Bach entlang. Der schmale Trampelpfad ist meist nur etwa 30 bis 40 Zentimeter breit ⓬.

Nach etwa 900 Metern erreichen wir die beschauliche Quelle des Mühlbachs ⓭.

Danach gehen wir rechts hoch und im Prinzip dennoch geradeaus weiter in nordöstlicher Richtung am Hang entlang. Es gibt zwar mehrere Möglichkeiten, abzubiegen, doch wir bleiben unserer Peilung nahe der Grenze des Waldes am Fuß des Hanges treu. Nach weiteren 500 Metern befinden wir uns oberhalb der Ferienhaussiedlung „Kratzmühle". Auf Höhe des letzten Hauses befinden wir uns wieder am Ausgangspunkt der Runde, als wir den Trampelpfad den Hang hochgestiegen sind. Nun gehen wir nach links hinab zum „Wirtshaus an der Kratzmühle", in welchem sich auch ein Technikmuseum befindet. Wir überqueren die Altmühl und haben uns eine Erholung und Erfrischung am See redlich verdient.

Kirche St. Nikolaus in Unteremmendorf

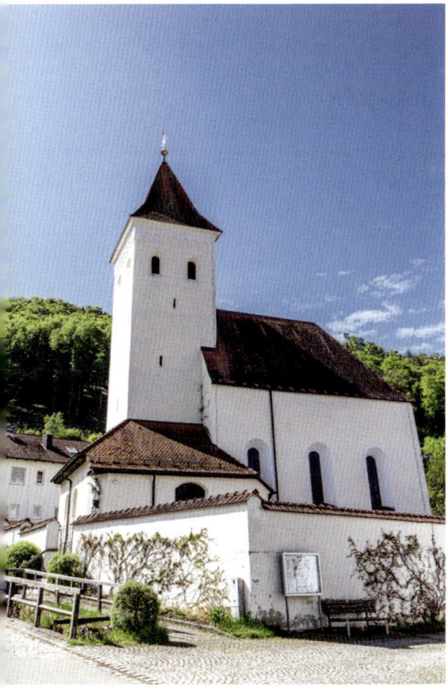

Romantischer Bachlauf

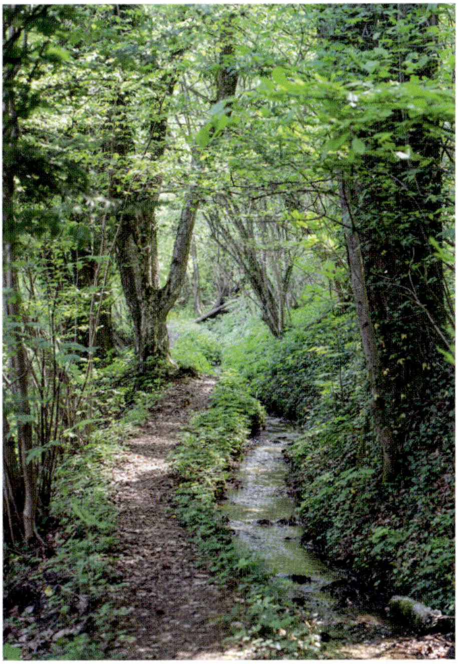

PREMERZHOFEN

Naturerlebnisse und unbeschreibliche Panoramen entlang der Unterbürger Laber

TOUR 09

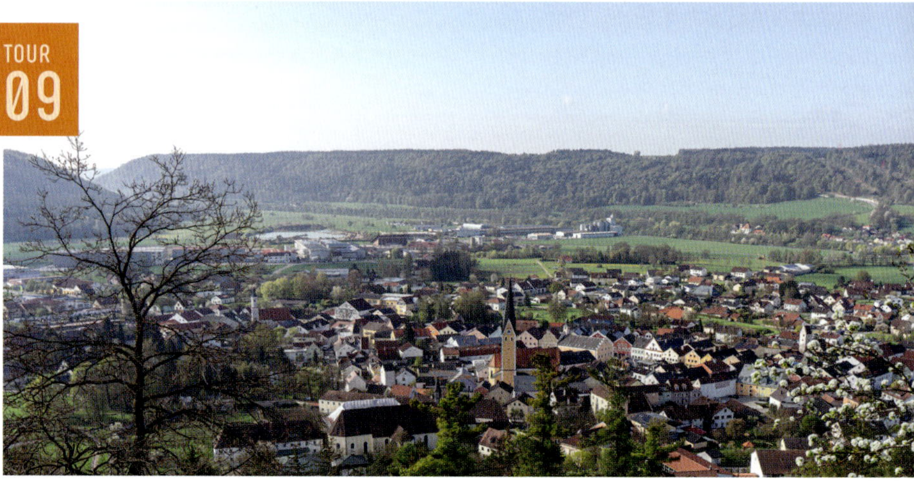

Kleiner Wanderparkplatz links am Umspannhaus Dietfurt 1, kurz vor Premerzhofen von Haas hochkommend bzw. nach dem Ortsausgang von Premerzhofen rechts, ehe es den Berg nach unten geht
Navi: NM 26 oder Premerzhofen 1a, 92363 Breitenbrunn
Koord.: N 49° 3' 35.478 E 11° 36' 18.054

Premerzhofen – Unterbürger Laber – Weg der Sprüche und Weisheiten – Ruine Ödenburg – Qigong-Weg – Mariengrotte – Kreuzberg – Martersäule – Herzogstand – Tal der Unterbürger Laber – Unterbürg – ehemaliger Steinbruch

Eine anspruchsvolle Runde überwiegend auf schattigen Wanderwegen und schmalen Pfaden, nahezu ohne Asphalt (ca. 200 Meter); Untergrund überwiegend naturbelassen, lose oder Kies; sehr gute Grundkondition und Trittsicherheit erforderlich.

Jurasteig (Wasser- & Mühlenweg); Naturerlebnisweg Kreuzberg/Weiße Laber 1 (grüner Schmetterling); Labertal-Wanderweg Dietfurt-Breitenbrunn 23 (blau-gelb); grün-gelbe „8" (Qigong-Weg), Moosbärnweg 2 (grün-gelb)

Eine längere, anstrengende, aber äußerst abwechlunsgreiche Runde auf dem Naturerlebnispfad von Premerzhofen nach Dietfurt und durch das Tal der Unterbürger Laber mit fantastischen Panoramen rund um die Ortschaft Hainsberg.

Gasthaus Zucker
Oberbürg 7, Oberbürg, 92345 Dietfurt
Tel. 08464 569
www.gasthaus-zucker.de
Öffnungszeiten: siehe online

Hotel & Gasthof „Zum Bräu-Toni"
Hauptstraße 4, 92345 Dietfurt
Tel. 08464 605100
www.zum-braeu-toni.de
Öffnungszeiten: siehe online

 Foto: Aussicht auf Dietfurt von Kreuzberg

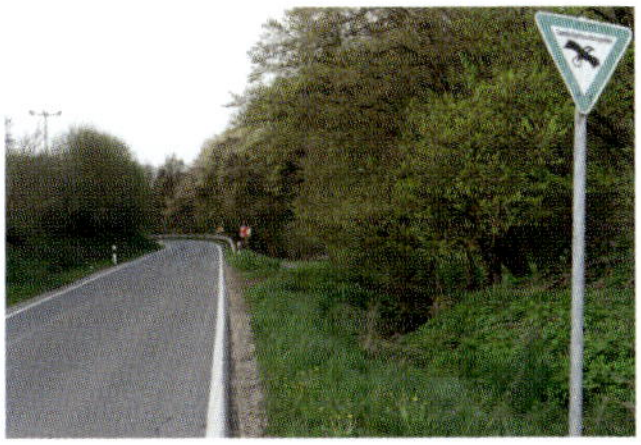

Startrichtung

schwer | 18 km | 410 Hm | 5:00 h

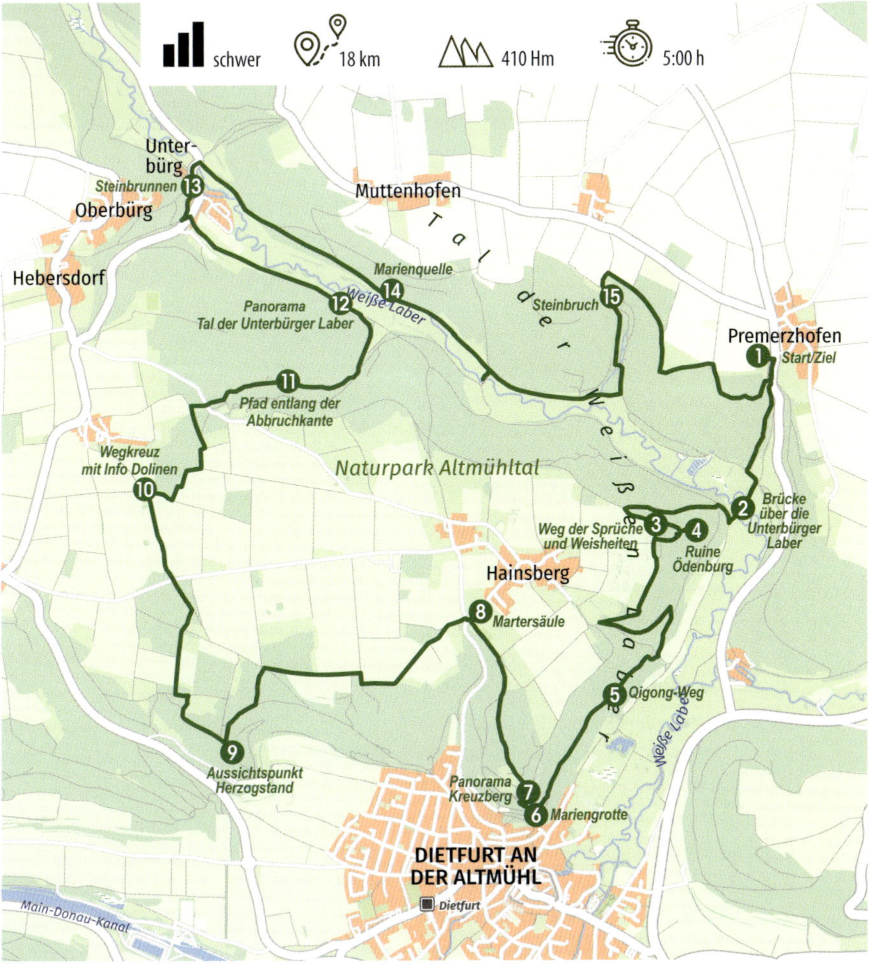

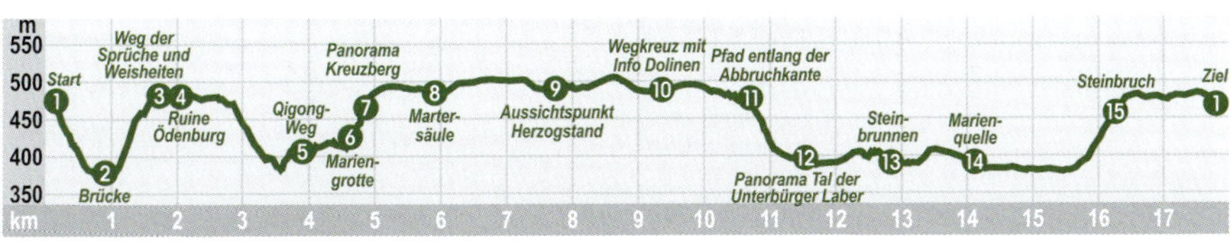

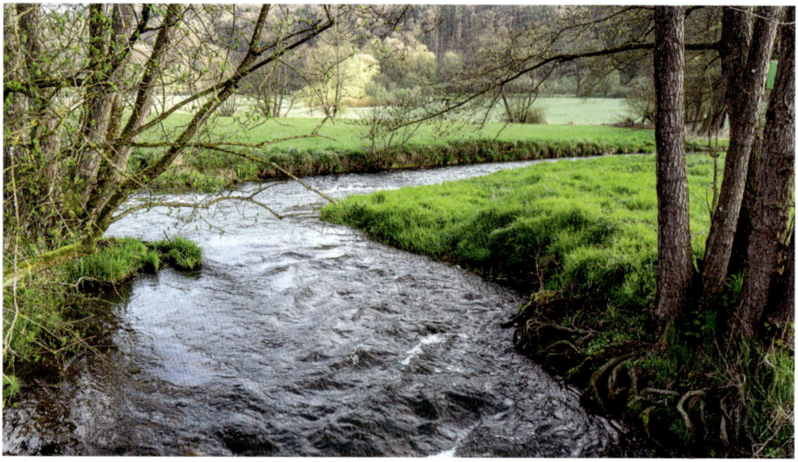

Ambiente im Tal

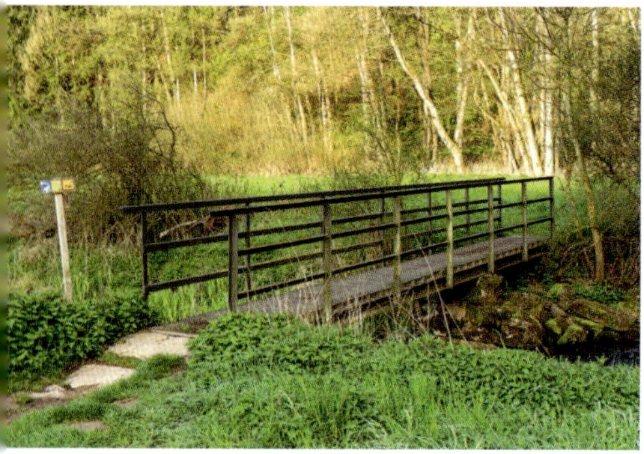

Steg über die Unterbürger Laber

Auf dieser Runde tauchen wir zuerst ein in das wunderschöne, idyllische Tal der Unterbürger Laber, einem Abschnitt der Weißen Laber. Kurz vor der Ortschaft Premerzhofen, welche zu Breitenbrunn gehört, befindet sich von der Einöde „Haas" hochkommend links ein kleiner Wanderparkplatz, auf welchem sich neben dem Umspannhaus „Dietfurt 1" auch ein Wegkreuz und eine Sitzgelegenheit befinden ❶. Wir wenden uns an der Straße „NM 26" nach rechts und nehmen sofort nach etwa 80 Metern die Einmündung rechts. Sie bringt uns auf einem unbefestigten Weg zu einer Y-Gabelung, in dessen Mitte sich der Beginn eines Taleinschnitts befindet. Wir gehen rechts davon den steilen, stellenweise unebenen Abhang hinab. Unten angekommen wenden wir uns am fein geschotterten Weg nach links und erkennen die Markierung „Jurasteig" (Wasser- & Mühlenweg), welche uns nach wenigen Metern rechts über die Wiese in Richtung Unterbürger Laber führt. Nach Dietfurt sind es noch 2,7 Kilometer, doch wir werden nicht auf direktem Weg dorthin wandern. Auf dem Wiesenweg erreichen wir einen schmalen Steg, auf welchem wir den Flusslauf überqueren und das herrliche Ambiente im Tal genießen ❷.

Auf der anderen Seite endet der Wiesenweg am Hang. Doch während uns die Markierungen nach links leiten würden, wählen wir den breiten Forstweg rechts. Nach 100 Metern gabelt sich der Weg. Nun wählen wir die linke Variante, welche steil den Hang hinaufführt. Auf den nächsten 500 Metern westwärts kommen wir ganz schön ins Schwitzen, denn wir ignorieren einige Abzweigungen und steigen bis ganz nach oben.

Etwas außer Puste erkennen wir oben die Spitze des Kirchturms „St. Leodegar" der Ortschaft Hainsberg. Er wird für einen Großteil der Runde unser Fixpunkt sein, da wir den Ort nahezu umrunden werden. An einem Baum erkennen wir den grünen Schmetterling des „Naturerlebniswegs Kreuzberg / Weiße Laber 1". Hier wenden wir uns auf dem Wiesenweg nach links und wählen an der Y-Gabelung nach 190 Metern den linken Weg, gemäß dem Schmetterling. Nach wenigen Metern finden wir an einem Baum ein Schild „Weg der Sprüche und Weisheiten". Letztere sehr inspirierenden Worte finden wir auf den folgenden Metern in Form von Tontafel an Baumstämmen 3.

Kurz darauf erkennen wir auf der anderen Seite eines Pfades, welcher über eine Art Burggraben führt, eine Bank und eine Infotafel. Diese informiert uns über den ehemaligen Burgstall der Ruine Ödenburg. Einige Mauerreste kann man am Boden noch erkennen 4.

Wir schlendern wieder zurück und halten uns laut der Wegmarkierung links. Wenige Meter weiter können wir noch unsere Wünsche an einem Wunschbaum, der sich rechts am Weg befindet, anhängen. Nach 130 Metern verlassen wir mit tollen Sprüchen ausgestattet den Pfad und wenden uns am Feld auf dem bekannten Wiesenweg nach links, in Richtung Süden auf der „Haaser Leite". Mit einem Blick nach rechts, in Richtung Hainsberg, halten wir uns nach 390 Metern leicht links und tauchen auf einem wunderschönen, idyllischen Pfad in das Waldgebiet hinein. Schon bald erreichen wir eine Wegkreuzung an einem weiteren Taleinschnitt. Nun verlassen wir vorerst den „Naturerlebnisweg" und biegen auf dem unbefestigten Hangweg scharf nach links hinab in Richtung Labertal/Dietfurt. Nach 430 Metern folgen wir dem Hinweis „Dietfurt" nach rechts. Auf diesem Abschnitt erhalten wir links von uns eine wunderbare Aussicht auf die kleine Ortschaft Haas, die herrlich bei der Mündung der Breitenbrunner Laber in die Unterbürger Laber in das Tal eingebettet ist. Schließlich kommen wir an einer Wegkreuzung zu einer Art Lichtung, wo wir rechts, leicht erhöht, eine Sitzgelegenheit vorfinden. Nachdem wir bereits mit Sprüchen und Weisheiten unsere mentale Mitte gefunden haben, bringen wir uns nun auf dem „Qigong-Weg" ins körperliche Gleichgewicht. Es handelt sich um einen idyllischen Waldpfad mit verschiedenen Stationen zur körperlichen Ertüchtigung. Auf diesem, wie auf dem „Jurasteig" und dem „Wallfahrerweg", geht es südlich nach Dietfurt weiter 5.

Nach etwa einem Kilometer kommen wir zu einer Weggabelung. An dieser Stelle folgen wir dem Hinweis „Mariengrotte", welche wir nach 100 Metern durch einen eisernen Torbogen erreichen 6.

Nachdem wir uns dort ausgeruht haben, geht es auf der anderen Seite durch den Torbogen weiter. Hier halten wir uns auf dem schmalen Trampelpfad rechts in Richtung „Kreuzberg". Nach 70 Metern wählen wir den steilen, direkten Aufstieg. (Alternativ kann man auch erst etwa 30 Meter später nach rechts abbiegen). Wir jedoch nehmen den schmalen Trampelpfad scharf nach rechts.

Anfang Weg der Sprüche und Weisheiten

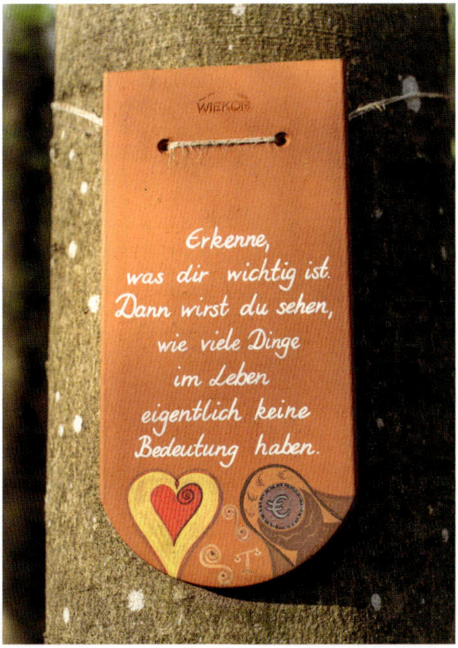

Über uns thront bereits die Schutzhütte. Nach wenigen Metern steigen wir trittsicher mit Muskelkraft nach oben und gelangen direkt auf den Kreuzweg vor der Station 13. Nun haben wir uns eine Pause in der Schutzhütte wenige Meter weiter redlich verdient. Dort haben wir eine herrliche Aussicht auf Dietfurt und die Täler in Richtung der Ortschaften Mühlbach, Töging und Ottmaring 7.

Schließlich geht es noch ein kurzes Stück hoch zum großen Kreuz. Meistens ist man hier oben über den Dächern von Dietfurt selten allein. Es gibt aber zahlreiche Sitzgelegenheiten. Es lohnt sich, diese zu nutzen und innezuhalten, denn das Panorama über einige der sieben Täler ist tatsächlich atemberaubend. Wir gehen noch weiter und erkennen vor zwei Infotafeln, dass unser Weg nach links in Richtung Hainsberg (1 km) und „Herzogstand" (3 km) weitergeht. Sobald wir das Waldgebiet erreichen, verlassen wir den Wiesenweg und spazieren auf einem Schotterweg weiter. Nach 500 Metern erreichen wir in nördlicher Richtung eine Weggabelung vor Hainsberg. Hier befindet sich rechts ein eisernes Wegkreuz. Wenig später mündet der feste Feldweg in ein kurzes Stück Asphalt an der Straße. Hier treffen wir auf die Martersäule, das vermutlich älteste, noch erhaltene Flurdenkmal der Großgemeinde Dietfurt. Sie stammt aus dem Jahr 1576 8.

Aufmerksam überqueren wir die Straße und gehen geradeaus weiter auf dem geschotterten Feldweg. Unser nächstes Zwischenziel ist der „Herzogstand". Wenig später gabelt sich der geschotterte Feldweg und wir halten uns links, denn dort finden wir ein Schild mit der Aufschrift unseres Ziels. Nach 410 Metern halten wir uns am Rande des Waldes rechts und gehen für weitere 170 Meter geradeaus weiter. Wir stehen direkt vor dem Waldgebiet „Sauberg". Nach einer weiteren Rechtsbiegung gehen wir bei nächster Gelegenheit nach Westen, folgen dem Hinweis „Herzogstand" und lassen den „Sauberg" links liegen. Wir schlendern weiter auf dem breiten Feldweg gen Westen für 520 Meter und finden dann erneut eine Abzweigung nach links, südlich zum

Kreuz

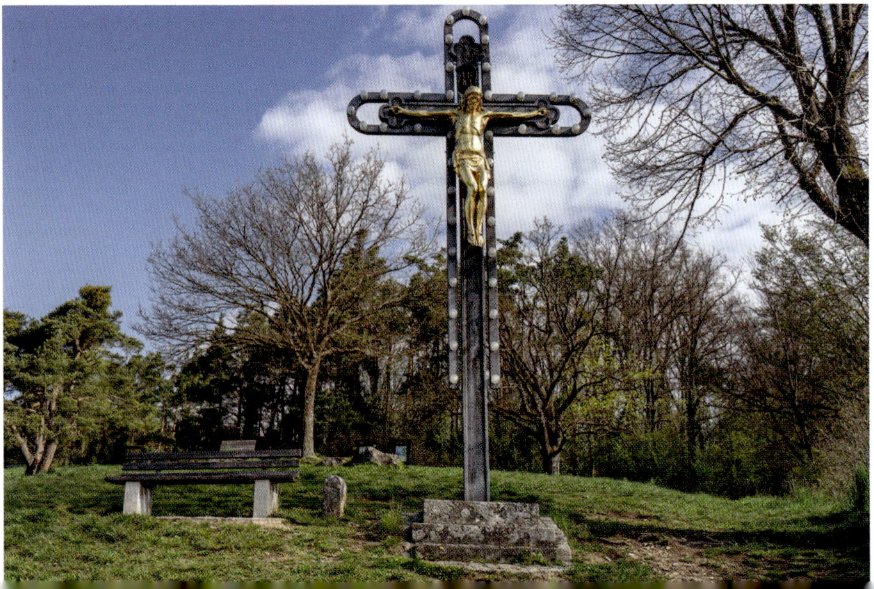

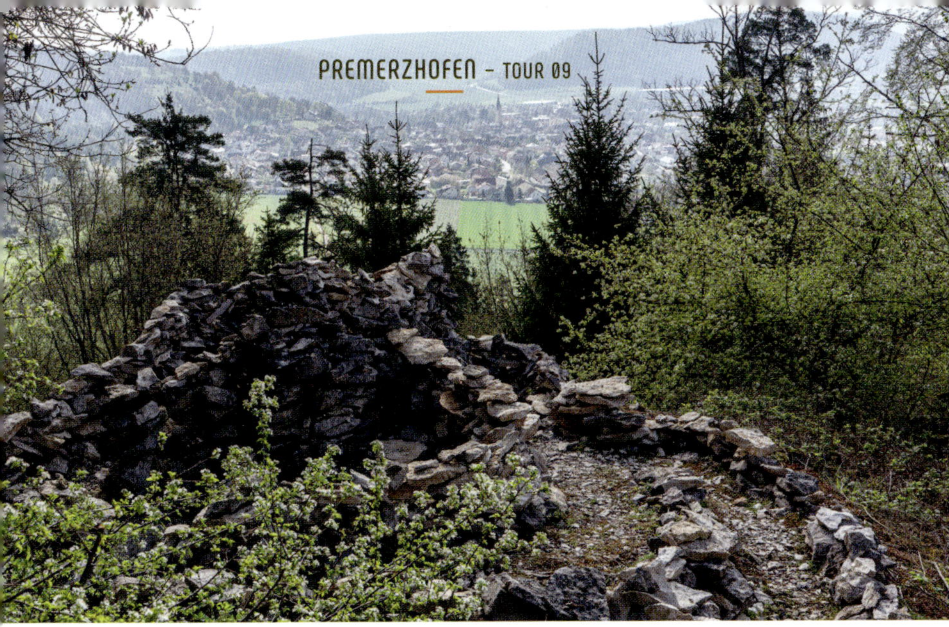

Steinkreis beim Herzogstand

„Herzogstand". Wir bleiben auf dem Forstweg für etwa 400 Meter und halten uns dann an einer Gabelung links in Richtung „Herzogstand". Inzwischen ist auch der „Moosbärnweg" (2) zu uns gestoßen. Der Waldpfad bringt uns nach etwa 100 Meter zu unserem Etappenziel, welches sich links von uns befindet und von einer Sitzbank markiert wird. Es handelt sich um einen Aussichtspunkt mit einem steinernen Kreis, welcher für den Wanderer ein herrliches Panorama über die Stadt Dietfurt bereithält ⑨.

Wir gehen wieder zurück und folgen der bekannten „1", dem Naturerlebnisweg „Kreuzberg/Weiße Laber" und der „2" auf unbefestigtem Waldpfad. Nach 330 trennen sich die beiden Wege. Wir halten uns rechts und folgen auf dem nächsten Wegstück immer dem bekannten Schmetterling, der „1". Über einen unscheinbaren Wiesenweg geht es am Waldrand auf einem Forstweg links weiter, welchen wir sofort wieder nach rechts, nördlich, auf losem Untergrund verlassen. Glücklicherweise ist der Weg recht gut beschildert. Wir wandern zwischen Wiesen hindurch wieder in ein Waldgebiet. Der Pfad schlängelt sich an abgezäunten Bereichen entlang, so auch nach 460 Metern. Hier halten wir uns auf dem Waldweg links und überqueren nach 160 Metern eine schmale Straße. Kurz darauf breitet sich vor uns ein wunderschöner Feldweg in Richtung der Ortschaft Stetterhof aus. Links im Feld erkennen wir zwei Dolinen. Hinter der zweiten gabelt sich der Weg. Links kann man etwas über Dolinen an einer Infotafel nachlesen, während rechts am Wegesrand sich im Busch ein Wegkreuz befindet ⑩.

Weiter halten wir uns auf dem geschotterten Feldweg nach rechts. Da wir nun komplett unmarkiert unterwegs sind, ist es ratsam, das GPS-Gerät im Auge zu behalten. Nun geht es in einigen 90-Grad-Biegungen am Waldrand auf Feldwegen gen Norden. Zum Mitlesen: nach 140 Metern links, nach 80 Metern rechts, nach 25 Metern links, nach 90 Metern rechts, nach 75 Metern links, nach 100 Metern rechts, nach 30 Metern links, nach 240 Metern auf dem geschotterten Feldweg nach rechts. Nach 70 Metern überqueren wir schließlich eine schmale Straße. Wir befinden uns nun auf einem Waldweg und passieren kurz darauf einen Schlagbaum rechts. Dahinter befindet sich der ehemalige Steinbruch von Stetterhof. Kurz darauf erreichen wir eine Y-Gabelung. Hier halten wir uns rechts. Sogleich finden wir an Bäumen den Hinweis „Ungesichterte Abbruchkante / Betreten verboten". Tatsächlich geht es hier stellenweise steil bergab. Nach weiteren 210 Metern wendet sich der Forstweg nach links, doch wir halten uns rechts bzw. geradeaus entlang der Abbruchkante. Es macht große Freude, den verwunschenen Pfad hinabzuschreiten, welcher sich immer mehr verjüngt, je weiter wir hinab ins Tal gelangen ⓫. Aufgrund von Schäden durch Schneelast und Sturm kann es auf den letzten Metern ruppig und wild werden.

Unten angekommen halten wir uns links. Kurz darauf gabelt sich der Weg. Wir halten uns auf dem geschotterten, durch Forstarbeiten ausgebauten Stück links. Dieses bringt uns kurz darauf auf einen malerischen Feldweg im Tal der Unterbürger Laber. Wir befinden uns wieder auf dem „Jurasteig" (Wasser- & Mühlenweg). Es geht nach links in Richtung der Ortschaft Unterbürg weiter. Rechts von uns breitet sich malerisch das Tal aus, in welchem sich der Flusslauf in unzähligen Windungen seinen Weg bahnt. Nach wenigen Metern passieren wir links ein historisches Wegkreuz ⓬.

Vor der Ortschaft kommen wir nochmals an einem Kreuz vorbei. Nach insgesamt einem Kilometer erreichen wir die Straße „NM 11" in Unterbürg. Diese überqueren wir und folgen der kurzen Treppe leicht links gegenüber hoch. Dann gehen wir gemäß der Markierung „Wasser- & Mühlenweg" auf dem Wiesenweg scharf nach rechts weiter. Nach 200 Metern befinden wir uns auf der Straße. Es geht nach links weiter in Richtung Ortsausgang. Am Ortsausgang passieren wir ein schönes Mühlenrad sowie einen beeindruckenden Rastplatz, welcher mit einem Wasserspiel an einem Stein und integrierter Getränkekühlung versehen ist ⓭.

Wir gehen weiter, überqueren ein weiteres Mal die Unterbürger Laber und folgen danach erneut rechts dem Hinweis „23 Dietfurt – Breitenbrunn" auf dem fein geschotterten Wanderweg in südöstlicher Richtung. Nach 530 Metern erreichen

Rastplatz

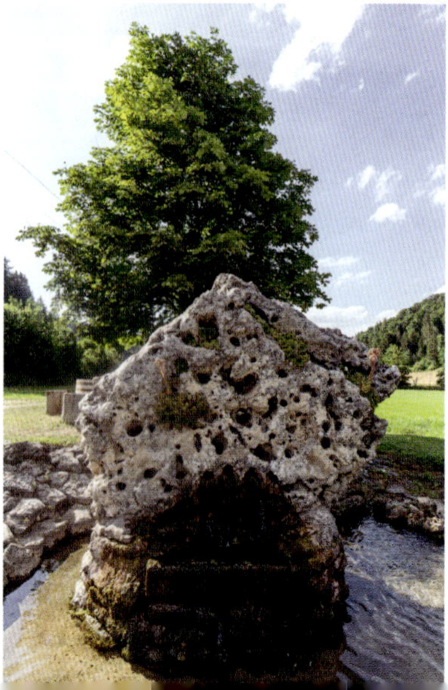

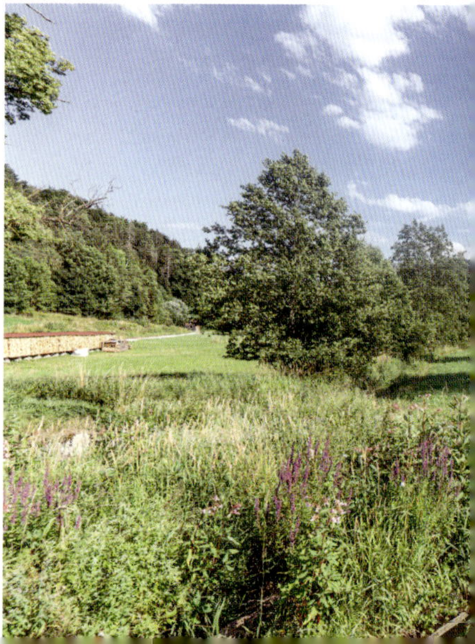

schen Tal weiter. Nach 680 Metern schlendern wir an der „Marienquelle" vorbei 14.
Wenige Minuten später erkennen wir am Hang das beeindruckende „Unterbürger-Laber-Feldkreuz". Es geht an einer Rasthütte vorbei, danach die „Jurasteig"-Hauptroute nach links zum Fluss. Hier machen wir einen kurzen Abstecher zum Steg, wo wir unsere Füße im Wasser kühlen können. Zurück am Weg gehen wir nach rechts weiter. Nach 730 Metern kommen wir an eine T-Kreuzung. Hier befindet sich rechts eine weitere Hütte. Wir halten uns links und machen uns ein letztes Mal an einen richtig steilen und langen Aufstieg. Nach 140 Metern halten wir uns links und setzen unseren Aufstieg auf dem felsigen Weg nach oben fort. Auf den etwa 400 steilen Metern nach oben befindet sich rechts von uns eine Art Schlucht. Auch hier handelt es sich um einen ehemaligen Steinbruch. Reste davon kann man schließlich rechter Hand noch erkennen 15.
Kurz darauf kommen wir oben an. Wir halten uns rechts und nach 80 Metern, hinter einer großen Scheune mit einer Ansitzvorrichtung, erneut auf einem Wiesenweg. Nach 140 Metern geht es geradewegs in südöstlicher Richtung in den Wald hinein und nach wenigen Metern halten wir uns an der Y-Gabelung links und bleiben oben. Nach 200 Metern halten wir uns an einem geschotterten Feldweg erneut rechts und passieren eine weitere Scheune am Waldrand. Schließlich ist man geneigt, dem Weg in den Wald hineinzufolgen, doch wir biegen scharf nach links auf den Wiesenweg ab und bleiben am Waldrand in östlicher Richtung. Der Pfad endet an einer T-Kreuzung. Vor uns erkennen wir die Ortschaft Premerzhofen. Der Feldweg bringt uns nach rechts wieder in den Wald hinein. Dort halten wir uns an der Y-Gabelung nach 100 Metern links. Nach weiteren 300 Metern befinden wir uns oberhalb des Taleinschnitts vom Beginn der Runde. Wir halten uns links und erreichen kurz darauf über der Straße wieder unseren Parkplatz.

Unterbürger Laber

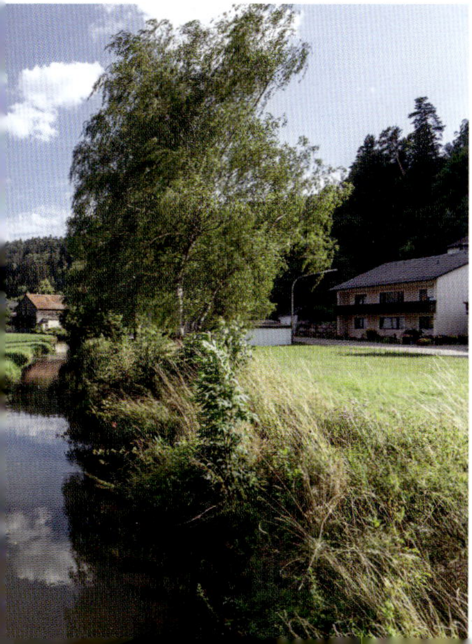

Steinbruch

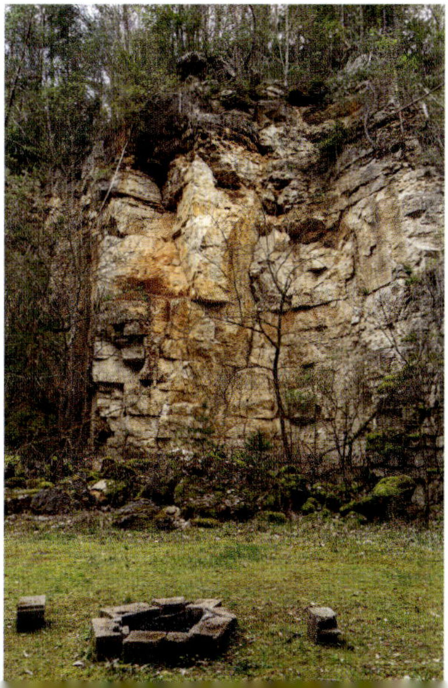

MÜHLBACH

3 Felsen, 3 Panoramen, 3 Varianten

TOUR 10

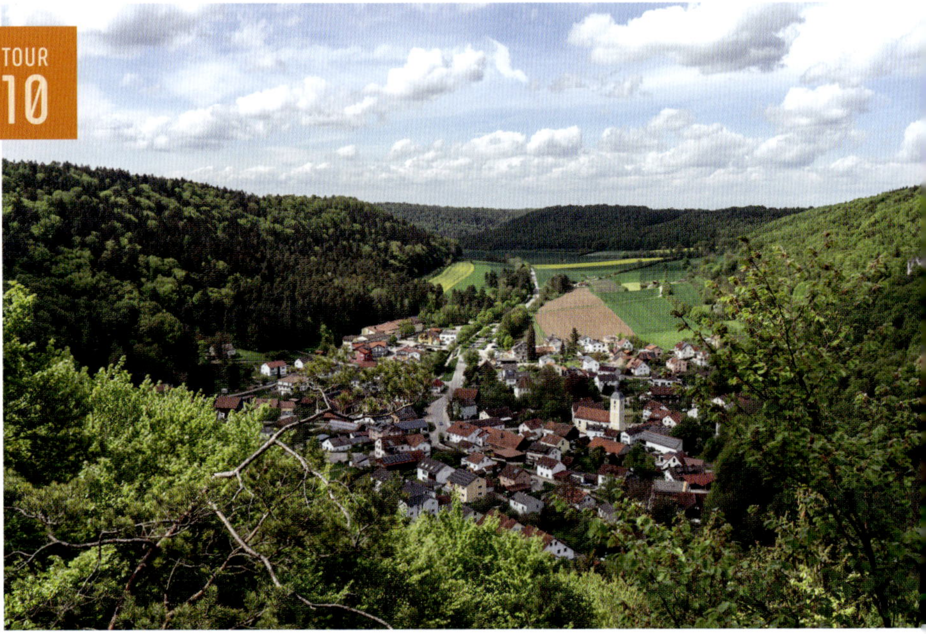

Kostenloser Parkplatz am Obermühlenweg vor der Kirche Maria Heimsuchung
Navi: Obermühlenweg, 92345 Dietfurt
Koordi.: N 49° 1' 19.002 E 11° 37' 1.8984

Mühlbach – Katzenfelsen – Wildensteiner Steig – Karsthütte Höhlenkundlicher Steig – Räuberloch – Kopffelsen – Mühlbachschlucht – Breitfelsen – Lourdesgrotte und Mühlbachquelltopf

Schwere Wanderung; gute Grundkondition erforderlich; überwiegend gut begehbare Wege; nahezu ohne Asphalt, überwiegend auf losem oder naturbelassenem Untergrund auf idyllischen Waldpfaden; besonders bei der langen Variante ist die Verwendung des GPX-Tracks besonders empfehlenswert.

Grün-gelbe „5" (Wildensteiner Steig) , grün-gelbe „6" (Höhlenkundlicher Wanderweg); Jurasteig Hauptroute (gelb)

Eine Wanderung, die man in drei Varianten unternehmen kann. Wenn man die längste Tour zu drei Ausichtspunkten wählt, ist sie durchaus anstrengend. Hier wird man neben diversen lehrreichen Stationen des Höhlenkundlichen Weges mit herrlichen Panoramen über das Altmühltal belohnt.

Landgasthof Zum Wolfsberg
Riedenburger Str. 1
92345 Dietfurt an der Altmühl
Tel. 08464 601726
www.zum-wolfsberg.com
Öffnungszeiten: siehe online

 Foto: Aussicht Katzenfelsen hinab nach Mühlbach

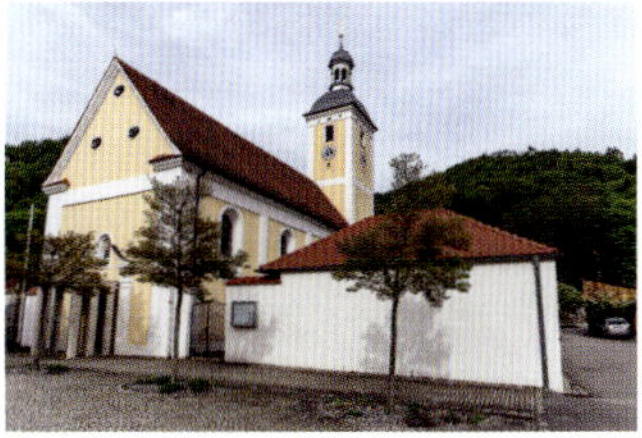

Startrichtung

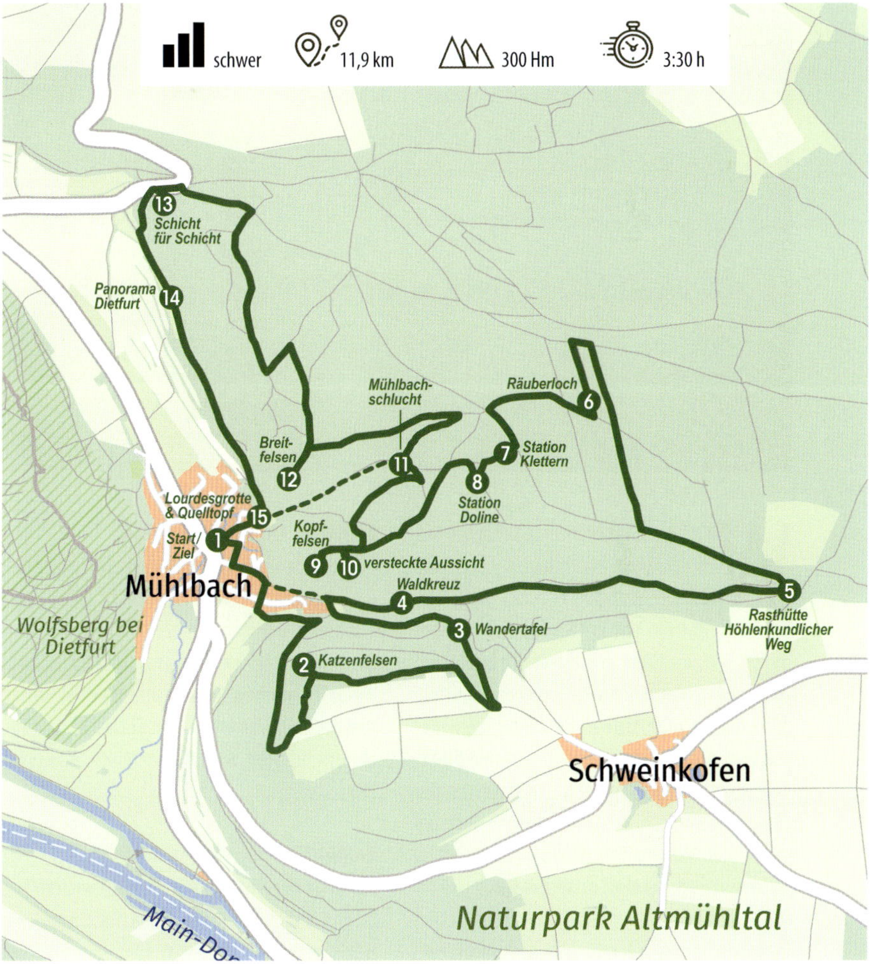

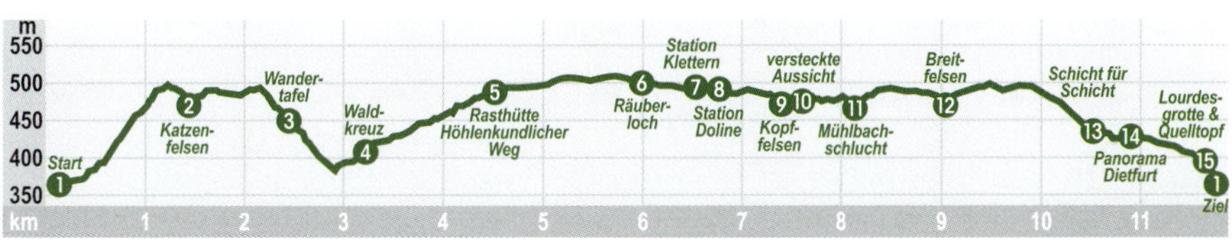

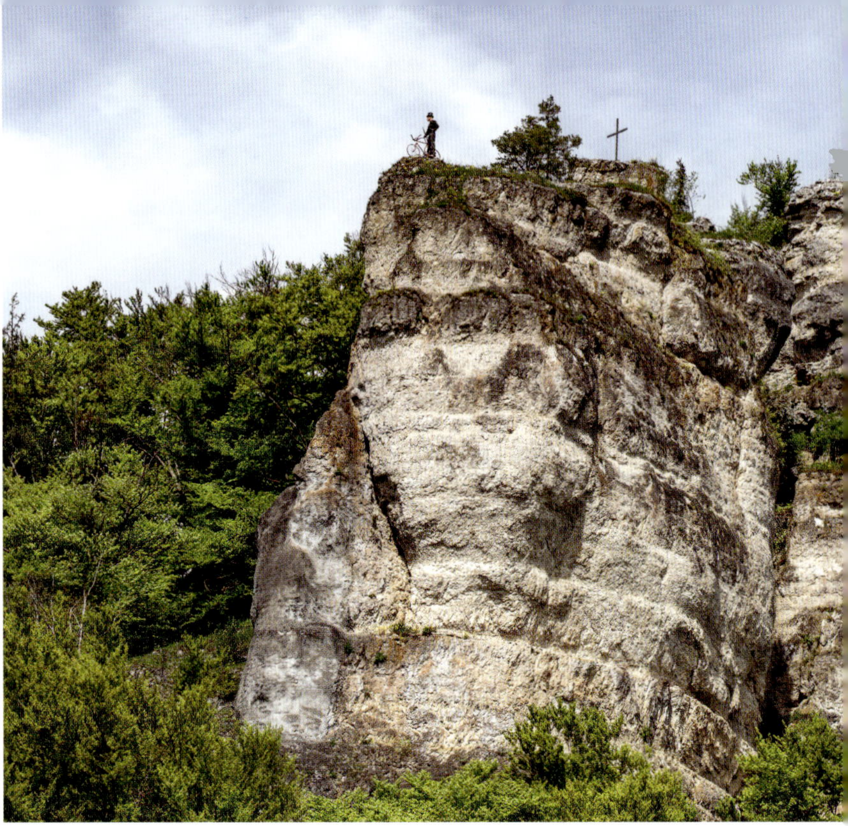

Wir parken direkt vor der malerischen Kirche, die in die Dorfmitte eingebettet ist. Mit der nötigen Portion göttlichen Beistands starten wir unsere Runde, die aber durchaus einige Höhenmeter mit sich bringt und unsere Wadenmuskulatur gehörig beanspruchen wird, sofern man sich zu den drei Aussichtspunkten „Katzenfelsen", „Kopffelsen" und „Breitfelsen" macht. Dazu gehen wir rechts an der Längsseite vorbei in den „Dietrichweg", denn die ersten paar Meter haben wir uns am bekannten Hinweis des „Jurasteigs" orientiert (1).
Nach wenigen Metern erreichen wir eine Art Dorfplatz. Hier wenden wir uns nach rechts und spazieren geradewegs auf dem „Heinrichweg" zwischen den Häusern hindurch. Dann folgen wir dem Hinweis nach links in den „Schweinkofener Weg".

VARIANTE 1: ohne „Katzenfelsen"
Möchte man sich den durchaus anstrengenden und zugleich recht wilden Weg zum „Katzenfelsen" ersparen, biegt man nicht rechts ab, sondern folgt dem „Jurasteig" geradeaus weiter. Schon bald verlassen wir den Asphalt und machen uns an den Aufstieg. Von rechts mündet nach etwa 120 Metern die Tour vom „Katzenfelsen" in diesen Weg.

VARIANTE 2: mit „Katzenfelsen"
Während der „Jurasteig" geradeaus weiterführt, biegen wir nach rechts ab in den „Felsenweg". Auf Höhe der letzten beiden Häuser endet der Asphalt. Da wir auf den nächsten Kilometern auf unmarkierten Pfaden und teilweise auch off-road unterwegs sind, wäre es ratsam, den GPX-Track auf ein mobiles Gerät zu laden. Wir gehen auf der

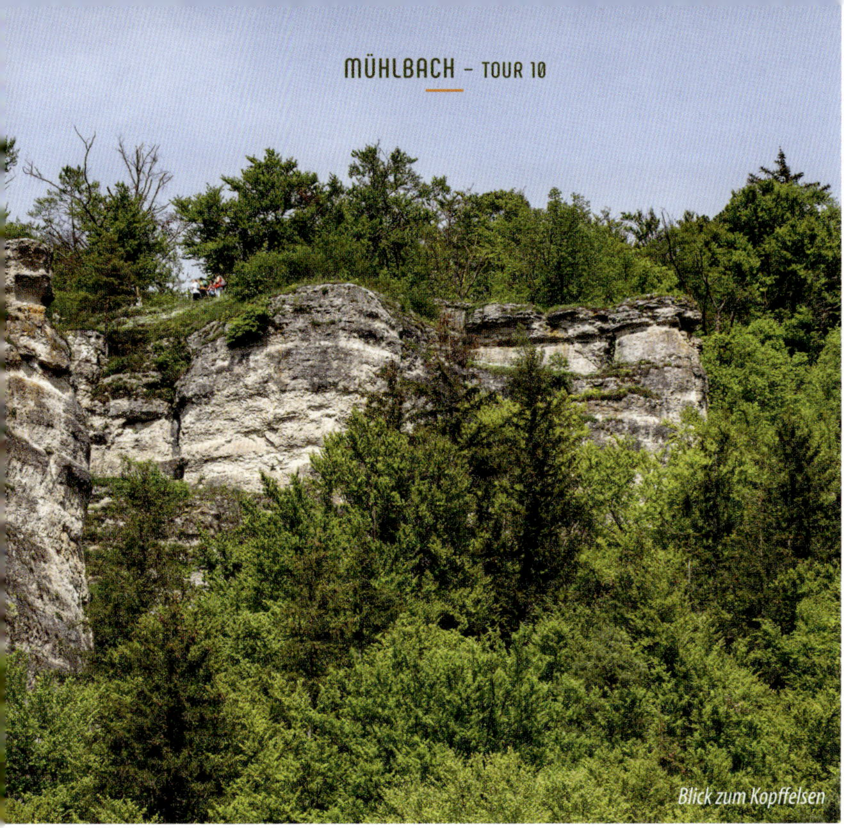

Blick zum Kopffelsen

Wiese weiter und biegen nach dem letzten Grundstück links hoch in Richtung Wald. Je nach Vegetation ist kein Weg mehr erkennbar, sondern nur noch Gras bzw. Wiese. Links erhebt sich über uns majestätisch unser zweiter Aussichtspunkt, der „Kopffelsen". Hier oben, am Rand des Waldes, finden wir rasch einen Feldweg bei einem Lagerstand für Holz und gehen weiter in Richtung Osten. Der Pfad mündet wieder in den „Jurasteig". Diesen verlassen wir nach 50 Metern wieder und biegen in einer 180-Grad-Kehre nach rechts ab. Jetzt wird es anstrengend, denn die nächsten 430 Meter geht es am Hang in südlicher Richtung auf dem unbefestigten Waldboden steil nach oben. Oben angekommen blicken wir ins Altmühltal und kehren ihm sogleich in der Kehre nach links den Rücken zu. Unser Weg führt uns links am Waldrand entlang bis zu einer Ansitzvorrichtung. Hier oben kann der Pfad, je nachdem wie hoch das Gras ist, schwer erkennbar sein. Man sollte sich unterstützend mit Hilfe des GPS-Gerätes orientieren. Der Feldweg würde geradewegs zur Ortschaft Schweinkofen führen, doch wir biegen hinter dem Jägerhäuschen scharf nach links auf den Waldweg ab und schlendern in den Wald hinein. Die nächsten Meter bis zum „Katzenfelsen" sind wir teilweise wie Pfadfinder, da man teilweise in freier Wildbahn unterwegs ist. Hier lohnt sich ein Blick auf die digitale Unterstützung, denn wir orientieren uns nach Norden. Nach etwa 180 Metern erkennen wir links unser erstes Etappenziel: Wir stehen hoch erhoben auf dem „Katzenfelsen" über Mühlbach und blicken auf den Ort hinab in Richtung Dietfurt ❷.

Nachdem wir uns ausgeruht haben, gehen wir wieder ein paar Meter zurück und halten uns

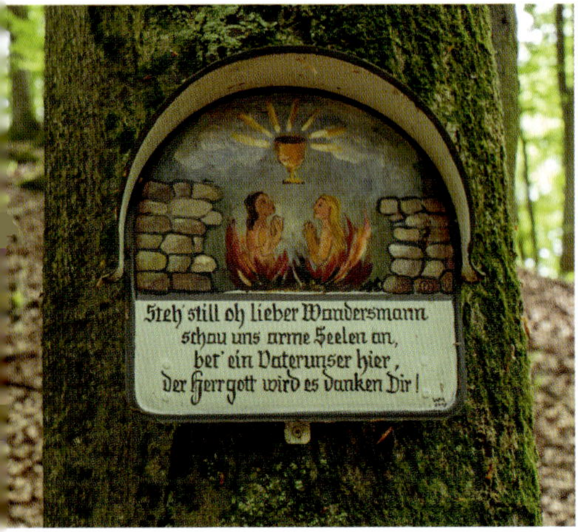

Wandertafel

links in Richtung Osten. Nach etwa 300 Metern erkennen wir in der Nähe des Waldrandes wieder einen unbefestigten Forstweg, welcher außen am Waldrand weiterführt. Nach weiteren 150 Metern mündet vom Hang herauf ein Waldweg, doch wir halten uns rechts und bleiben außen am Wald. Wenig später erreichen wir einen geschotterten Feldweg. Links von uns befindet sich eine weitere Ansitzvorrichtung. Auch dieses Mal zweigt dahinter ein unbefestigter, breiter Waldweg nach links ab. Diesen wählen wir talwärts in Richtung Norden. Nach ungefähr 150 Metern passieren wir eine alte Gedenktafel, welche sich links an einem Baumstamm befindet. An dieser Stelle wird der Wanderer aufgefordert, ein „Vaterunser" zu beten 3.

Wir bleiben auf dem breiten Weg, der einer Rampe gleicht, hinab ins Tal nach Mühlbach und kommen nach etwa 550 Metern unten an. Hier erkennen wir vor uns ein etwa einen Meter hohes steinernes Wegkreuz, sowie wieder den „Jurasteig"-Hinweis. Wir halten uns rechts und sehen an einer Weggabelung nach wenigen Metern zahlreiche Wanderhinweise.

An dieser Stelle gleicht unser Weg nun der Variante 2.

Wir wählen die „5", den „Wildensteiner Steig", welcher scharf nach rechts, den Hang wieder nach oben führt, denn wir wollen noch zur zweiten Aussicht, dem „Kopffelsen". Dieser Aufstieg hat es in sich, doch er er beansprucht nicht ganz so sehr die Muskulatur, da er länger ist. Nach etwa 250 Metern kommen wir an einem schönen, bunten, eisernen Wegkreuz auf einem Felsen vorbei 4.

Nach 450 Metern halten wir uns an einer Y-Gabelung links und kommen nach insgesamt etwa 1,3 Kilometern Aufstieg ostwärts oben an. Hier befindet sich ein breiter, geschotterter Forstweg und eine kleine Hütte. Es handelt sich um eine „Karsthütte", die zum „Höhlenkundlichen Weg" gehört 5.

Nun befinden wir uns auf dem „Wildensteiner Steig" und auf dem „Bierweg". Der Wegweiser „5" bringt uns auf dem geschotterten Forstweg für 530 Meter in Richtung Osten. Auch hier ist es ratsam, das GPS-Gerät dabei zu haben und dem Track zu folgen, damit man die Abzweigung nicht verpasst, denn wir verlassen ein weiteres Mal den markierten Weg. Bei einem großen Baum rechts am Wegesrand zweigt ein unbefestigter, aber idyllischer Forstweg nach rechts ab. Ein paar Meter weiter befindet sich ein eingezäuntes Gebiet. Der Waldweg ist kerzengerade. Wir spazieren auf ihm in nördlicher Richtung für 630 Meter. Dann zweigt links an einem bemoosten, aber leicht übersehbaren Baumstumpf ein weiterer Waldpfad ab. Nach 70 Metern erkennen wir an einem Baum endlich wieder einen Hinweis. Wir biegen nach links ab. Es handelt sich um die gelbe „6" des „Höhlenkundlichen Wegs". Ab jetzt wird es einfach, denn diesem Hinweis folgen für eine ganz Weile. Bis dahin kommen wir an einigen interessanten und lehrreichen Stationen vorbei, linker Hand nach 220 Metern die erste. Es handelt sich um das „Räuberloch", eine kleine Höhle, die Kinder und Kind gebliebene Erwachsene zum Forschen einlädt 6.

Wir befinden uns im Waldgebiet „Armlohe". Auf verwunschenen Waldpfaden geht es gemäß dem Hinweis „6" nach rechts in westlicher Richtung für 350 Meter weiter. Dann erreichen wir erneut den „Bierweg" bzw. „Wildensteiner Steig". Nun können wir uns an der „5" in Richtung Mühlbach und der „6" orientieren. Es geht nach links weiter und nach 140 Metern finden wir rechts von uns eine weitere Station, die mit „Klettern" betitelt ist. Sie ist speziell für Kinder und lädt auch Eltern und Wanderer zum Verweilen ein 7.

Der „Höhlenkundliche Weg" zweigt nach links ab und bringt uns in einem kurzen Abstecher auf einem idyllischen Trampelpfad zur nächsten Station. Die Nummer 7 beschäftigt sich mit der „Doline" 8.

Nach einem Bogen geht es zurück auf den breiteren Waldweg und wenige Meter weiter halten wir uns links, denn der Wegweiser „5" sagt, dass sich unser nächstes Etappenziel in einem halben Kilometer Entfernung befindet. So halten wir uns an die „5" und die „6" durch das „Kochholz" in Richtung „Kopffelsen". Wir passieren noch Station 6, und etwa auf Höhe der Station 4 befindet sich unsere spätere Abzweigung hinab ins Tal. Zuerst spazieren wir noch ein kurzes Stück weiter. Schließlich stehen wir auf dem „Kopffelsen" und genießen erneut eine atemberaubende Aussicht über das Altmühltal 9.

Nachdem wir das Panorama genossen und uns auf der Bank ausgeruht haben, gehen wir wieder zurück. Nach etwa 60 Metern finden wir nach rechts einen schmalen, verwunschenen Trampelpfad. Dieser bringt uns kurz darauf zu einer versteckten, aber nicht weniger spektakulären Aussicht" 10.

Nachdem wir uns vom zweiten Aussichtspunkt sattgesehen haben, halten wir uns rechts und gehen die knapp 30 Meter wieder zurück zum

Räuberloch

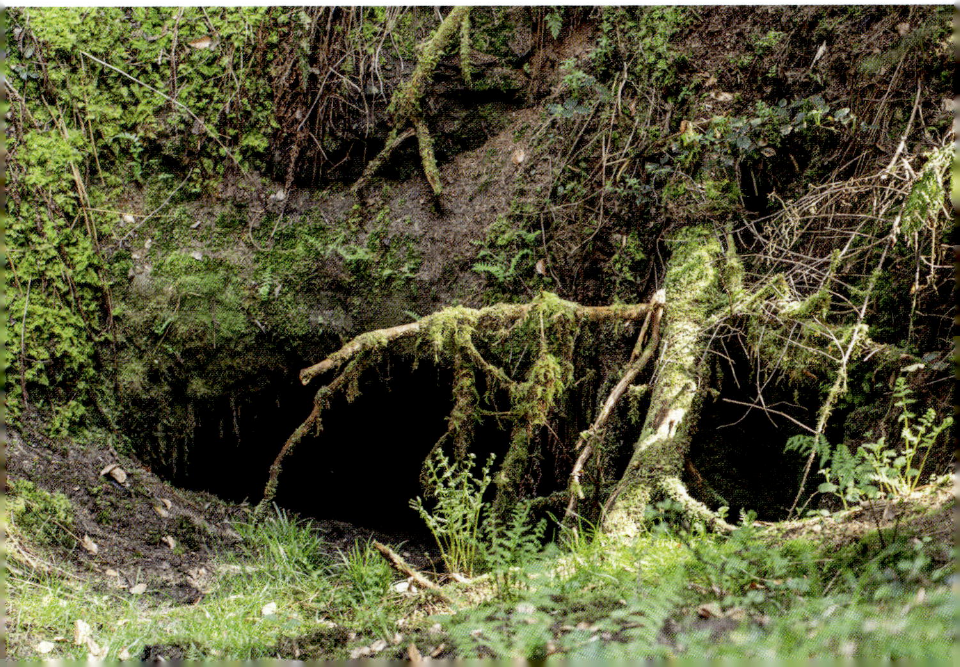

Pfad. Ein kurzes Stück weiter rechts erkennen wir nahe der Station 4 „Abschnittswall und Wasserfall", dass die Wege „5" und „6" nach links in Richtung Mühlbach abzweigen. Wir spazieren auf dem schönen Waldpfad gemäß den Hinweisen für etwa 450 Meter in nördlicher Richtung. Dann endet der Pfad an einer Art Rinne. Wir erkennen allerdings die beiden bekannten Wegweiser an einem Baumstumpf, und so wenden wir uns nach links hinab ins Tal und passieren nicht nur eindrucksvolle Felsformationen, sondern auch Station 2. Dabei erfahren wir etwas über die „Mühlbachschlucht" ⑪.

VARIANTE 3: ohne „Breitfelsen"

Wer sich einen weiteren Aufstieg zum dritten Aussichtspunkt, dem „Breitfelsen", ersparen möchte, folgt dem Pfad durch die Schlucht hinab ins Tal. Etwas weiter können wir links von uns den versteckten Eingang zur „Mühlbachquellhöhle" erkennen, die aber nicht frei zugänglich ist, da sie sich unter Wasser befindet. Unten angekommen, könnten wir der „Lourdesgrotte" einen Besuch abstatten, die sich nur ein paar Meter rechts von uns befindet, und erkennen hinter der Infotafel der Station 1 die „Mühlbachquelle". Nach wenigen Metern beenden wir unsere informative Wanderung an der Kirche.

VARIANTE 4: mit „Breitfelsen"

Bei der Variante mit dem „Breitfelsen" finden wir auf Höhe der Tafel der Station 2 gegenüber eine beeindruckende Felsformation und darunter einen rinnenähnlichen Pfad, welcher scharf nach rechts hoch in die Schlucht hineinführt. Wir machen uns ein weiteres und letztes Mal an den Aufstieg. Dieser ist etwa 280 Meter lang. Wir befinden uns noch immer auf dem „Wildensteiner Steig" (5). Oben halten wir uns bei der Wegmarkierung links, denn unser nächstes Etappenziel, der „Breitfelsen", be-

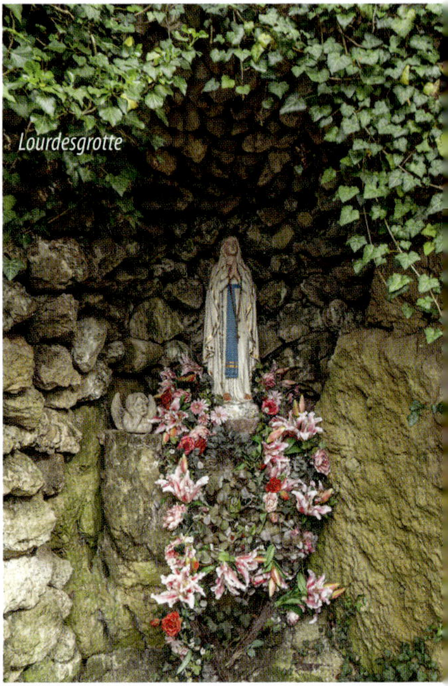
Lourdesgrotte

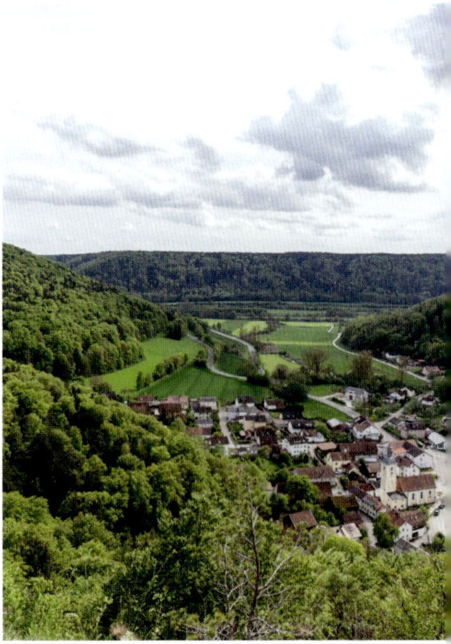

findet sich in einem halben Kilometer. Wir erreichen ihn auf idyllischen Waldpfaden nach wenigen Minuten. Der Blinkwinkel hinab nach Mühlbach ist nicht weniger spektakulär und atemberaubend ⑫.

Wir gehen wieder zurück und halten uns an der Weggabelung auf dem Waldpfad links in Richtung Wildenstein. Der gleichnamige Weg „5“ zweigt nach 220 Metern rechts ab, doch wir gehen noch ein Stück geradeaus. Dann endet der Pfad an einer T-Kreuzung vor einem möglicherweise eingezäunten Stück. Hier wenden wir uns auf dem Pfad auf losem Untergrund nach links in Richtung Tal. Nach 120 Metern kommen wir zu einer etwas unübersichtlichen Kreuzung. Wir biegen auf den Waldweg scharf nach rechts, im Prinzip 90 Grad in Richtung Norden. Auf diesem schattigen Weg bleiben wir für ca. 470 Meter. Dann gelangen wir an eine Kreuzung im Wald. Rechts finden wir an einem Baumstamm eine veraltete gelbschwarze Markierung mit einem „J“. Wir biegen aber auf dem Waldpfad nach links hinab ins Tal zur Straße. Dort angekommen nehmen wir den schmalen Trampelpfad links neben der Straße „St 2394“. Bereits nach 60 Metern finden wir links eine weitere Station des „Höhlenkundlichen Wegs“. Hier kann man die verschiedenen Schichten des Gesteins erkennen ⑬.

Daneben sind die Wege wieder markiert mit der „5“, der „6“ und der „Jurasteig“-Hauptroute. Diesen folgen wir bis nach Mühlbach entlang des „Sommerbergs“ für etwa 1200 Meter. Zuerst spazieren wir auf einem idyllischen, schmalen Trampelpfad und wechseln dann nach links am Fuße des Hangs auf einen geschotterten Wanderweg. Zwischendurch auf Höhe der Station 15 erhalten wir ein herrliches Panorama zurück nach Dietfurt an der Altmühl. Am Ende des Weges erkennen wir einen mit Efeu bewachsenen Hügel. Wir gehen auf dem Pfad herum und erkennen unterhalb den Quelltopf des Mühlbachs sowie die „Lourdesgrotte“ ⑭.

Hier stoßen wir auf jenen Weg, den wir gegangen wären, wenn wir uns den dritten Aussichtspunkt, den „Breitfelsen“, erspart hätten. Wir wenden uns nach rechts und beenden kurz darauf bei der Kirche unsere spektakuläre Wanderung.

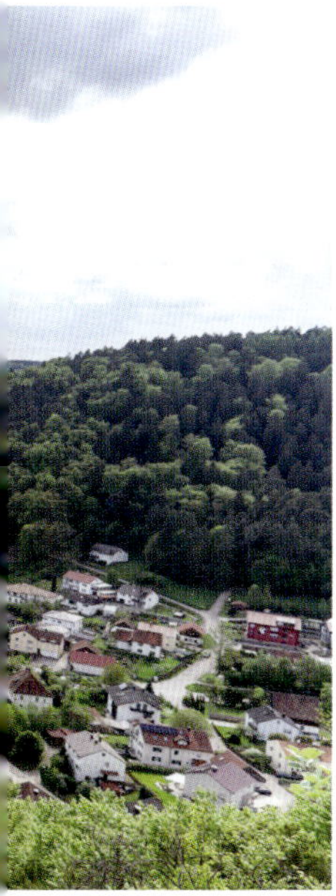

Links:
Aussicht vom Breitfelsen hinab nach Mühlbach

Unten:
Schicht für Schicht

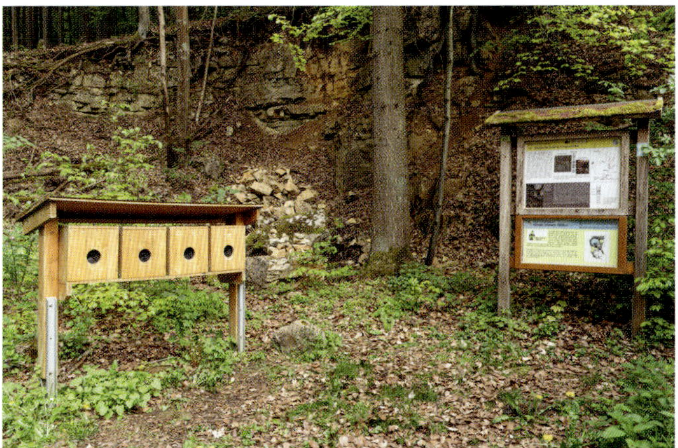

DEISING

Zwei Mal über den Kanal zum Schloss Eggersberg und der Aussicht Roßkopf

TOUR 11

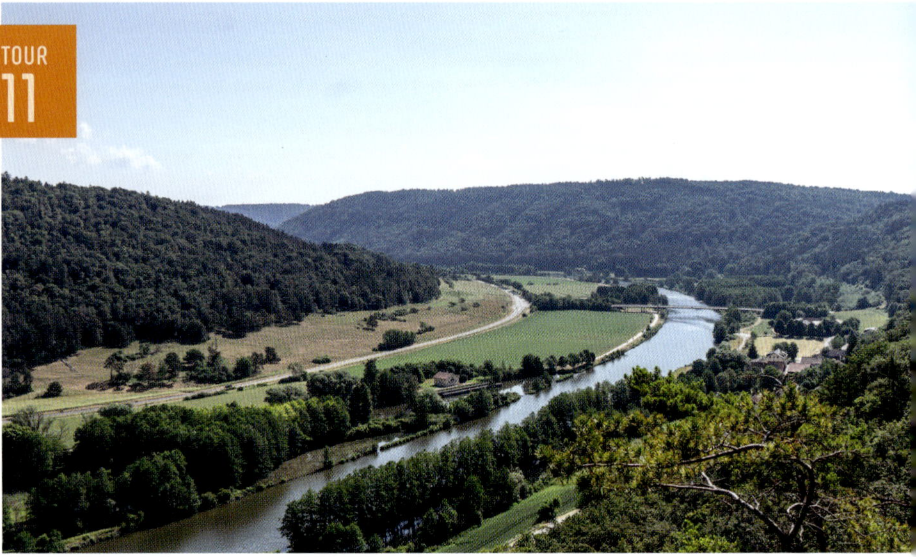

Parkplatz nahe dem Gasthaus Zum Himmelreich an der Thanner Straße in Deising
Navi: Gasthof Zum Himmelreich, Thanner Straße 1, 93339 Riedenburg-Deising
Koordi.: N 48° 59' 34.494 E 11° 37' 40.8504

Deising – Meihern – Oberhofen – Main-Donau-Kanal – Schloss Eggersberg – Burgruine Eggersberg – Eggmühl – Altmühlmünster – Roßkopfsteig – Aussicht Roßkopf – Eselsteig

Eine schwere Wanderung, die abschnittsweise eine gute Grundkondition und Trittsicherheit erfordert auf überwiegend naturbelassenen Wegen auf Kies oder losem Untergrund, in den Ortschaften und über dem Main-Donau-Kanal auf Asphalt.

Altmühltal-Panoramaweg; Jurasteig; Eselsteig, Roßkopfsteig; Riedenburg 6 (grün-gelb)

Eine abwechslungsreiche Runde mit zwei Steigen auf beiden Seiten des Main-Donau-Kanals zum Schloss und der Burguine Eggersberg und einigen Aussichtpunkten, z. B. dem Aussichtspunkt Roßkopf.

Gasthof Zum Himmelreich
Thanner Straße 1
93339 Riedenburg-Deising
Tel. 09442 1215
www.gasthaus-himmelreich.de
Öffnungszeiten: siehe online

Hotel Schloss Eggersberg
Obereggersberg 18
93339 Obereggersberg (Riedenburg)
Tel. 09442 91870
www.schloss-eggersberg.de
Öffnungszeiten: siehe online

Foto: Panorama in Richtung Obereggersberg

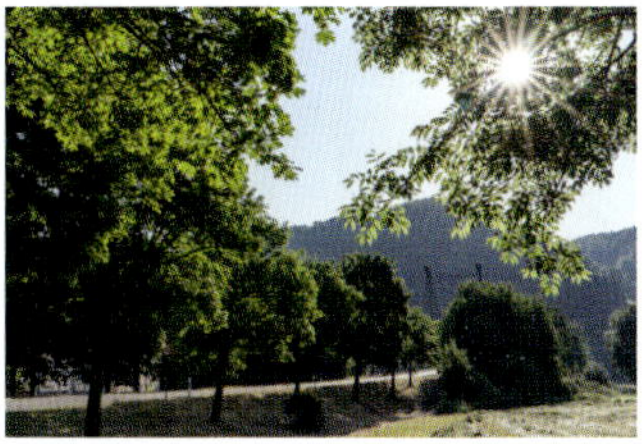

Startrichtung

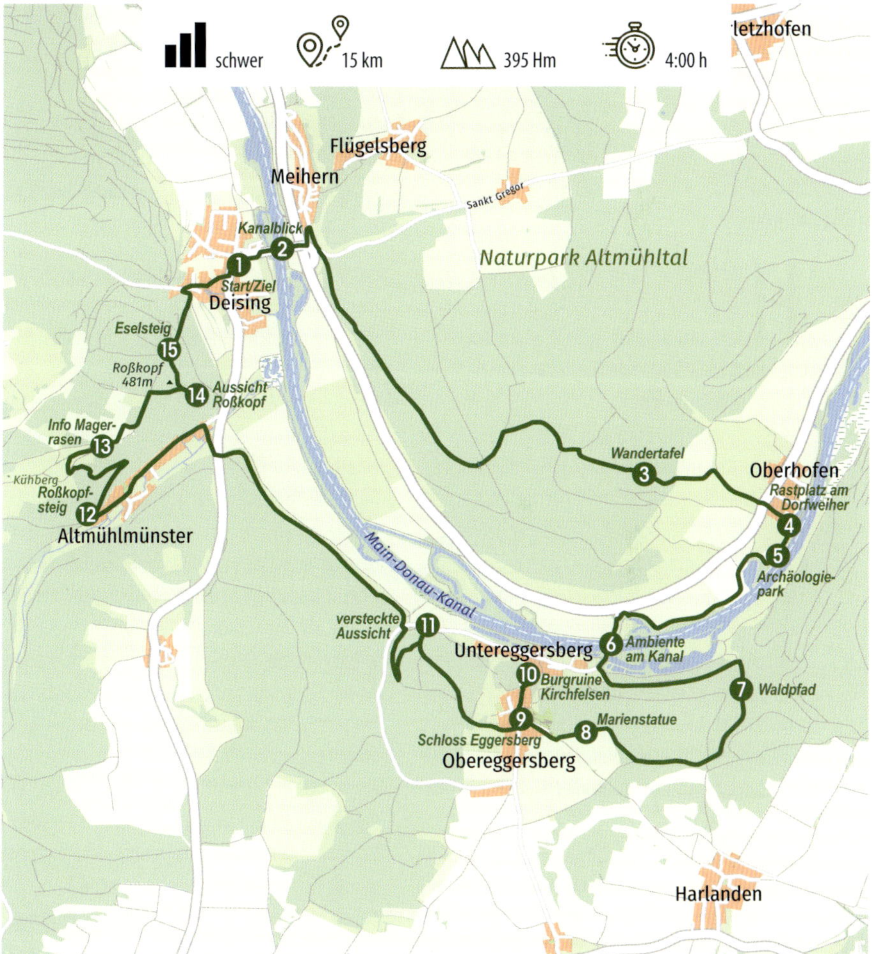

© mapz.com – Map Data: OpenStreetMap ODbL

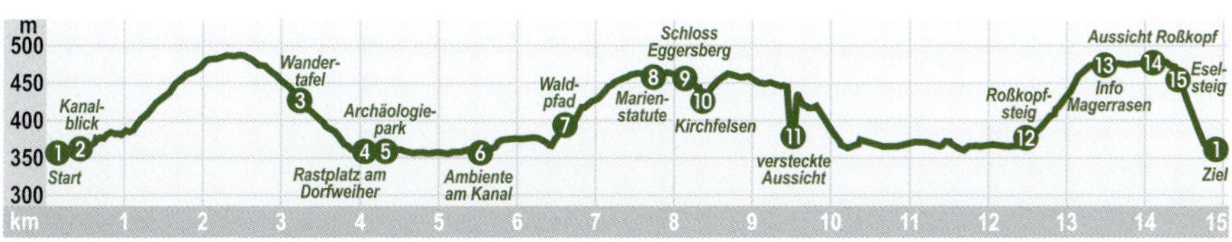

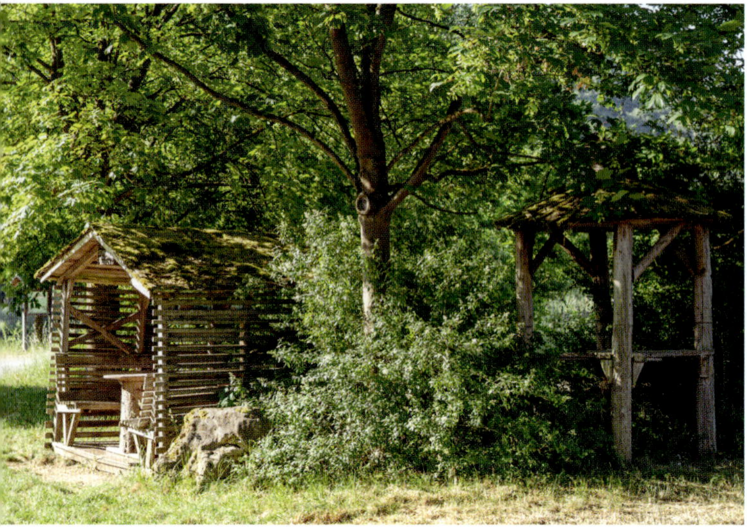

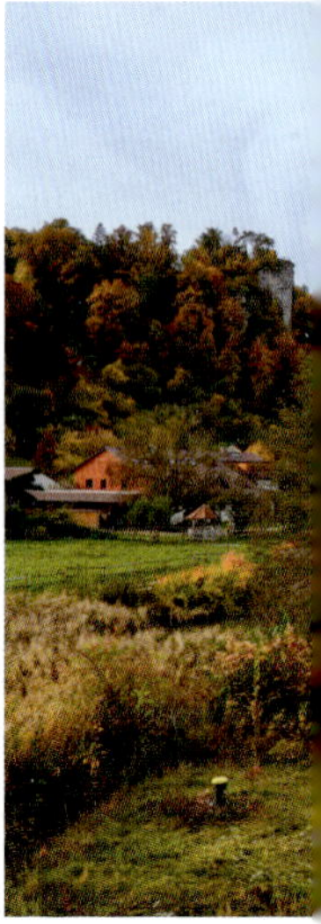

Schöner Rastplatz

Himmlischer kann man eine Wanderung kaum beginnen als direkt im Himmelreich. Naja, zumindest beinahe am wunderschönen, majestätischen Gasthaus „Zum Himmelreich" in Deising ❶.

Die kulinarische Stärkung heben wir uns für unsere Ankunft auf, ebenso den „Roßkopfsteig" und den „Eselsteig" mit der herrlichen Aussicht am „Roßkopf". Aus diesem Grund wenden wir uns an der „Thanner Straße" nach rechts und überqueren zum ersten Mal den Main-Donau-Kanal. Dabei genießen wir das maritime Ambiente ❷.

Auf der anderen Seite wenden wir uns nach links in Richtung Meihern und halten uns nach 100 Metern rechts in Richtung Flügelsberg. Nach weiteren 120 Metern verlassen wir endlich den Asphalt und wählen den fein geschotterten Forstweg rechts. Nach etwa 1300 Metern macht der ansteigende Weg im „Gregorholz" eine weitläufige Linkskurve. Nach weiteren 250 Metern in nördlicher Richtung zweigt nach rechts ein breiter geschotterter Forstweg ab. Diesen wählen wir und spazieren weiter in Richtung Osten. Schon bald windet sich der Forstweg nach rechts in Richtung Süden. An einer dreieckigen Weggabelung bleiben wir auf unserem Pfad und halten uns links, um dann nach weiteren 80 Metern die Abzweigung scharf nach rechts zu wählen, welche uns nach einer Kurve weiter in östlicher Peilung leitet. Schon bald bewegen wir uns den Hang hinab. Am Ende des Waldgebietes finden wir rechts an einem Baum eine braune Tafel mit einem Spruch ❸.

Nach 300 Metern kreuzen sich Wanderwege, doch wir setzen unsere Peilung geradewegs auf dem geschotterten Weg talwärts fort, denn wir haben Oberhofen schon beinahe erreicht. Kurz vor der Straße, die wir geradeaus überqueren, haben wir wieder Teerbelag unter unseren Sohlen. Rechts an der Kreuzung finden wir erhöht ein schönes Wegkreuz. Die schmale Straße bringt uns kurz darauf geradeaus in Richtung „Archäologiepark Eisenzeitliches Gehöft" direkt an den Main-Donau-Kanal. Links von uns befindet sich der Oberhofener Dorfweiher und rechts von uns ein wunderschöner, idyllischer Rastplatz ❹.

Bei entsprechendem Wetter trifft man hier durchaus auf Radfahrer. Glücklicherweise ist der Weg nach rechts zweispurig, so dass man sich nicht in die Quere kommen kann. Während man links den wundervollen Flair des Wassers genießen kann, passieren wir rechts ein „Eisenzeitliches Gehöft"

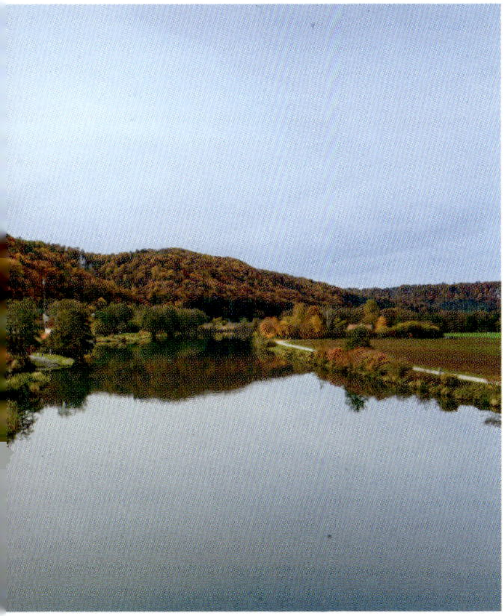

Blick nach Obereggersberg in Richtung Deising

aus dem „Archäologiepark Altmühltal", welches aber nicht ganzjährig betretbar ist 5.

Wir wandern in südwestlicher Richtung parallel zum Kanal weiter und genießen das Ambiente. An der nächsten Brücke überqueren wir das Wasser. Wir erkennen vor uns hoch erhoben das Schloss und die Burgruine Eggersberg, unser nächstes Ziel. Während wir über die Brücke gehen, lassen wir unseren Blick in die Ferne über das Wasser schweifen 6.

Drüben angekommen erkennen wir unmittelbar nach der Brücke vor einer Weide links ein mit Kopfsteinpflaster belegtes Wegstück. Hier biegen wir nach links ab. Nach wenigen Metern verlassen wir den Schotterweg und nehmen den Feldweg rechts, welcher entlang der Weide leicht ansteigend in ein Waldstück führt. Am Fuße des Hangs halten wir uns links auf der „Mühlleite". Es handelt sich um einen breiten, möglicherweise ausgefahrenen, unbefestigten Feldweg. Der stellenweise zugewachsene Weg endet an einer T-Kreuzung. Hier stoßen wir auf den „Altmühltal-Panoramaweg". Diesem folgen wir auf einem idyllischen Waldpfad nach rechts, parallel zu einer Doline nach oben. Man bekommt das Gefühl, als ob man in einen Urwald eintaucht: unwirklich und faszinierend zugleich 7.

Der Trampelpfad endet an einer großen, breiten, geschotterten Kreuzung. Gegenüber an einem Baum finden wir zahlreiche Wegmarkierungen. Wir folgen dem festen, geschotterten und leicht ansteigenden Feldweg entlang des „Altmühltal-Panoramawegs" und der Wegmarkierung „Riedenburg 6". Nach Obereggersberg sind es 1,5 Kilometer.

Blick zum Archäologiepark Eisenzeitliches Gehöft

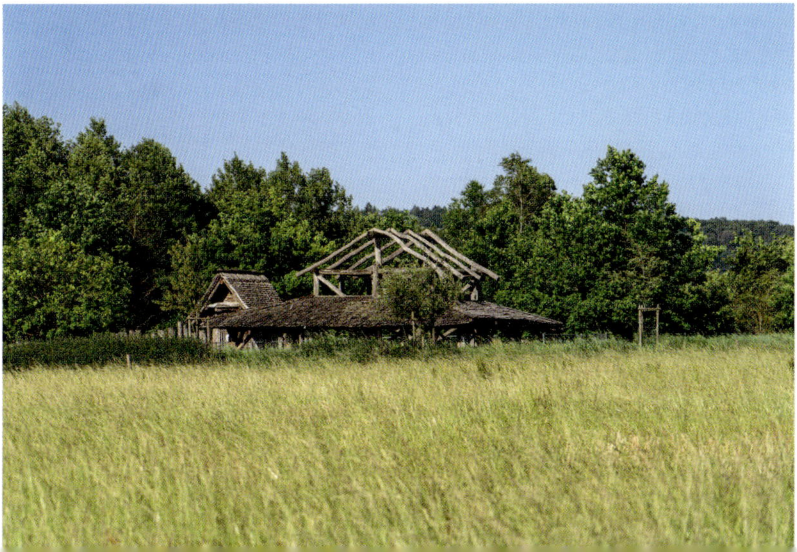

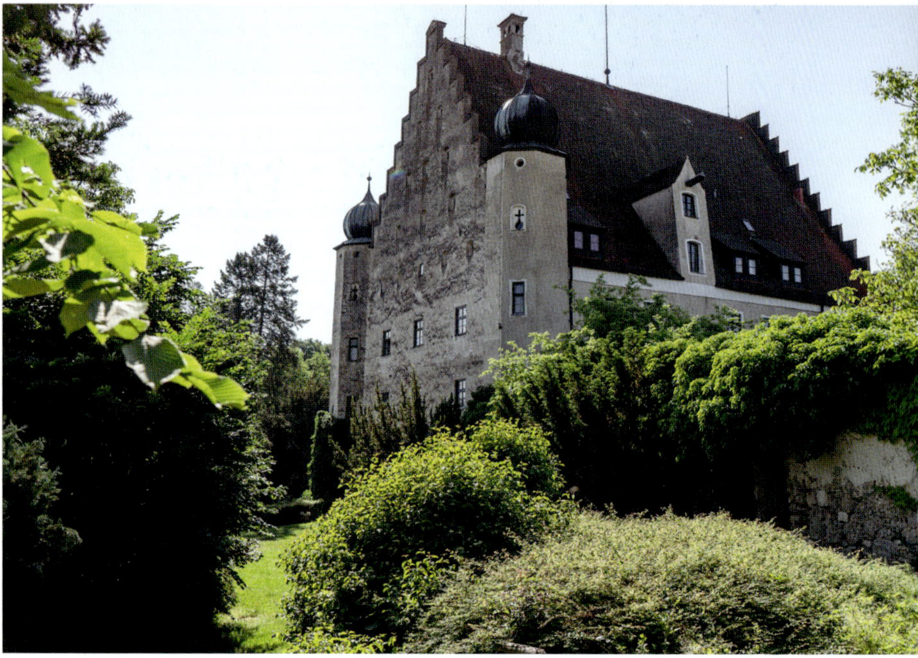

Schloss Eggersberg

Ehe wir den Waldrand erreichen, halten wir uns gemäß den Markierungen rechts auf dem schmalen, verwunschenen Waldpfad. Wir bewegen uns zeitweise im und auch außerhalb des Waldes. Nach etwa 320 Metern in westlicher Richtung erkennen wir an einem Baum eine kleine Marienstatue in einem Holzkästchen 8.

Der Waldpfad endet an einem festen Feldweg. Hier wenden wir uns nach rechts. Wir sind schon beinahe in der Ortschaft. Nach dem ersten Haus wird der Weg zu einer schmalen, geteerten Straße. Rechts ist der Eingang zum Hotel und Restaurant. Kurz darauf halten wir uns rechts und passieren das beeindruckende und majestätische Schloss Eggersberg 9.

Wir müssen zwar dann in die entgegengesetzte Richtung, doch einen großartigen Aussichtspunkt wollen wir uns nicht entgehen lassen. So passieren wir den „Alten Pfarrhof" auf dem Weg zur „Aussicht Kirchfelsen". Diese erreichen wir kurz darauf über eine eiserne Treppenstiege. Das Panorama hier oben ist wunderbar, und in westlicher Richtung können wir bereits unser nächstes Ziel, den Aussichtspunkt „Roßkopf", erkennen 10.

Über die eiserne Treppe gehen wir wieder zurück und gönnen uns im Restaurant des Schlosses Eggersberg noch eine Stärkung. Man könnte zudem dem Hofmarkmuseum einen Besuch abstatten. Auf dem nächsten Wanderabschnitt orientieren wir uns an den Hinweisen des „Altmühltal-Panoramawegs", deswegen gehen wir auf Höhe der Hausnummer 23 nach rechts. Wenig später wird aus dem Asphalt wieder ein befestigter Schotterweg und kurz darauf ein Forstweg. An einer Weggabelung würde uns der Panoramaweg nach links leiten, doch wir gehen auf dem geschotterten Waldweg geradeaus. An der T-Kreuzung nach etwa 350 Metern halten wir uns rechts und erreichen über einen schmalen Pfad eine Sitzbank mit einer großartigen, versteckten Aussicht 11.

Wir gehen wieder zurück und an der Weggabelung jetzt für ein paar Meter geradeaus weiter. Kurz darauf halten wir uns auf dem schmalen

Trampelpfad nach rechts am Hang entlang. Er endet nach einem langgezogenen Bogen um den Berg am bekannten Panoramaweg. Nun geht es rechts auf dem schattigen Waldpfad hinab ins Tal, vorbei an beeindruckenden Felsformationen. Unten angekommen erkennen wir, dass es über den Radweg 2,2 Kilometer nach Deising wären. Da wir aber dem zweirädrigen Verkehr nicht in die Quere kommen wollen, überqueren wir die Straße und halten uns gemäß des Panoramawegs links am Waldrand am Fuße des Hangs. Während wir auf dem schönen, schmalen Trampelpfad in nordwestlicher Richtung spazieren, erhalten wir immer wieder wunderbare Aussichten in Richtung Deising, auf den „Roßkopf“ und den Main-Donau-Kanal unterhalb.

Nach 1200 Metern macht der malerische Pfad eine Linksbiegung. Vor uns türmt sich prächtig ein felsiger Hang auf, auf welchem sich oben unser nächstes Etappenziel befindet. Zuerst überqueren wir aber die „KEH 2“ und folgen den Hinweisen. Nachdem wir den Altmühlmünster Bach überquert haben, befinden wir uns in dem kleinen Örtchen Eggmühl. Hier halten wir uns gemäß den Hinweisen auf der Straße links. Während wir am Bach entlang an der Kirche „St. Johannes d. Täufer“ in Altmühlmünster vorbeiwandern, erfahren wir, dass es über den „Altmühltal-Panoramaweg“

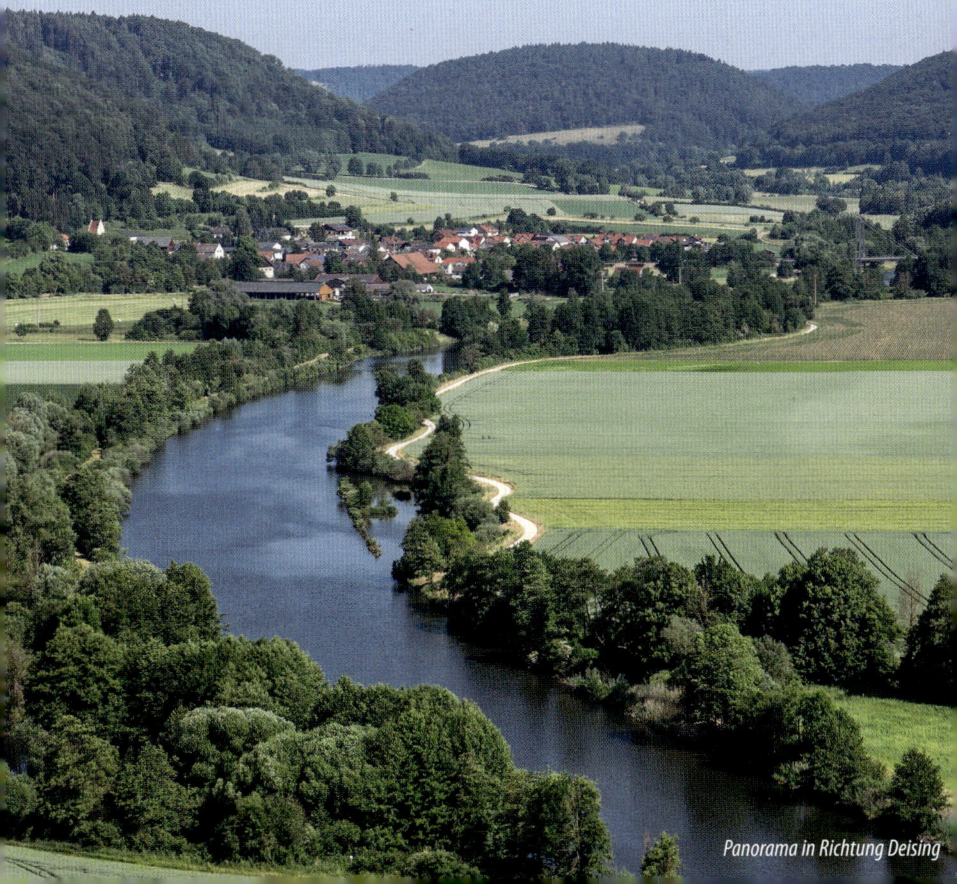

Panorama in Richtung Deising

noch 3,5 Kilometer bis nach Deising sind. Aber keine Sorge, wir kürzen etwas ab. Am Ortsende passieren wir links ein schönes Wegkreuz, dann befinden wir uns wieder auf einem Kiesweg. Diesen verlassen wir bereits nach 40 Metern rechts. Während der „Jurasteig/Panoramaweg" links hochführt, wählen wir den schmalen, ansteigenden Trampelpfad rechts in Richtung „Roßkopf". Wir befinden uns auf dem gleichnamigen Steig ⓬.

Der schmale, verwunschene Pfad windet sich durchaus steil nach oben. Nach etwa 680 Metern erreichen wir eine freie Fläche. Unser Trampelpfad hat sich etwas verbeitert und in einen Untergrund aus Magerrasen verwandelt. Wir erkennen, dass dieser Weg zwischen Sträuchern und Bäumen nach rechts weiterführt. Wenig später halten wir uns auf dieser Hochebene erneut rechts und erreichen kurz darauf wieder den offiziellen geschotterten Wanderweg. So kommen wir wenig später zu einer Sitzbank mit einer Infotafel über „Magerrasen" ⓭.

Die „Panoramaweg"-Hinweise bringen uns auch zum selbigen. Schon bald verlassen wir deshalb den geschotterten Feldweg nach rechts. Der Forstweg bringt uns direkt zur „Wacht über dem Altmühltal", wie dieser Ort genannt wird. Sowohl der Blick hinab nach Altmühlmünster oder zurück über den Kanal nach Obereggersberg in Richtung Riedenburg ist genial. Wir befinden uns auf einer Höhe von 481 Metern und genießen die grandiose Aussicht. Dieser Platz ist wahrlich himmlisch im Altmühltal ⓮.

Schließlich wenden wir dem Panorama unseren Rücken zu und halten uns gemäß den Hinweisen

Sitzbank bei Info Magerrasen

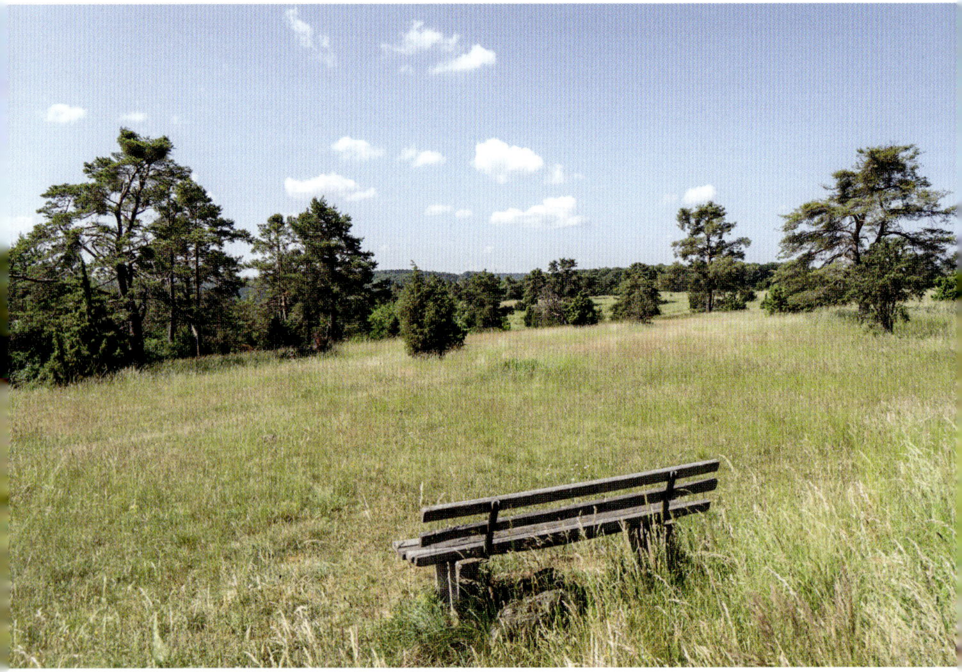

rechts. Nach etwa 250 Metern erkennen wir ein Schild mit der Aufschrift „Deising über Eselsteig 500 m". Diesen wollen wir uns nicht entgehen lassen. Während der „Altmühltal-Panoramaweg" links weiterführt, orientieren wir uns am „Jurasteig" nach rechts ⑮.

Jetzt geht es einen durchaus steilen, schmalen Steig hinab. Auf halber Strecke finden wir ein Schild mit der Aufschrift „Roßkopfsteig". Hier gehen wir geradeaus weiter. Auf diesem Abschnitt sind festes Schuhwerk und Trittsicherheit von Vorteil, gerade wenn der Untergrund feucht ist. Unten angekommen erkennen wir vor uns den Turm der Kirche „St. Nikolaus" in Deising und dahinter das felsige Panorama von Meihern. Wir halten uns links und erreichen nach einer Kurve wenig später die Teerstraße. Hier geht es nach rechts weiter und wir laufen geradewegs ins Himmelreich hinein – besser gesagt, jetzt haben wir uns wirklich am Ende der Runde eine kulinarische Stärkung im Gasthaus „Zum Himmelreich" verdient.

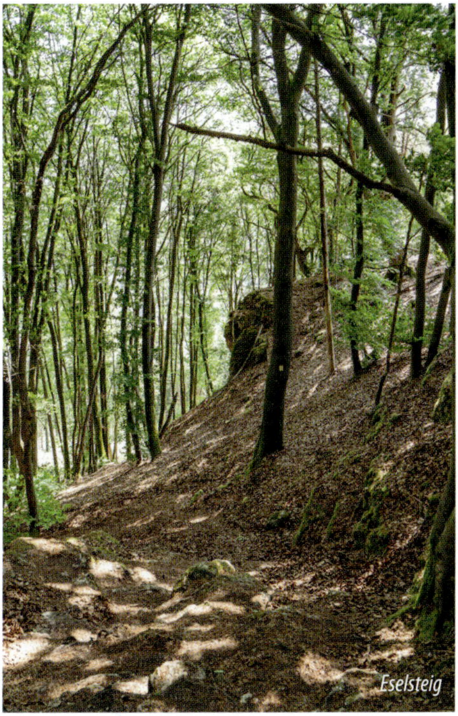

Eselsteig

Gasthaus Zum Himmelreich

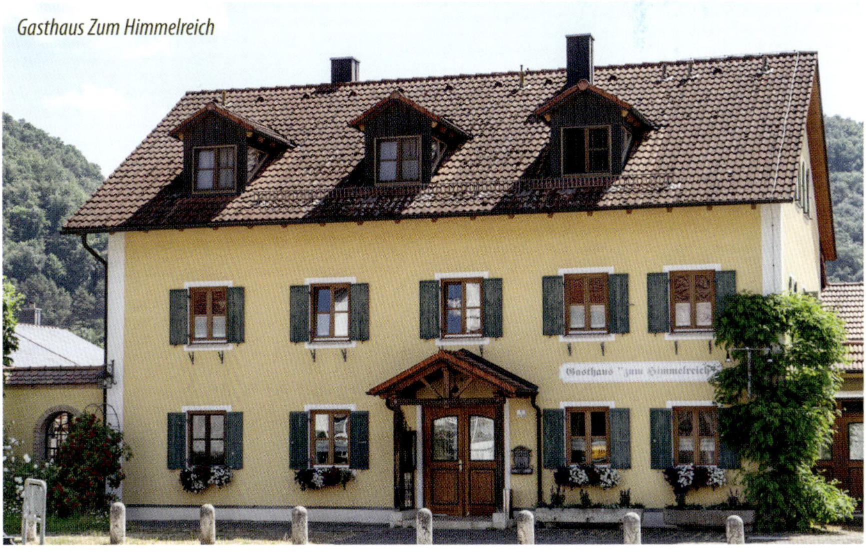

KIPFENBERG

Ritter, Römer und rastlose Kraxler – das Altmühltal von seiner schönsten Seite

TOUR 12

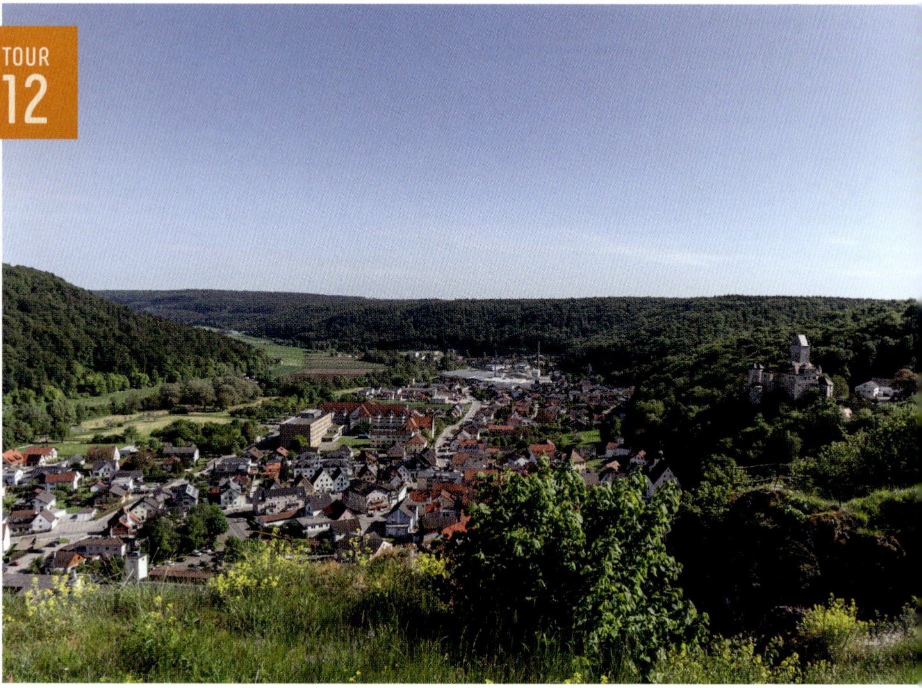

Kostenloser Parkplatz am Keltenweg beim Ostaufstieg zum Michaelsberg
Navi: Keltenweg, 85110 Kipfenberg
Koordi.: N 48° 56' 44.5812 E 11° 23' 42.234

Forstmeister-Schlosser-Steig – Michelsberg – Paulinasteig – Arnsberger Leite – Burg Arnsberg – Husarensteig – Plazottasteig

Gute Grundkondition und Trittsicherheit, festes Schuhwerk und Schwindelfreiheit erforderlich; abschnittsweise möglicherweise gefährliches alpines Gelände;
GPS-Gerät ist hilfreich; zahlreiche Pfade, Steige und Bergwanderwege auf überwiegend naturbelassenem oder losem Untergrund oder Kies, nahezu ohne Asphalt.

Mühlen- und Schlaufenweg Kipfenberg 16 (blau-gelb); Markt Kipfenberg 2, 4 (gelb-grün); Altmühltal-Panoramaweg (gelb-rot); Nordic Walking Kipfenberg 2 (grün, weiß, rot)

Eine fantastische Wanderung auf schmalen Pfaden und alpinen Steigen zwischen Kipfenberg und Arnsberg, die alles zu bieten hat, was typisch für das Altmühltal ist.

Der Postwirt
Marktplatz 1, 85110 Kipfenberg
Tel. 08465 297
www.derpostwirt.de
Öffnungszeiten: siehe online

 Foto: Panorama Kipfenberg

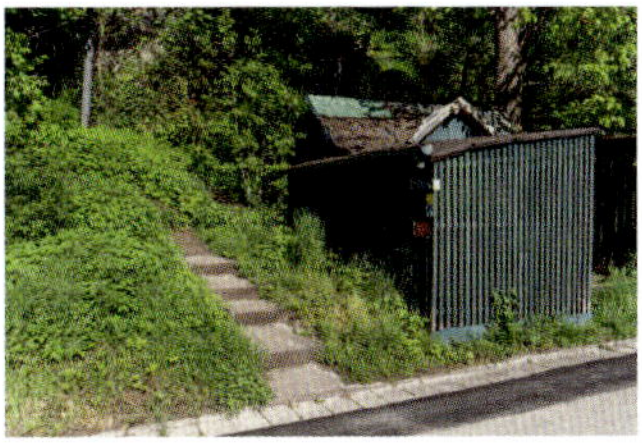

Startrichtung

mittel | 12,7 km | 260 Hm | 4:00 h

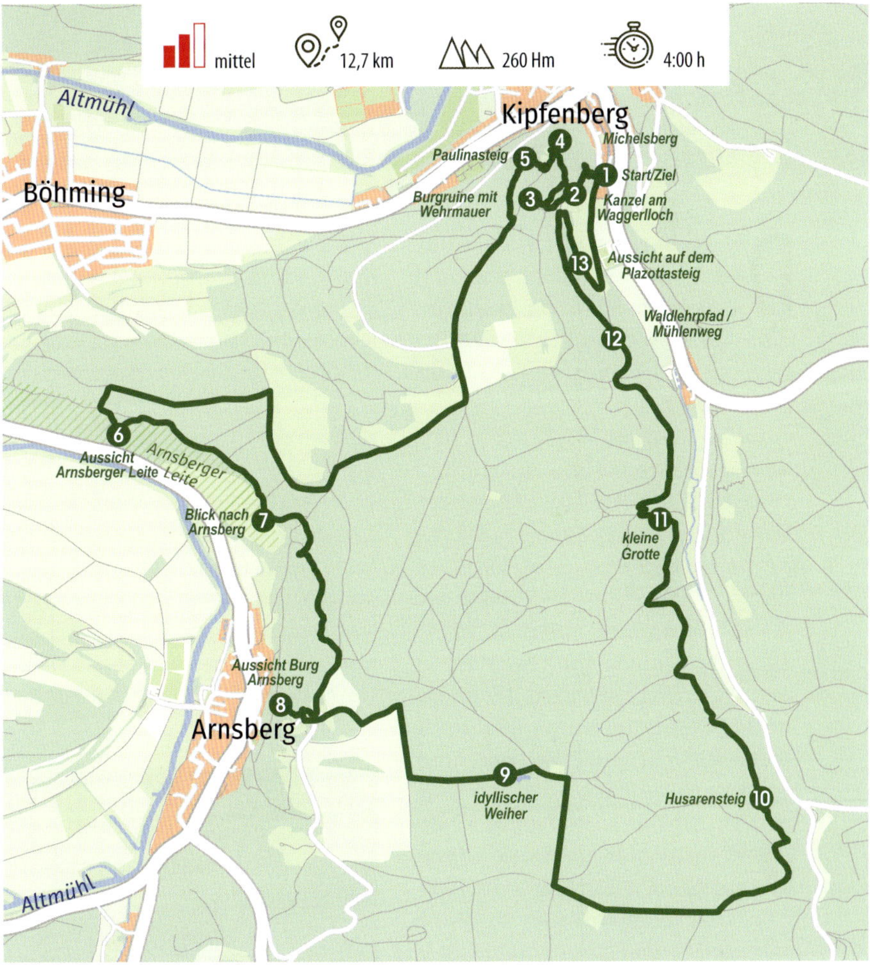

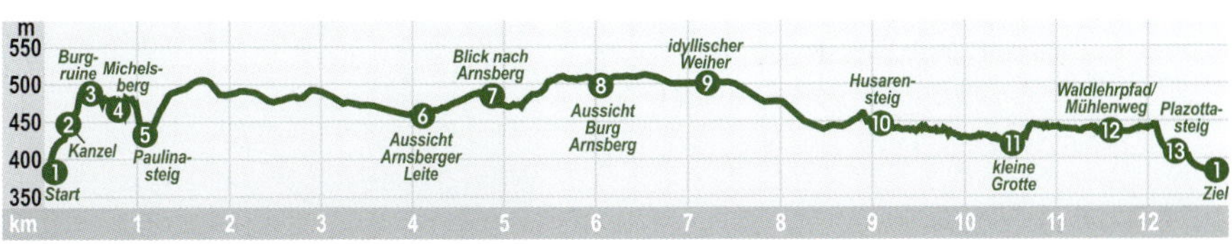

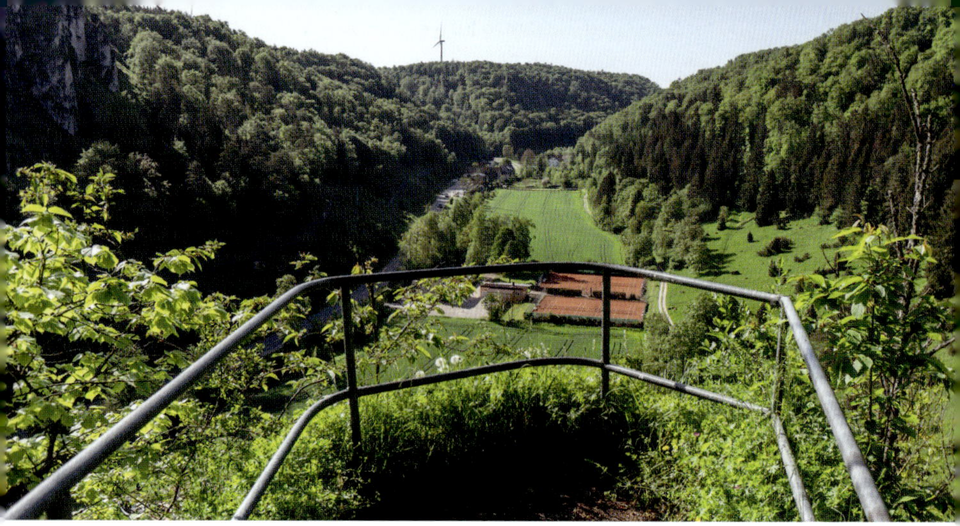

Aussicht Kanzel

Diese Wanderung erfordert etwas Können, festes Schuhwerk, Trittsicherheit und Schwindelfreiheit. Dafür ist sie gespickt mit allem, was das wunderschöne Altmühltal zu bieten hat. Wir beginnen am Parkplatz am „Keltenweg“ ❶.

Es geht am „Ostaufstieg Michelsberg“ (15 Min.) ohne Aufwärmen buchstäblich los von Null auf Hundert. Während wir auf dem „Forstmeister-Schlosser-Steig“ unsere Wadenmuskulatur strapazieren, orientieren wir uns auf den Stiegen, den schmalen Pfaden entlang des Abgrunds und den Felswänden an den Hinweisen „16“ und „4“. Abschnittsweise ist der Steig mit einem Geländer gesichert. Wer hier bereits merkt, dass die Tour möglicherweise doch zu anspruchsvoll ist, könnte noch umkehren, da dies nicht der einzige derartige alpine Abschnitt bleiben wird. Nach etwas mehr als 200 Metern erreichen wir mit der „Kanzel“ den ersten Aussichtpunkt in Richtung Birkthalmühle. Sie ist ebenfalls mit einem Geländer gesichert. Wenige Meter weiter erkennen wir rechts oberhalb vom Pfad ein Loch im Felsen. Es handelt sich um das „Wagerlloch“ ❷.

Nach einer weiteren Wegbiegung gabelt sich der Pfad. Hier halten wir uns rechts und bleiben dem Ostaufstieg treu. Es tut ganz gut, sich auf den nächsten Metern am Geländer abstützen zu können. Schließlich erreichen wir wenig später das Ende des Steigs und stehen praktisch schon beinahe in der Burgruine Michelsberg. Wenn man sich die Überreste ansehen möchte, wendet man sich wenige Meter nach rechts. Dort findet man im Boden eine Art Steinplatte, was vermutlich eine Mauer gewesen ist. Auf und neben dieser steigt man etwa 40 Meter nach links hoch und kann sich die Mauerreste von oben und eine Infotafel ansehen ❸.

Je nach Sichtweise – von der Burg aus gesehen links, ansonsten rechts – spazieren wir nach rechts in Richtung Norden auf dem Berg weiter. Wenige Meter weiter können wir uns auf einer

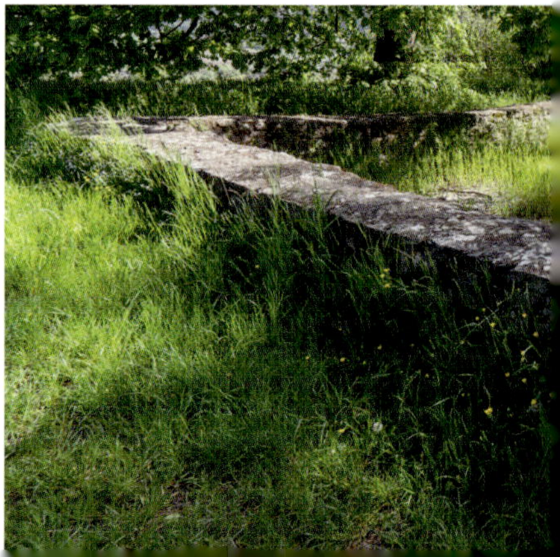

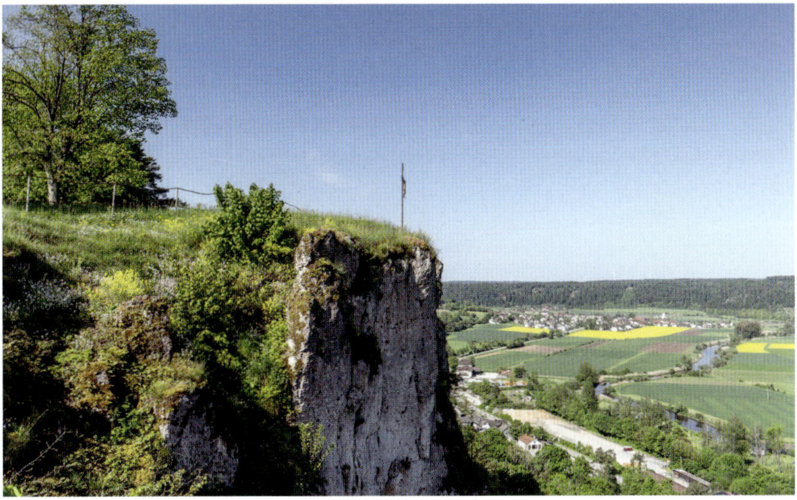

Blick zum Bergkreuz

Bank ausruhen und den Blick tief hinab ins Tal genießen. Wir gehen auf dem Pfad weiter und erreichen ein Plateau. Im Boden erkennen wir die steinernen Überreste der „Michaelskirche". Dahinter eine Bank mit einem mächtigen Bergkreuz. Man kann auch nach rechts noch ein paar Meter weiter gehen und die Aussicht über Kipfenberg und die dazugehörige Burg auf der gegenüberliegenden Seite genießen ❹.

Wir wenden der Aussicht unseren Rücken zu und halten uns auf dem Wanderweg rechts, aber nur für etwa 70 Meter. Dann finden wir links am Wegesrand einen Baum, an welchem wir den Hinweis „2" (geradeaus) und „Aussichtspunkt Michelsberg 100 Meter" (entgegengesetzte Richtung) sehen. Gegenüber, rechts von uns, wartet der nächste Steig. Es handelt sich um den „Nordabsteig", welcher ebenfalls recht steil am Hang, nah an Felsen, im Zickzackkurs nach unten führt. Nun lohnt sich ein Blick auf das GPS-Gerät. Nach etwa 150 Metern Abstieg macht der schmale Trampelpfad eine scharfe Rechtsbiegung, doch wir gehen geradeaus weiter. Wenn Sie nach etwa 30 Metern zu einer gelben Bank gelangen, sind Sie zu weit gegangen. Links befinden sich ein Felsen und rechts im Boden zwei steinerne Stufen. Hier befindet sich der Einstieg zum etwas unbekannteren „Paulinasteig". Dieser ist zwar recht steil, aber nicht so waghalsig wie die bereits bekannten Steige. Nach etwa 280 Metern kommen wir oben, am bereits bekannten „Schmetterlingsweg", dem Wanderweg „2", an ❺. Hier wenden wir uns nach rechts und folgen dem geschotterten Waldweg gen Süden über den „St. Michaelsberg" (Höhe 505 Meter). Nach 500 Metern wechseln wir von diesem auf dem festen Feldweg hinüber in das andere Waldgebiet. Wir passieren rechts von uns einen kleinen Tümpel und werden dort begrüßt von einem Felsen mit der Inschrift „Birktal Böhming". Hier orientieren wir uns gemäß den Hinweisen „2" und „16" nach rechts. Dabei bleiben wir in südwestlicher Richtung zuerst am Rand des

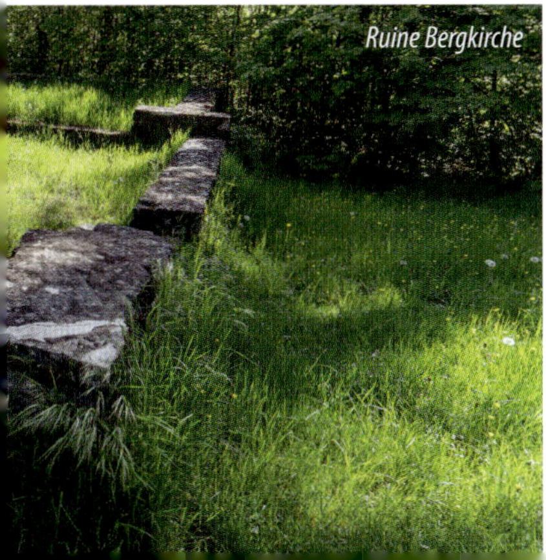

Ruine Bergkirche

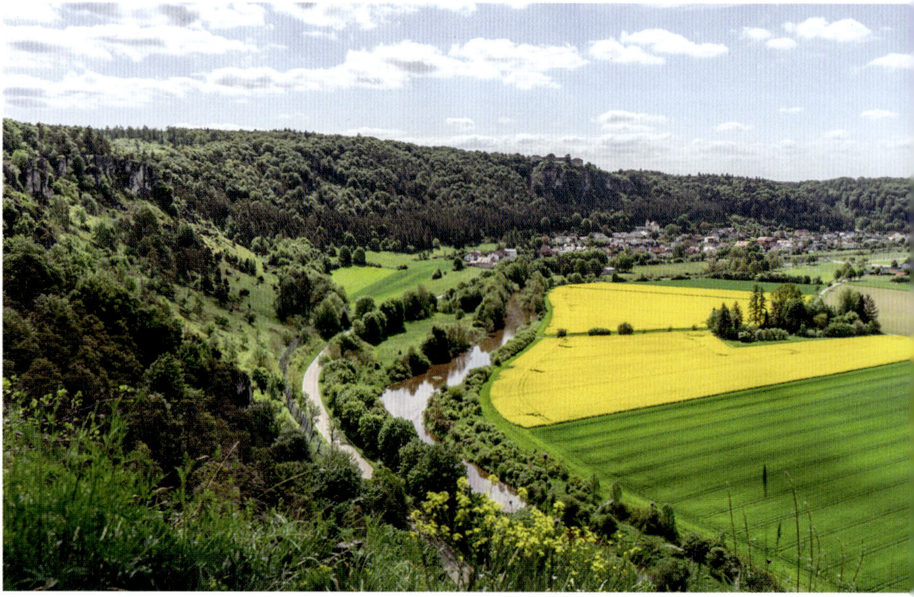

Ausblick Arnsberger Leite

Waldes und nach 360 Metern halten wir uns links auf dem festen Pfad in den selbigen hinein. Nach einer Linksbiegung erreichen wir kurz darauf eine Kreuzung. Während die Wanderhinweise nach links weiterführen, wenden wir uns an der Y-Gabelung nach rechts und spazieren rechts vom runden Verbotsschild auf dem markierten Waldpfad nach Westen. Nun ist es ebenfalls wieder sinnvoll, einen Blick auf das GPX-Track zu werfen. Nach etwa 440 Metern haben wir das Waldgebiet hinter uns gelassen. Wir passieren links eine hohe Ansitzvorrichtung. Nun folgt das einzige, kurze asphaltierte Stück, denn nach 70 Metern verlassen wir die schmale Teerstraße auf dem geschotterten Waldweg nach links. Nun schlendern wir für 620 Meter in Richtung Westen. Dann scheint der Weg zu enden, doch es geht auf dem unbefestigten Waldboden für 90 Meter nach links weiter. Schon bald erkennen wir die Markierung „Altmühltal-Panoraweg". Wenige Meter weiter kommen wir an eine Y-Gabelung. Während der Panoramaweg geradeaus weiterführt, machen wir einen Abstecher nach rechts. Kurz darauf breitet sich unter uns ein herrliches Panorama über das Altmühltal aus und wenige Meter weiter kommen wir auf dem schmalen Trampelpfad rechts zu einer Sitzbank. Unter uns erkennen wir die Altmühl, welche durch den Ort Arnsberg fließt. Darüber thront unser nächstes Etappenziel: das Schloss bzw. die Burgruine Arnsberg. Zuerst entspannen wir und lassen die atemberaubende Aussicht auf der „Arnsberger Leite" auf uns wirken 6.

Nun halten wir uns rechts und erreichen auf dem schmalen Trampelpfad wenig später, nach etwa 100 Metern, erneut den „Altmühltal-Panoramaweg". Auf dem idyllischen Waldweg schlendern wir für ca. 570 Meter in südöstlicher Richtung auf „Arnsberger Leite". Dann kommen wir zu einem eisernen Tor, durch welches wir hindurch gehen. Hier befindet sich ein Weidegebiet für Schafe. Das Panorama ist herrlich, weshalb wir uns auf einer weiteren Sitzgelegenheit niederlassen und hinab nach Arnsberg blicken 7.

Vor der Bank halten wir uns auf dem abfallenden Pfad links und verlassen ihn erneut durch ein Gatter. So erreichen wir wenig später eine Wegkreuzung im Waldgebiet „Einöde". Hier wenden wir uns nach rechts und finden ein paar Meter weiter eine Y-Gabelung. Während alle Wegweiser rechts hinab ins Tal nach Arnsberg weisen, wenden wir uns auf dem schmalen, unmarkierten Waldpfad nach links. Auch wenn hier keine Wegweiser sind, kann man sich im Prinzip nicht verirren. Im Schatten der Bäume windet sich der kurvige und teils schmale, beinahe zugewachsene Pfad südlich in Richtung „Schloss Arnsberg". Nach etwa 600 Metern in südlicher Richtung mündet der Pfad in einen geschotterten Forstweg. Auf diesem halten wir uns entlang des Waldgebiets „Lärchenschlag" nach rechts und gelangen nach 200 Metern an den Parkplatz des „Schloßhof Arnsberg". Scharf rechts befindet sich ein schmaler Pfad. Es geht ein paar Treppenstufen hinab und wieder hinauf. Schon steht man an der Felsburg. Dessen Turm ist noch halbwegs erhalten. Auch hier ist das Panorama über das Altmühltal atemberaubend 8.

Im Sommer lohnt sich eine Einkehr im Biergarten auf der Burg. Wir gehen rechts auf dem anderen Pfad entlang der Schlossmauer zurück zum Parkplatz. Gegenüber, hinter einem großen Baum, befindet sich unser Wiesenweg. Diesem folgen wir in östlicher Richtung. Dabei befinden wir uns auf Weg „Nordic Walking Kipfenberg 2". Nach 180 Metern biegen wir nach links ab und nach weiteren 160 Metern gemäß dem Hinweis nach rechts in Richtung Süden. Nach 270 Metern mündet der Wiesenweg links in einen Forstweg, entlang des Waldgebiets „Schloßfeld". Hier finden wir eine Ansitzvorrichtung. Es geht geradewegs in Richtung Osten. Nach 400 Metern befinden sich rechts ein idyllischer Weiher 9.

Kurz darauf, an der T-Kreuzung, zweigt der „Nordic Walking" nach links ab, doch wir gehen auf dem Forstweg nach rechts in Richtung Süden. Wir sind wieder unmarkiert unterwegs. Nach 400 Metern kommen wir zu einer weiteren T-Kreuzung. Hier nehmen wir die zweite Abzweigung nach links. Der Schotterweg führt leicht abfallend in Richtung Osten. Wir passieren eine Hütte der „Bayerische Staatsforsten". Ein paar Minuten später stößt von rechts wieder der bekannte „Schlaufenweg Kipfenberg 16" zu uns. Etwa 60 Meter weiter folgen wir dem Hinweis auf den unbefestigten Forstweg links. Dies ist der Einstieg in den „Husarensteig", welchen wir nach etwa 470 Metern erreichen Dieser ist ein weiteres Highlight der Wanderung. Auch hier kommen Alpinisten und ›Klettermaxe‹ auf ihre Kosten 10.

Dank der guten Beschilderung („16") kann man sich nicht verirren. Wir wandern entlang des Hangs des Waldgebiets „Birkenhänge". Stellenweise finden wir auch hier eine Geländer-

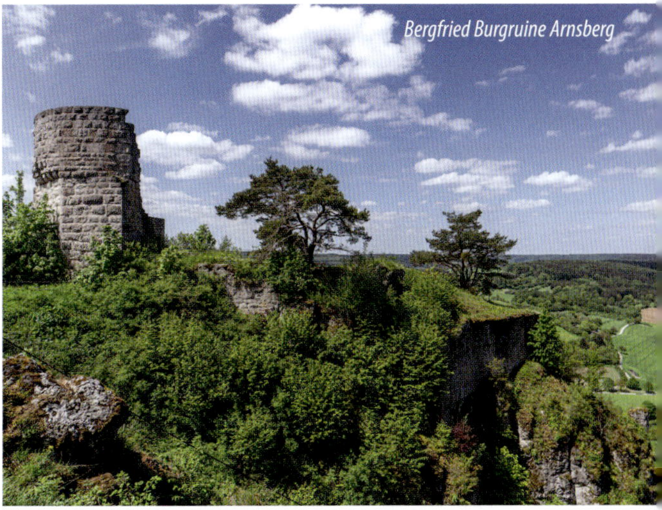
Bergfried Burgruine Arnsberg

sicherung. Ungefähr 1100 Meter nachdem wir das „Husarensteig"-Schild passiert haben, kreuzt ein geschotterter Weg. Wir gehen geradeaus weiter. Hier gesellt sich der Hinweis „4" zu uns. Zudem befinden wir uns auf dem „Waldlehrpfad Kipfenberg" bzw. „Mühlenweg" auf dem Weg „Zur kleinen Grotte". Neben einigen mit Holzgeländern gesicherten Wegstücken, kommen wir ebenfalls an einigen lehrreichen Infotafeln vorbei. Schließlich passieren wir links tatsächlich eine kleine Grotte, welche sich wunderbar in das Felsmassiv einfügt 11.

Kurz darauf kreuzt erneut ein Weg. Die Wanderhinweise „4" und „16" würden uns nach links, den Berg hoch, leiten. Doch wir wählen den etwas unscheinbaren Pfad geradeaus. Dabei handelt es sich um eine Abkürzung. Es geht erneut mit einer Biegung steil nach oben, aber nur gut etwa 70 Meter. Dann erreichen wir bei einem hohen, gespaltenen Baumstumpf wieder den offiziellen Wanderweg und spazieren deshalb nach rechts weiter. Nach 650 Metern auf dem „Mühlenweg" in nördlicher Richtung erreichen wir die nächste Wegkreuzung. Auch hier gehen wir den Pfad geradeaus weiter und bleiben somit auf dem schmalen „Husarensteig" für etwa 750 Meter in Richtung Norden. Unterwegs passieren wir links am Hang eine weitere kleine Höhle und beeindruckende Felsformationen 12.

Schließlich dürfen wir die Abzweigung nach rechts nicht verpassen. Diese befindet sich neben einem Baum, an welchem die Wanderhinweise „4" und „16" angebracht sind. Die ersten Meter geht es rechts steil hinab und dann quasi in entgegengesetzter Richtung leicht abfallend in Richtung Süden auf dem „Plazottasteig". Blickt man zurück, erhält man einen herrlichen Blick zur anfänglichen Burgruine Kipfenberg 13.

Mittlerweile haben wir den Schatten der Bäume hinter uns gelassen und wir schlendern auf dem Wiesenweg talwärts. Auf Höhe der Tennisplätze macht dieser eine Linksbiegung, so dass wir wieder in Richtung Kipfenberg spazieren. Wenig später mündet der Pfad in einen geschotterten Feldweg. Dieser bringt uns geradewegs nach wenigen Minuten zum Ausgangspunkt unterhalb des „Michelsbergs" zurück.

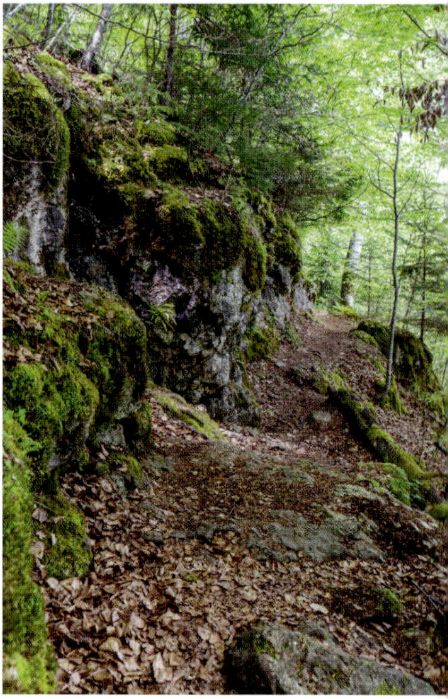

Auf dem Husarensteig

Kleine Höhle

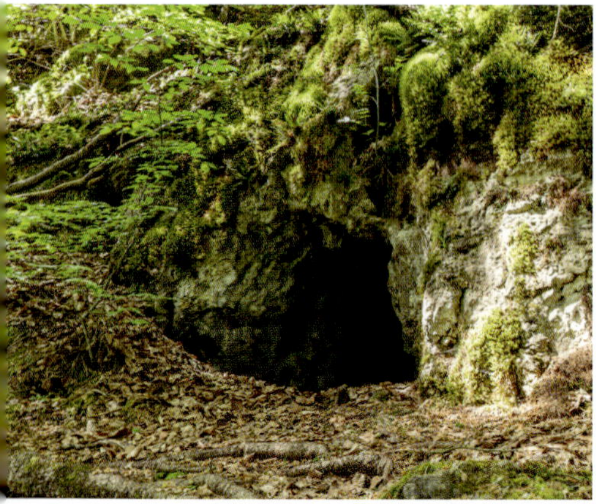

Anzeige

Urig, idyllisch, einzigartig

Der Postwirt in Kipfenberg

wanderbares deutschland QUALITÄTSGASTGEBER

AUSGEZEICHNETE BAYERISCHE KÜCHE

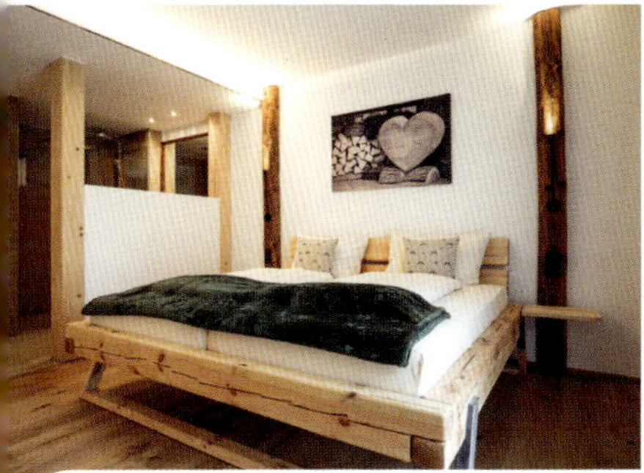

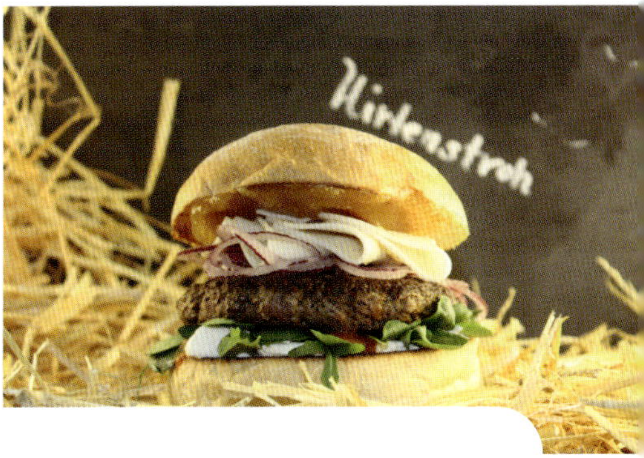

Im Herzen Bayerns betreibt Familie Treffer das Hotel und den Gasthof „Der Postwirt". Mit Herz und Hingabe, wie sie betonen. Und das spürt man, egal ob als Tagungsgast oder Erholungssuchender. Das Hotel verfügt über 28 Zimmer. Die romantisch-rustikalen Räumlichkeiten im Postwirt überzeugen durch ihr modernes Hüttenflair und schließen damit an die Tradition des Hauses an. Der dazugehörige Gasthof Postwirt kann auf eine 300-jährige Wirtshausgeschichte zurückblicken: Hier wird bis heute regionaltypische bayerische Küche serviert. Aber auch Burger- und Pizzafans kommen auf ihre Kosten. Ein Highlight des Hotels befindet sich auf der Terrasse hoch über den Dächern des Marktes: Die Fassl-Sauna mit Blick auf die Burg Kipfenberg.

- seit - - 1990 -
DER POSTWIRT
Gasthof - Hotel

Der Postwirt | Marktplatz 1 | 85110 Kipfenberg
T 0 84 65 / 297 | M **info@derpostwirt.de**

SCHAMBACH

Auf idyllischen Pfaden und Steigen im Schambachtal

TOUR 13

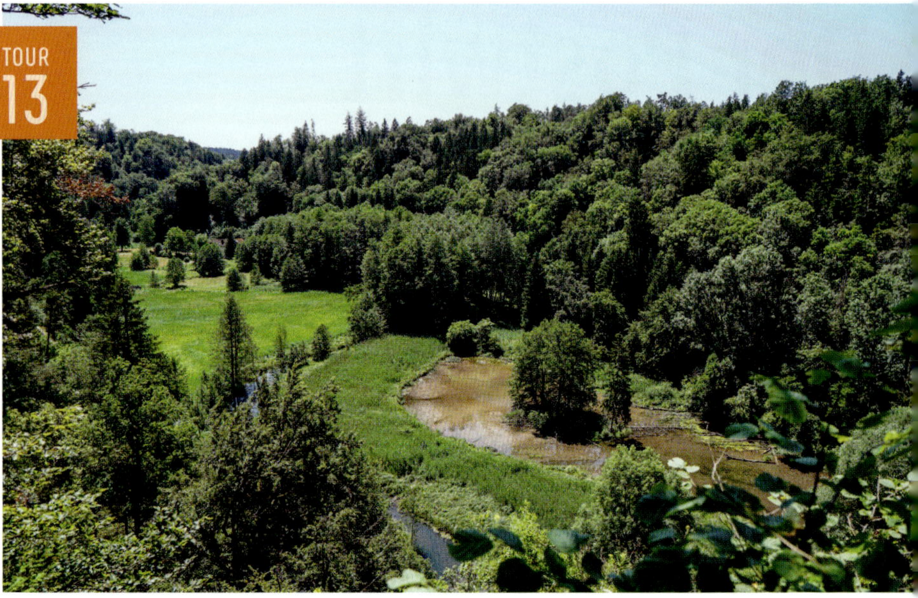

Start/Ziel: Wanderparkplatz rechts an der Kreisstraße EI 10 (Schambacher Straße), ungefähr einen Kilometer von Schambach in südlicher Richtung; Böhmfeld; Beschreibung Dachssteig
Navi: Kreisstraße EI 10 (Schambacher Straße), 85110 Kipfenberg (Schambach)
Koordi.: N 48° 53.744940 E 11° 22.100640

Dachssteig – Manesteig – Räucherbergsteig – Forstermühle – Römerweg – römischer Abschnittswall – Glockersteig

Teilweise Bergwanderweg und alpines Gelände auf Pfaden und Steigen; naturbelassener oder loser Untergrund, wenig Asphalt; einige Steigungen; Trittsicherheit, Schwindelfreiheit und festes Schuhwerk erforderlich; GPS-Gerät sinnvoll.

Dachssteig; Schlaufenweg Kipfenberg 16 („blau-gelb"); Schanzenweg 6 (gelb-grün); Lohgrundweg 7 (gelb-grün); Bierweg 9 (grün-gelb); Walting 10 (grün-gelb); Markt Kipfenberg 5 (grün-gelb); Römerweg (gelb); Zur Wachholderheide 5 (grün-gelb)

Eine wunderschöne, aber anspruchsvolle Runde auf idyllischen Waldpfaden und schmalen, verwunschenen Steigen, stellenweise auf alpinem Gelände, rund um das Schambachtal.

Hotel & Gasthof „Zur Linde"
Bachweg 2, 85110 Kipfenberg/Schambach
Tel. 08465 94150
www.linde-altmuehltal.de
Öffnungszeiten: siehe online

 Foto: Aussicht über das Schambachtal

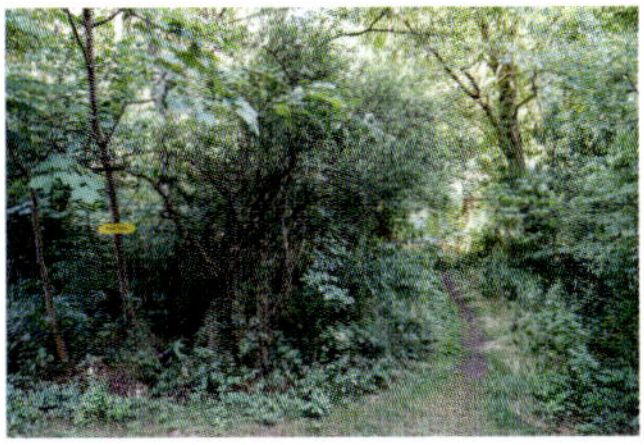

Startrichtung

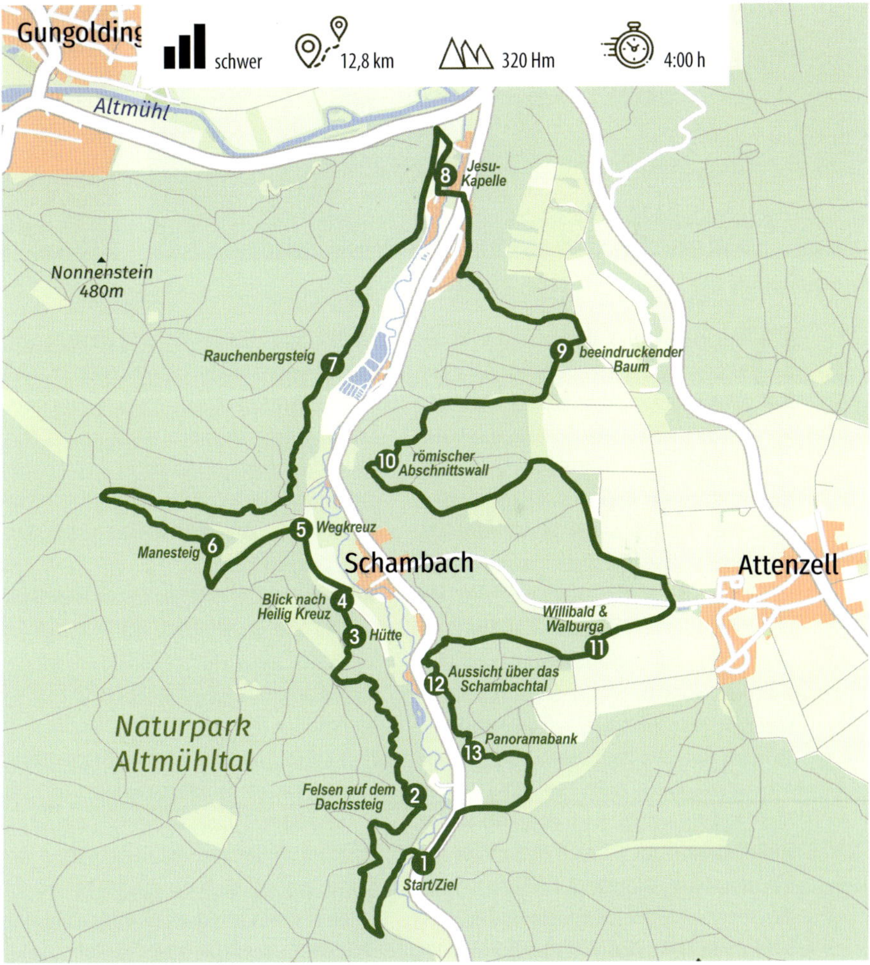

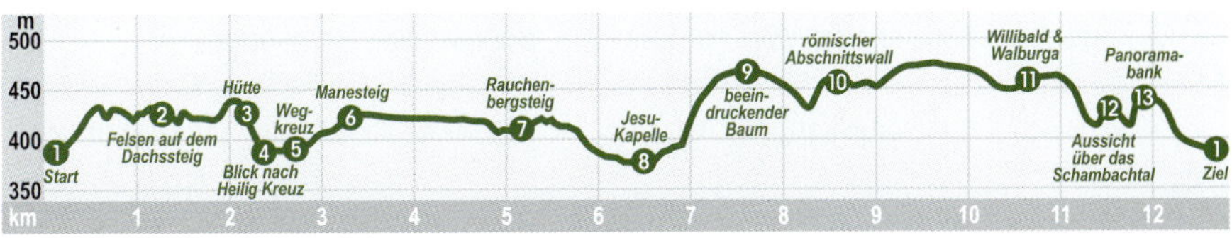

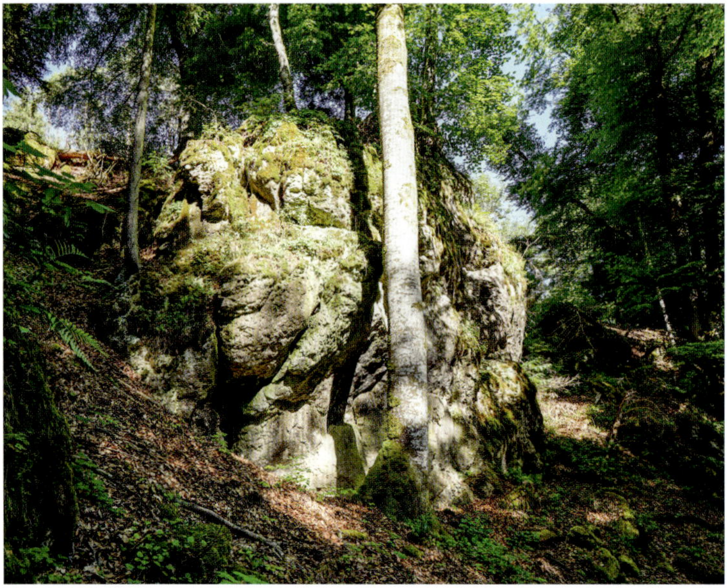

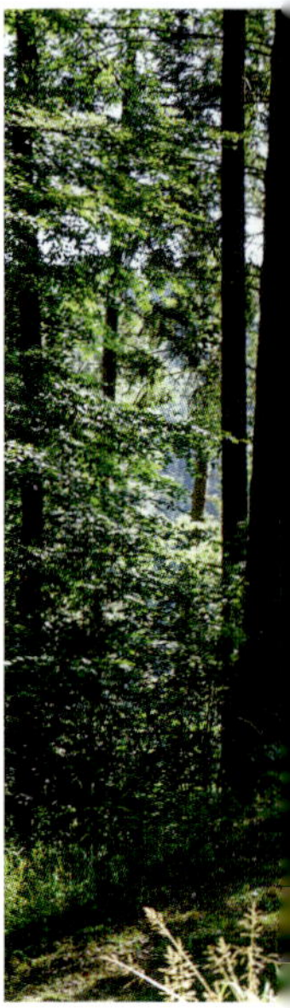

Auf dem Dachssteig

Diese Runde wird alpine Gefühle in uns wecken sowie unsere Beinmuskulatur und Kondition beanspruchen. Dafür werden wir mit idyllischen Waldpfaden und abenteuerlichen Steigen entlang der Hänge um den Ort Schambach belohnt. Wir beginnen wenige hundert Meter nach dem Ort auf dem Wanderparkplatz, der mit dem Hinweis „Dachssteig" markiert ist ❶. Hier überqueren wir auf einem schmalen Steg den Schambach und folgen dem Hinweis zum „Dachssteig". Nach einer Linkskurve auf dem Waldpfad passieren wir ein erstes Felsmassiv, ehe es bereits sanft und schon bald stärker in südlicher Richtung nach oben geht, während sich der Weg immer mehr zu einem schmalen Trampelpfad verjüngt. Nach etwa 350 Metern ändern wir um etwa 180 Grad die Richtung gen Norden auf dem „Dachssteig". Ein Verirren ist auf diesem verwunschenen Waldsteig nicht möglich. Stellenweise ist der Pfad recht schmal, mal finden wir links Felsformationen und umgestürztes Totholz, meist geht es rechts einen Hang hinab, so dass wir immer wieder eine Seilsicherung vorfinden. Unsere grundsätzliche Peilung ist nördlich, auch wenn es durchaus Windungen in anderen Himmelsrichtungen gibt. Nach etwa 750 Metern folgt eine scharfe Biegung nach links. Auch auf dem folgenden Wegstück auf dem „Dachssteig" kommen wir immer wieder an beeindruckenden Felsformationen vorbei, während wir im Sommer den Schatten unter dem Blätterdach genießen ❷.

Der „Dachssteig" windet und schlängelt sich auf und ab, aber grundsätzlich nördlich noch für weitere 750 Meter, und beeindruckt uns mit seiner großartigen Natur. Schließlich endet er an einer Kreuzung. Wenige Meter links von uns läuft ein fester Forstweg an uns vorbei. Diesen wählen wir nicht, sondern den breiten Forstweg rechts in Richtung Osten. Kurz darauf befinden wir uns am Waldrand. Rechts von uns zweigt erneut der „Dachssteig" ab, doch das ignorieren wir. Wir halten uns links und machen kurz darauf eine Rechtskurve, den Hang hinab. Ein kurzes Stück weiter passieren wir ein paar Meter rechts von uns eine mysteriöse Blockhütte ❸.

Nun folgen wir dem Waldweg hinab ins Tal. Nachdem wir die Bäume hinter uns gelassen haben,

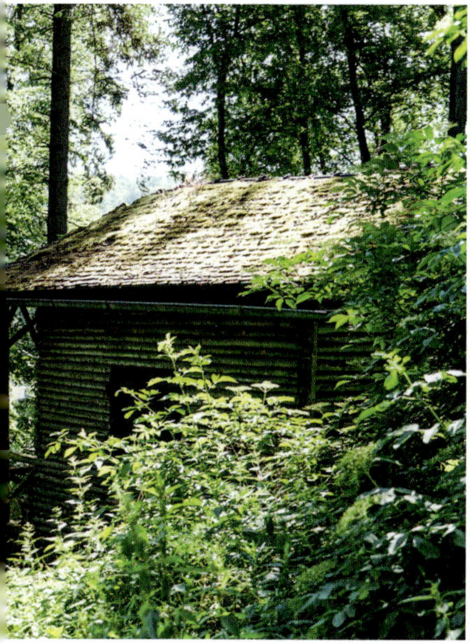

Hütte

erhalten wir einen herrlichen Blick nach rechts über das Gewässer und den gleichnamigen Ort Schambach und die malerische Kirche „Heilig Kreuz“ ④.

Am Ende des Wiesenweges am Feldweg finden wir den Hinweis „Schlaufenweg Kipfenberg 16“. An dieser Stelle wenden wir uns auf dem leicht geschotterten Weg nach links und lassen unseren Blick durch das Tal schweifen. Nach 350 Metern in westlicher Richtung kommen wir an eine Weggabelung. Hier finden wir nicht nur zahlreiche Wanderhinweise, sondern auch ein schönes Wegkreuz ⑤.

Während die „16“ nach rechts abzweigt, wählen wir die Wege „6“, „7“ und „9“ nach links. Etwa 400 Meter weiter in südwestlicher Richtung verlassen wir den festen Forstweg. An dieser Stelle finden wir rechts einen hohen Baumstumpf mit den drei Wanderhinweise und davor ein verwittertes Sitzmöbel. Hier zweigt unser zweiter Trampelfpad rechts ab. Wir befinden uns auf einem weiteren Steig, welcher ansteigend in Richtung Norden an Felsformationen am Hang nach oben führt. Nach etwa 150 Metern passieren wir ein Holzschild mit der eingravierten Schrift „Manesteig“ ⑥.

Nun geht es scharf nach links in Richtung Westen weiter. Erneut kommen wir an beeindruckenden Felsgebilden und umgestürzten Baumstämmen vorbei und tauchen so in die wunderbare Natur auf dem verwunschenen Trampelpfad ein. Nach knapp 500 Metern wird der Pfad von einem geschotterten Forstweg unterbrochen. An dieser Stelle wenden wir uns nach rechts und erkennen, etwas unscheinbar, nach ca. 40 Metern links am Wegesrand die Fortsetzung des Steiges. Dieser schlängelt sich zunächst parallel aufwärts zum

Blick nach Heilig Kreuz

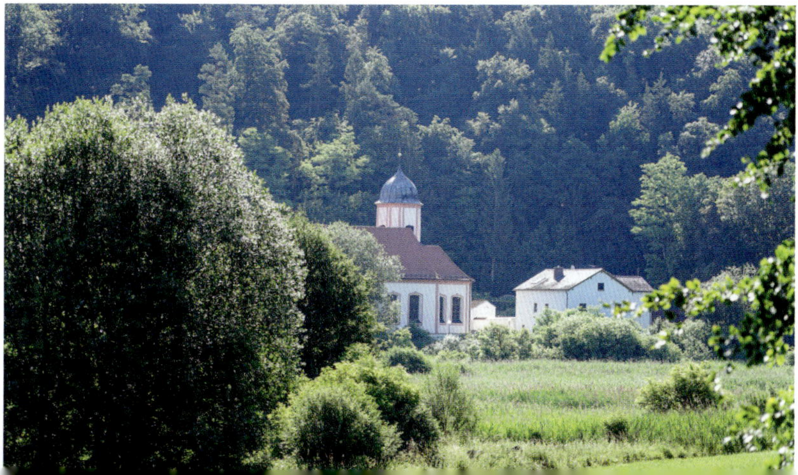

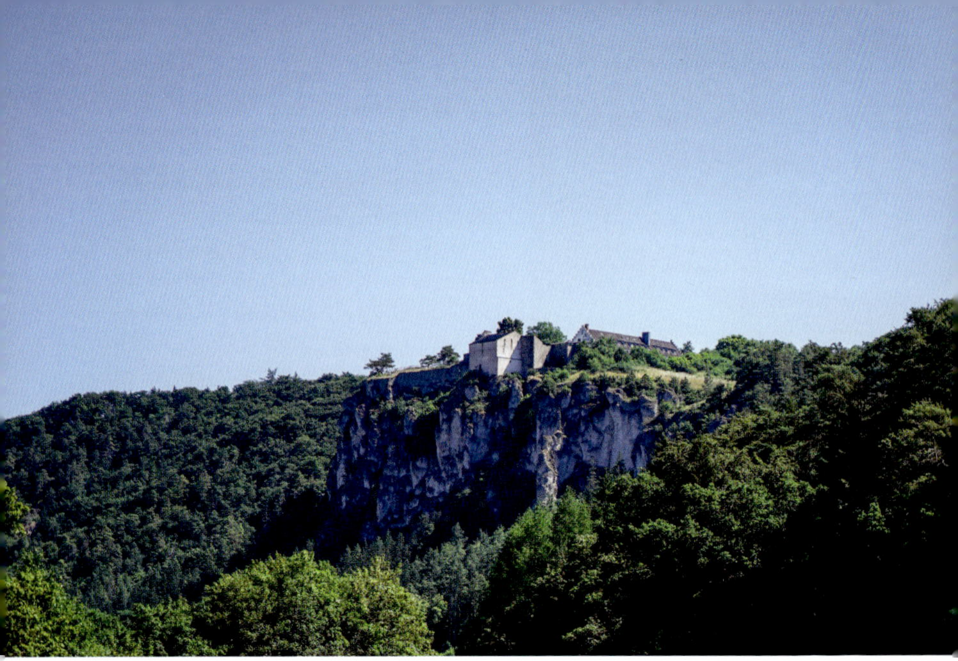

Blick zum Schloss Arnsberg

Forstweg gen Osten. Dieser Abschnitt der Wanderung findet nun auf dem „Rauchenbergsteig" statt. Auch hier überqueren wir umgefallene Baumstämme sowie eine Doline. Wenig später kreuzen sich die Pfade: Nun stößt die bereits bekannte blau-gelbe „16" wieder zu uns. In entgegengesetzter Richtung erfahren wir, dass der „Gockelpfad" 2,5 Kilometer entfernt ist. Wir bleiben aber unserer Richtung treu und somit auch der „16" und der Markierung „Walting 10". Kurz darauf erhalten wir erneut einen großartigen Blick zur Kirche in Schambach, ehe wir links um die Ecke biegen. Wie schon auf den bereits zurückgelegten Metern, so ist auch jetzt in Richtung Norden Trittsicherheit und festes Schuhwerk sehr zu empfehlen. Stellenweise finden wir Seilsicherungen, während es zwischen Felsen und abenteuerlich gewachsenen Bäumen vorbei und hindurchgeht 7.

Nach insgesamt etwa 900 Metern endet der Steig an einem geschotterten Forstweg. Hier wenden wir uns nach rechts und bleiben auf der „16". Nach 720 Metern sind wir unten im Tal angekommen. Rechts erkennen wir wieder den Bachlauf. Vor der „Böllermühle" mündet der Forstweg in eine schmale Teerstraße. Vor uns erkennen wir in der Ferne hoch erhoben auf dem Felsen das Schloss Arnsberg. Nun folgt ein kurzes Stück auf Asphalt, denn wir wenden uns rechts in Richtung „Forstermühle". Nach 240 Metern kommen wir an der kleinen, beschaulichen „Jesu-Kapelle" vorbei 8.

Jesu-Kapelle

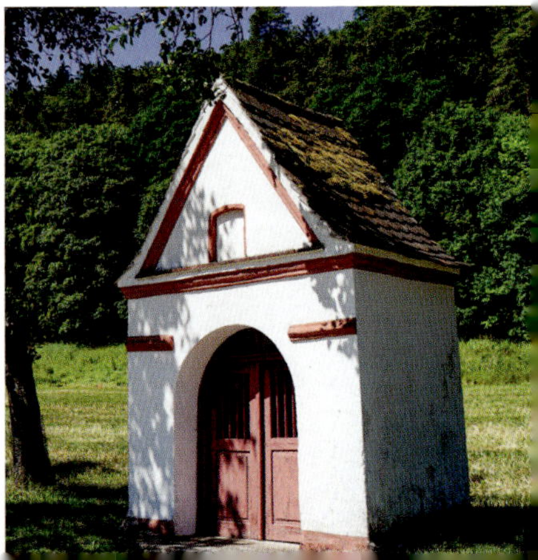

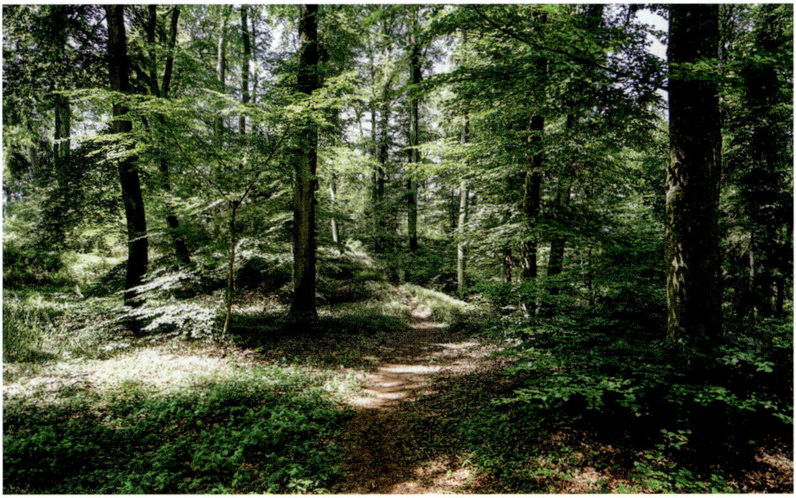

Römischer Abschnittswall

Wir überqueren zum zweiten Mal auf der Straße „Zur Forstermühle" den Schambach und stehen kurz darauf an der „Böllermühlstraße". Links von uns befindet sich ein hölzernes Kreuz mit zwei Sitzbänken. Wir gehen geradeaus auf dem rumpeligen „Jägerweg". Der Weg ist nur für landwirtschaftlichen Verkehr frei. Kurz nach der Hausnummer 5 lassen wir den Teer hinter uns und gehen unterhalb der „Schambachleite" auf dem Feldweg weiter in südlicher Richtung. Nach ungefähr 150 Metern verlassen wir diesen links. Ab jetzt lohnt sich ein Blick auf das GPS-Gerät. Jetzt geht es recht steil bergauf. Nach 40 Metern erreichen wir eine Y-Gabelung. Hier halten wir uns rechts und steigen den Pfad nach oben, bis der Pfad nach etwa 480 Metern am Ende des Waldes an einem Schotterweg endet. Etwa 50 Meter vorher halten wir uns erneut links und gehen in Richtung Ansitzvorrichtung weiter. Am geschotterten Weg wenden wir uns nach rechts. Hier erkennen wir die Markierung „Markt Kipfenberg 5". Nach 90 Metern verlassen wir den Schotterweg rechts und nach weiteren 50 Metern, an der nächsten Y-Gabelung, wenden wir uns nach links. Diese Stelle ist markiert mit einem beeindruckenden, wunderbar verästelten Baum 9.

Wir folgen dem Waldpfad in südlicher Richtung für etwa 200 Meter, bis an den Rand des Waldes. Vorher zweigen bereits zwei Pfade nach rechts ab, doch diese ignorieren wir. Vor uns breitet sich eine weite Wiese aus, und wir folgen dem Weg am Rand des Waldes nach rechts und tauchen auf

Holzkreuz

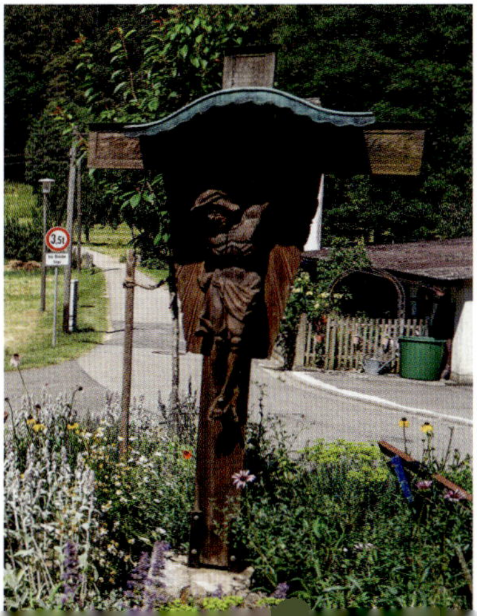

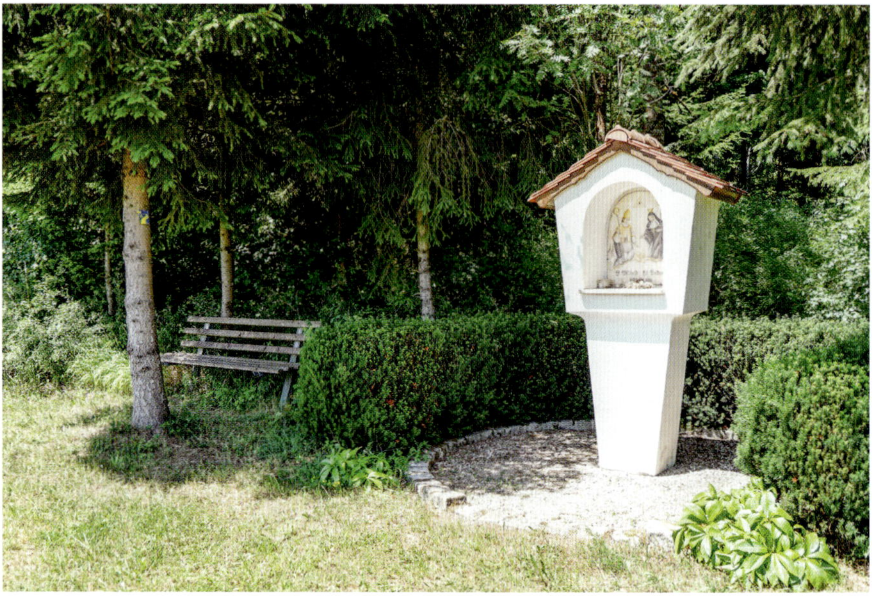

Willibald & Walburga

dem unbefestigten Forstweg wieder in die Baumwelt ein. Etwa 450 Meter weiter in westlicher Peilung, der Pfad hat sich vorher in eine Art Rinne verwandelt, erreichen wir eine weitere Weggabelung. Hier halten wir uns links und gehen auf dem Pfad leicht ansteigend weiter. Kurz darauf verjüngt sich der Pfad und wir halten uns erneut links. Es geht zwischen Felsen hindurch. Mittlerweile befinden wir uns auf dem „Römerweg". Dieser ist nicht beschildert, sondern mit gelben Streifen an Baumstämmen markiert. Nach 200 Metern finden wir links von uns eine Art Loch im Boden. Dabei handelt es sich vermutlich um eine Erzgrube. Der Pfad schlängelt sich linksherum und wenig später, nach 100 Metern in südlicher Richtung, erreichen wir ein felsiges Gelände. Nun haben wir einen römischen Abschnittswall erreicht ⑩.

Der Waldpfad windet sich linksherum in südöstlicher Peilung und nach 370 Metern in Richtung Nordosten. Einige Minuten später zweigt der „Römerweg" nach rechts ab, doch wir gehen geradeaus weiter, gemäß dem Hinweis „Zur Wachholderheide 5". Nach 180 Metern haben wir wieder das Ende Waldes und einen festen Forstweg erreicht. Es geht nach rechts weiter und an einer Ansitzvorrichtung vorbei. Dann gabelt sich der Weg. Hier erkennen wir die bekannte blaugelbe „16" und orientieren uns für eine Weile an diesem Hinweis. Es geht in östlicher Richtung zur Ortschaft Attenzell. Kurz vorher zweigt der Pfad nach rechts ab, hinunter zur Straße. Diese überqueren wir hinter dem Ortsschild und gehen gemäß der Markierung geradeaus weiter in südwestlicher Peilung. Der feste Feldweg bringt uns wieder in Richtung Wald. Nach ungefähr 350 Metern kommen wir an einem gemauerten Votivbild der „Hl. Willibald und Walburga" vorbei. Wir lassen uns auf der Bank daneben nieder, stärken uns und genießen das Panorama in Richtung Attenzell ⑪.

Dann orientieren wir uns weiterhin an dem Hinweis „16" und tauchen erneut in den Wald ein, relativ gerade, westwärts für 550 Meter. Nun stehen wir vor einer Weggabelung. Hier finden wir den Hinweis „Glockersteig". Unser Pfad führt uns nach links den Hang hinab. Ab jetzt wird es anstrengend; nun kommen Pfadfinder und Abenteurer erneut auf ihre Kosten. Lassen Sie Ihr GPS-Gerät angeschaltet. Im Zickzackkurs geht es eine Mulde hinab. Wir befinden uns auf dem „Glockersteig", einem schmalen Trampelpfad. Auf dieser Etappe geht es hoch und runter, teilweise in entgegengesetzter Richtung, so dass man stellenweise den Pfad – welcher aber da ist – besonders im Frühjahr etwas suchen muss. Nach 160 Metern kommen wir zu einer ersten Plattform. Hier können wir auf den Felsen im Boden rasten. Es geht links weiter und wieder eine Mulde hinab. Mit erhöhter Aufmerksamkeit, Konzentration und Trittsicherheit steigen wir auf dem schmalen Pfad entlang der „Schamleite" für 120 Meter weiter. Dann erreichen wir einen ersten Aussichtpunkt, hoch oberhalb der „Hintermühle". Wir genießen den Blick ins Schambachtal und halten kurz inne, um unsere Kräfte zu sammeln. Denn auch der nächste Abschnitt wartet noch mit einigen Höhenmetern auf uns ⓬.

Auch hier befindet sich der weitere Pfad links, nahezu in entgegengesetzter Richtung. Nach etwa 340 Metern – unsere Waden- und Oberschenkelmuskulatur brennt schon recht stark – kommen wir zu dem vermutlich schönsten Aussichtspunkt auf dem „Glockersteig". Hier ist eine Panoramabank, von welcher aus wir im Tal eine Biberplattform erkennen sowie den Schambach, welcher wundervoll durch das Tal mäandert ⓭.

Das Schlimmste ist geschafft! Wir folgen dem Pfad in Richtung Osten, und nach 250 Metern geht es rechts hinab ins Tal. Am Rand des Waldes mündet der Waldweg in den festen Forstweg „Lachengrund". Wir gehen rechts, talwärts, weiter. Schon bald mündet der Weg in die Straße und wir erkennen nach 200 Metern links unseren Ausgangspunkt. Eine wunderschöne, aber auch anstrengende Wanderung hat ihr Ende gefunden.

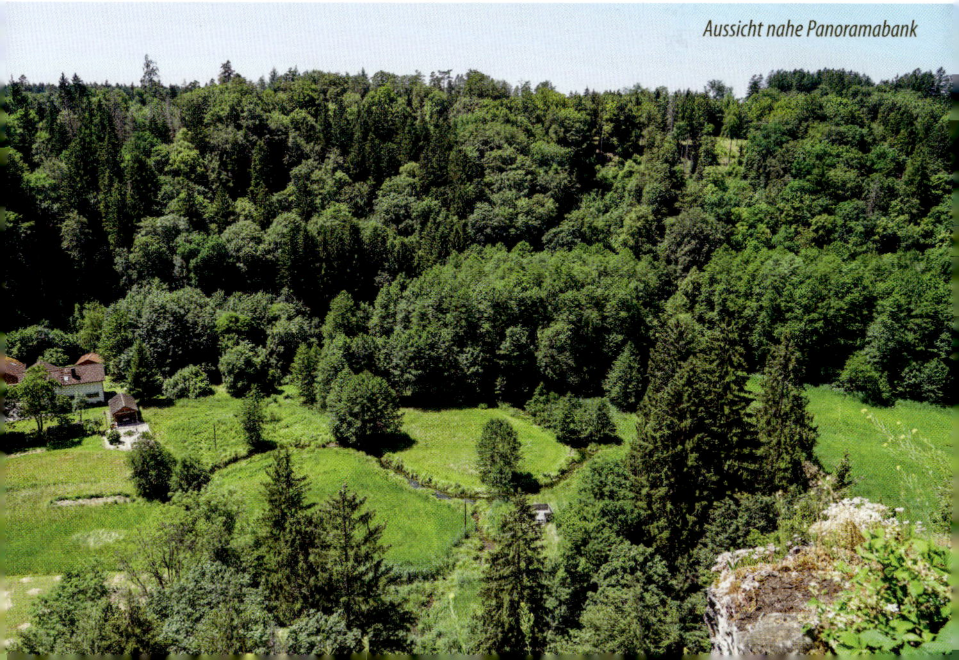

Aussicht nahe Panoramabank

PFALZPAINT

Magerrasen, Wacholderheide, Wald und Panorama

TOUR 14

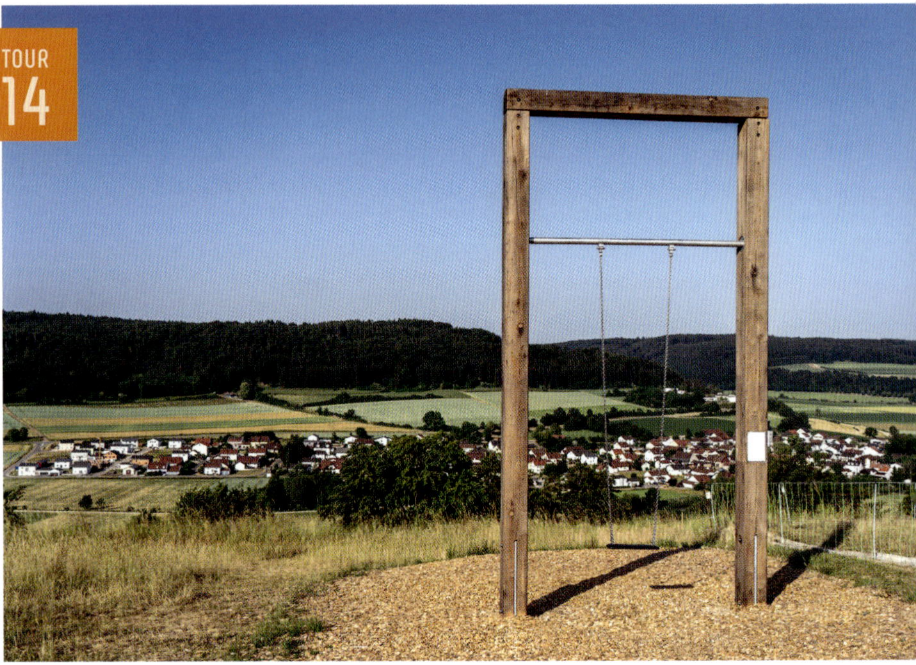

Start/Ziel: Kostenloser Parkplatz auf der Altmühlstraße am Ortsausgang von Pfalzpaint in Richtung Isenbrunn
Navi: Altmühlstraße, 85137 Pfalzpaint
Koordi.: N 48° 56' 7.764 E 11° 19' 30.4068

Himmelsschaukel – Wohlfühlpfad Altmühlleiten – Mariä Himmelfahrt – Pfarrer-Bierschneider-Weg – Gungoldinger Wacholderheide – Startplatz Böhming – Altmühltal-Panoramaweg

Gute Grundkondition und Trittsicherheit erforderlich; kurze Wegstücke auf Asphalt, aber überwiegend Pfade/ und Wege auf naturbelassenem, losem Untergrund oder Kies, stellenweise alpines Gelände.

Schmetterlingsweg Kipfenberg 2 (blau-gelb); Walting 5 (Wohlfühlpfad Altmühlleiten); Walting 10 (Schambachtal), (gelb-grün); Altmühltal-Panoramaweg (gelb-rot); Nordic Walking Kipfenberg 1 (grün-weiß); Naturpark Altmühltal 17 (grün-weiß)

Eine wunderschöne, abwechslungsreiche Wanderung für Groß und Klein mit herrlichen Aussichten über das Altmühltal, idyllischen Pfaden durch die Wacholderheide und entlang Hängen mit Magerrasen sowie schattigen Waldpfaden.

Landgasthof „Zum Alten Wirt"
St. Marienstraße 4, 85137 Gungolding
Tel. 08465 173530
www.zum-alten-wirt.com
Öffnungszeiten: siehe online

Foto: Himmelsschaukel

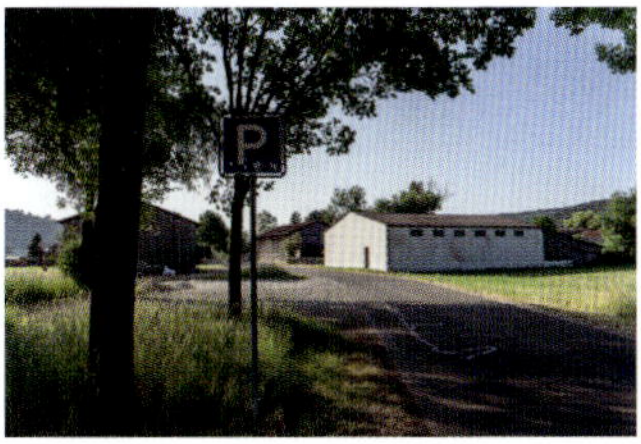

Startrichtung

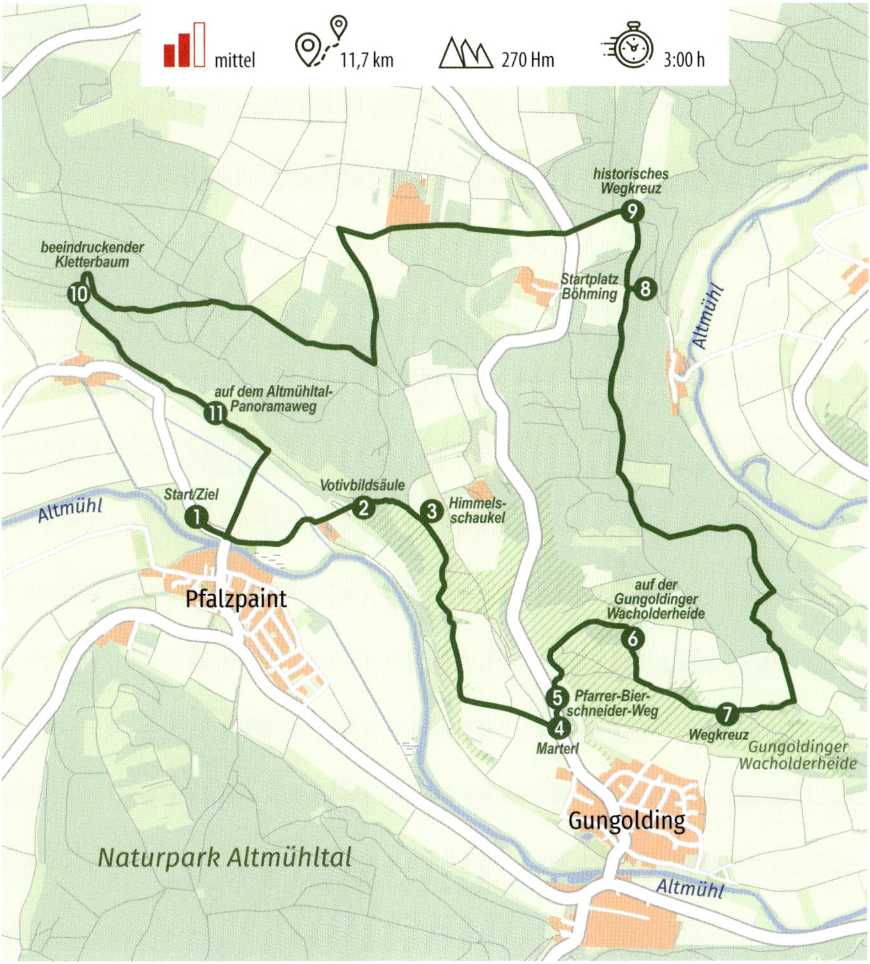

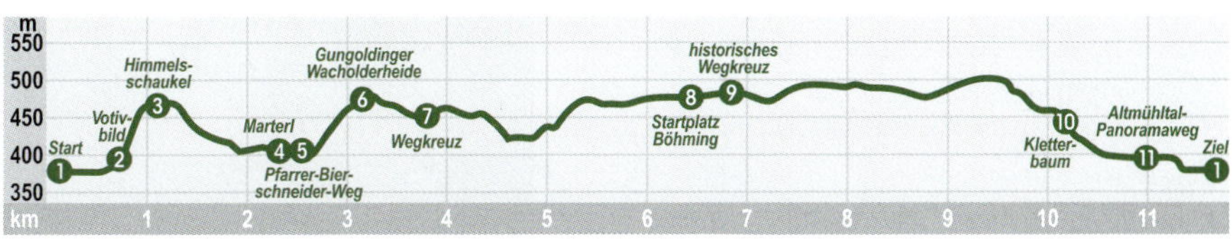

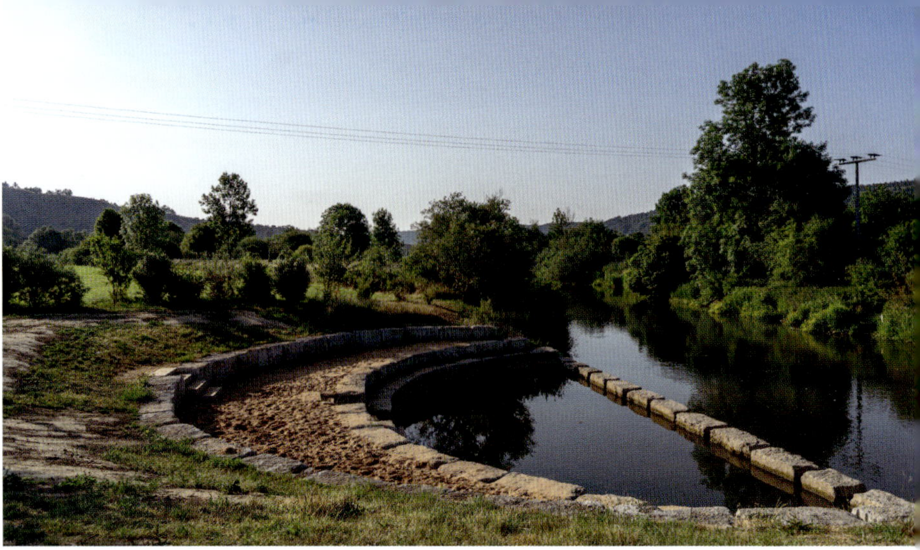

Am Bootanlegeplatz Pfalzpaint

Schon bei der Anfahrt erkennen wir von Weitem die wunderschönen Hänge mit Magerrasen hinter der Altmühl und den Ortschaften Pfalzpaint und Gungolding. Nun wollen wir komplett in die großartige Landschaft des Altmühltals eintauchen und parken am Ortsausgang von Pfalzpaint in Richtung Isenbrunn ❶.
Von dort aus gehen wir wieder 100 Meter zurück, östlich in Richtung Ortsmitte, und gehen an der Kreuzung entlang der Altmühl auf dem Asphalt geradeaus weiter in Richtung Kipfenberg/ Gungolding. Hier befinden sich nicht nur malerische Sonnenliegen und ein großes Insektenhotel, sondern auch ein Anlegeplatz zum Bootwandern. Nach 430 Metern kommen wir zu einer Y-Gabelung. Hier lassen wir das Wegkreuz und die Infotafel zum „Naturschutzgroßprojekt Altmühlleiten" rechts liegen und spazieren links weiter den leichten Anstieg hoch in Richtung Waldgebiet. Nach weiteren 140 Metern passieren wir eine beeindruckende, steinerne Säule mit farbenprächtigen Votivbildern ❷.
Ein paar Meter weiter endet endlich die asphaltierte Straße. Vor einer Sitzgruppe finden wir einen verästelten Baum, an welchem sich der Wegweiser „Walting 10" befindet. Exakt dahinter erkennen wir einen schmalen Trampelpfad, welcher steil den Hang hochführt. Diesen wählen wir und wärmen so unsere Wadenmuskulatur auf. Der verwunschene Pfad windet sich entlang der mit Magerrasen bewachsenen Hängen hoch, bis er nach etwa 300 Metern in östlicher Peilung in den „Altmühltal-Panoramaweg" mündet. Während des Aufstiegs konnten wir bereits ein wunderschönes Panorama zurück nach Pfalzpaint genießen. Wir halten uns gemäß den Hinweisen rechts und befinden uns bereits mitten in den Hängen, die wir von der Straße aus erkannt

Votivbildsäule

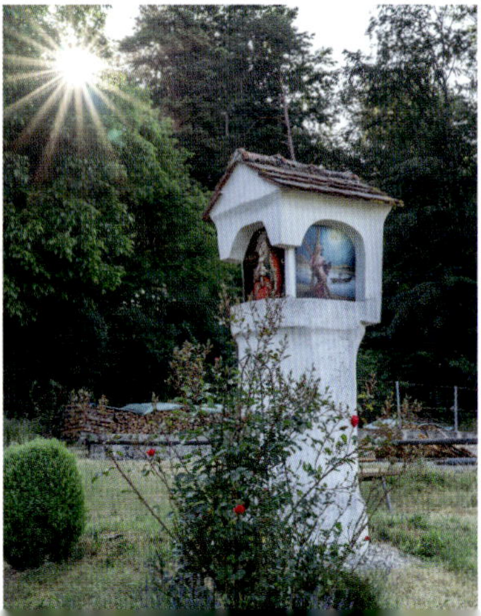

haben. Bis nach Gungolding schlendern wir auf dem „Wohlfühlpfad Altmühlleiten". Kurz darauf wird unsere Aufmerksamkeit auf ein großes Objekt links vom Pfad gelenkt. Schließlich erkennen wir, dass es sich um eine große Panoramaschaukel hoch über dem Altmühltal handelt (3).

Wir folgen weiterhin dem Panoramaweg, welcher sich als schmaler Trampelpfad auf Magerrasen idyllisch über die Wacholderheide schlängelt. Gerade auf diesem Wegstück bis zur Kirche „Mariä Himmelfahrt" gibt es für Kinder besonders viele Dinge zu entdecken. Immer wieder passieren wir auch Sitzbänke, die zum Verweilen und zum Genießen der Aussicht über das malerische Altmühltal einladen. Es geht stetig in südlicher Richtung talwärts. Nach etwa 650 Metern kommen wir an einem hölzernen Fernrohr vorbei. In der Ferne erkennen wir nicht nur Pfalzpaint, sondern auch Isenbrunn und Rieshofen. Man hat das Gefühl, das Altmühltal liegt einem in seiner Schönheit zu Füßen. Schließlich verbreitert sich der Pfad zu einem Wiesenweg und wandelt sich nach einer Linkskurve zu einem Feldweg. Wir spazieren geradewegs ostwärts auf die Kirche „Mariä Himmelfahrt" bei Gungolding zu. Vor dem Gotteshaus kommen wir an einem hölzernen Marterl vorbei und überqueren die Straße links (4).

Nach wenigen Metern folgen wir weiterhin dem „Altmühltal-Panoramaweg" auf den Parkplatz des Friedhofs. Hier finden wir links, am oberen Ende, ein hölzernes Schild, auf welchem „Pfarrer-Bierschneider-Weg" eingraviert ist (5).

Wir folgen diesem, welcher zugleich weiterhin der Panoramaweg ist, in Richtung „Arnsberg/Kipfenberg". Es handelt sich wieder um einen idyllischen Pfad, welcher sich entlang der „Wacholderheide Gungolding" nach und nach in nördlicher Richtung den Hang hochwindet. Dank der Beschilderung kann man sich nicht verirren. Oben angekommen spazieren wir zwischen großen, ausladenden Bäumen hindurch. Hier finden wir zusätzlich den Hinweis „10" (6).

Nach einer weiteren Linksbiegung zweigt der Pfad des „Altmühltal-Panoramawegs" rechts ab. Diesem folgen wir und können uns ein paar Meter weiter auf einer idyllischen Sitzbank ausruhen und dabei die Aussicht über das Tal bei Gungolding genießen. Nach etwa 350 Metern endet der Wiesenpfad an einer schmalen Teerstraße. Hier

Pfarrer-Bierschneider-Weg

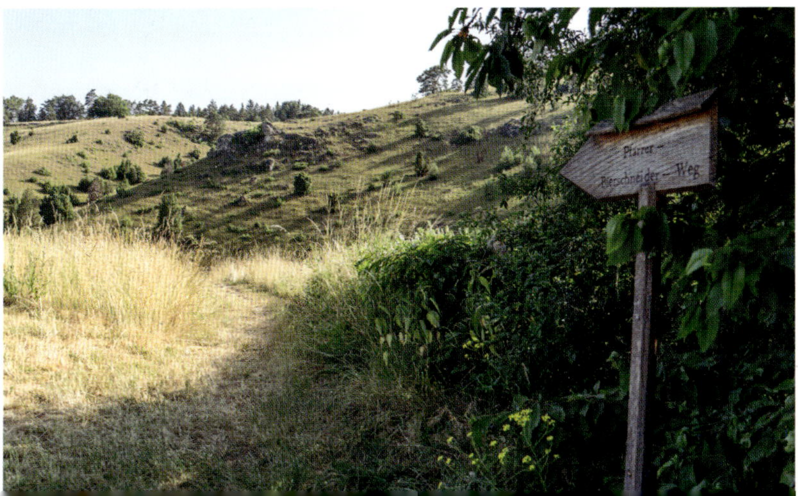

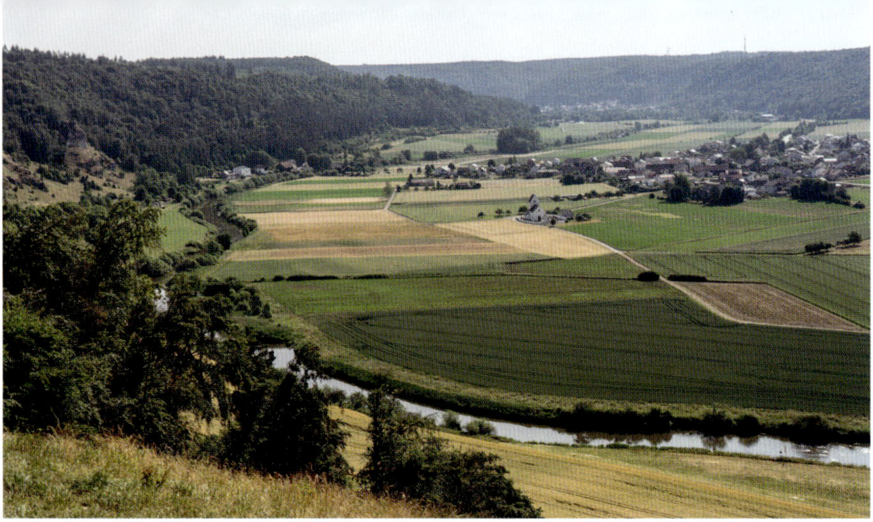

Aussicht Startplatz Böhming

wenden wir uns nach links. Während der „Altmühltal-Panoramaweg" nach ungefähr 70 Metern nach rechts abzweigt, gehen wir auf dem Asphalt noch ein Stück weiter. Kurz darauf passieren wir rechts ein etwa 2 Meter hohes, schwarzes Kruzifix 7.

Wir verlassen die schmale Straße nach 200 Metern. In der Ferne erkennen wir, je nach der Dichte der Vegetation, die „Arnsberger Leite". Hier zweigt links ein gerader Feldweg in nördlicher Richtung ab. Diesen wählen wir. Der Wiesenweg führt uns nach 240 Metern geradewegs in den Wald hinein. Ab jetzt beginnt der Abschnitt „Waldbaden". Jetzt lohnt sich ein Blick auf das GPS-Gerät. Nun gehen wir auf naturbelassenem, losem Untergrund. Nach etwa 160 Metern kommen wir an eine unübersichtliche Kreuzung. Unser Waldpfad zweigt scharf nach rechts ab und ist im Sommer teilweise mit Brennnesseln bewachsen. Wir bewegen uns talwärts und erreichen nach 140 Metern wieder einen offiziellen Wanderweg. Dieser ist markiert mit der „2" für den „Schmetterlingsweg" und der „1" des „Nordic Walking Kipfenberg". Wir folgen den Hinweisen links auf dem Waldboden, erst nördlich und dann westlich, und gelangen nach knapp 800 Metern auf einen geschotterten Forstweg. Da wir unseren beiden Hinweisen treu bleiben, spazieren wir nach rechts weiter, und zwar relativ kerzengerade durch den Wald in Richtung Norden. Nach ziemlich genau einem Kilometer erkennen wir rechts eine interessante freie Fläche. Es handelt sich um den „Startplatz Böhming" des „Drachenfliegerclubs Ingolstadt". Die Aussicht am Abhang über die Ortschaft Böhming bis nach Kipfenberg ist gigantisch 8.

Wir bleiben weiterhin den beiden Wegmarkierungen treu und schlendern auf dem unbefestigten Waldweg noch ein Stück im Schatten der Bäume geradeaus weiter. Nach 200 Metern kommen wir, mittlerweile auf einem Feldweg, an einer Infotafel vorbei. Kurz darauf finden wir links einen prächtigen Baum mit einem kleinen, historischen Wegkreuz 9.

An dieser Stelle biegen wir auf den Feldweg nach links und erreichen kurz darauf die Straße „St 2336" nahe der Ortschaft Ziegelhof. Nachdem wir die Straße überquert haben, geht es westwärts auf dem geschotterten Feldweg geradeaus weiter. Nach 350 Metern, am Ende des Feldes, spazieren wir auf unbefestigtem Waldweg geradeaus weiter. Am Ende des Waldwegs haben wir wieder einen festen Feldweg unter unseren Sohlen. Nach 450 Metern erreichen wir einen Schotterweg. Dieser ist mit dem „Altmühltal-Panoramaweg“ markiert. Hier geht es nach links, in Richtung einer Holzhütte, weiter. An dieser Stelle stoßen wir auf die Wegmarkierung „17“. Ungefähr nach 100 Metern im Wald zweigt rechts ein Waldweg ab. Diesen wählen wir und halten uns sofort links, um auf dem breiten Weg in südlicher Richtung für 200 Meter bis zur nächsten Kreuzung weiterzugehen. Nun orientieren wir uns scharf nach rechts auf einen breiten, unbefestigten Forstweg in westlicher Richtung. Nach ungefähr 500 Metern kommen wir an den Rand des Waldes und schlendern auf dem Feldweg geradeaus weiter für 130 Meter. Dann geht es wieder in den Schatten der Bäume hinein. Achtung: knifflige Abzweigung voraus. Ein Blick auf das GPS-Gerät ist sinnvoll. Nach 170 Metern finden wir links am Wegesrand an einer unübersichtlichen Weggabelung einen etwa 2,50 Meter hohen Baumstumpf. Hier gehen wir links weiter auf dem Waldpfad in Richtung Westen. Nach 400 Metern mündet in unseren stetig abfallenden Waldpfad ein weiterer Weg von links herauf. Wir bleiben auf unserem Pfad, welcher sich rechts um den Hang windet. Nach weiteren 220 Metern vollzieht unser Waldweg eine U-Kehre, die uns immer weiter hinab ins Tal bringt. Nach 100 Metern passieren wir links einen eindrucksvollen, stark verästelten Baum ⑩.

Zwischen den Sträuchern und Ästen hat man immer wieder herrliche Aussichten nach Isenbrunn mit dem Turm der Kirche „St. Laurentius“ und das dahinter liegende Altmühltal. Wenig später zweigt links der „Altmühltal-Panoramaweg“ ab. Nun befinden wir uns wieder auf einem schmalen, verwunschenen Pfad, welcher in südwestlicher Richtung an den mit Magerrasen bewachsenen Hängen entlangführt. In der Ferne erkennen wir bereits Pfalzpaint. Nach etwa 600 Metern erkennen wir links oberhalb von uns ein beeindruckendes Felsmassiv ⑪.

Kurz darauf erkennen wir rechts einen schnurgeraden Feldweg, welcher geradewegs in südlicher Richtung auf den Kirchturm von „St. Andreas“ in Pfalzpaint zu führen scheint. Ebenso erkennen wir eine Lücke zwischen der Hecke am Fuße des Hangs nach der zweiten Sitzbank rechts. Diese wählen wir und erreichen nach 400 Metern die bekannte „Altmühlstraße“ und können rechts unsere Panoramatour beenden.

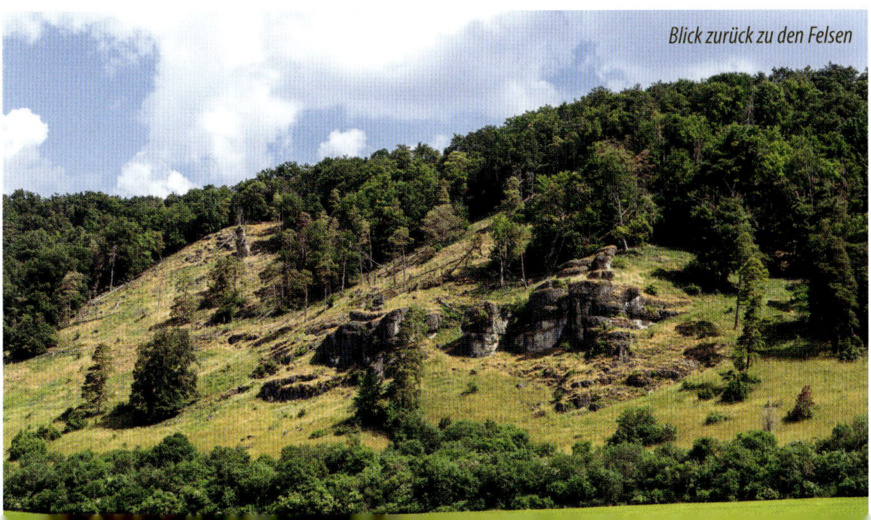

Blick zurück zu den Felsen

RIEDENBURG

Abenteuer auf dem Drei-Burgen Steig über den Speckelsberg

TOUR 15

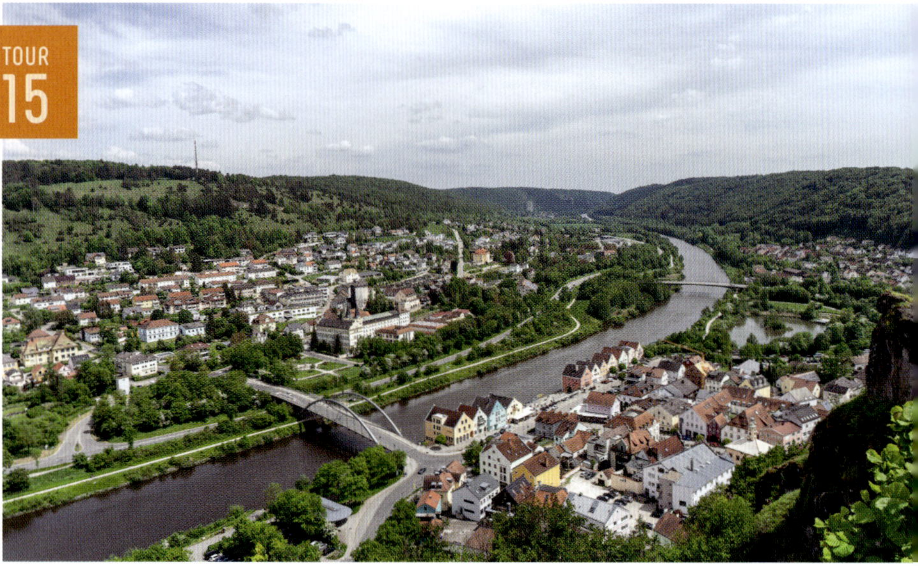

Offizieller Parkplatz rechts vor der Falknerei/Falkenhof/Schloss Rosenburg (ca. 400 Meter vor dem Schloss)
Navi: Falkenhof Schloss Rosenburg, Schloßweg 7, 93339 Riedenburg
Koordi.: N 48° 57' 34.0236 E 11° 40' 39.6984

Rosenburg – Ruine Rabenstein – Ruinen Tachenstein – Kreuzfelsen – Katzensteig – Jägerfelsen – Altmühlbob – Speckelsberg – 12 Apostel

Eine schwere Wanderung, die eine gute Grundkondition erfordert, da durchaus Steigungen zu bewältigen sind; auf überwiegend idyllischen Waldpfaden und Steigen ist Trittsicherheit erforderlich; die Runde hat nahezu keinen Asphalt (nur am Ende), meist naturbelassener, loser Untergrund oder Kies; oftmals auf unmarkierten Wegen; GPX-Track auf einem Gerät ist.

Schlaufenweg Schambachtal 24 (gelb-blau); Naturpark Altmühltal 1; Drei-Burgen-Steig (grün-gelb); Naturpark Altmühltal Riedenburg 6; Altmühltal-Panoramaweg

Eine Runde nahezu ohne Asphalt auf idyllischen Waldpfaden und Steigen auf dem Drei-Burgen-Steig und Katzensteig zu Ruinen und Felsen rund um den Speckelsberg .

Gasthaus & Hotel Schwan Riedenburg
Am Marktplatz 5, 93339 Riedenburg
Tel. 09442 1272
www.schwan-riedenburg.de

Burgkeller Schloss Rosenburg
Schloßweg 7, 93339 Riedenburg
Tel. 09442 9219562
www.falkenhof-rosenburg.de/burgkeller

 Foto: Panorama Riedenburg

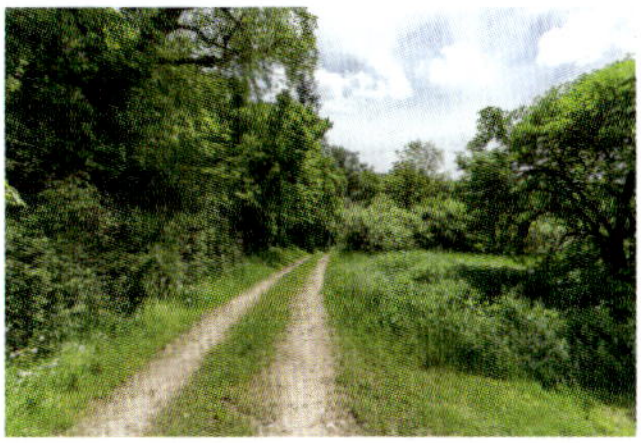

Startrichtung

schwer | 9,9 km | 330 Hm | 3:00 h

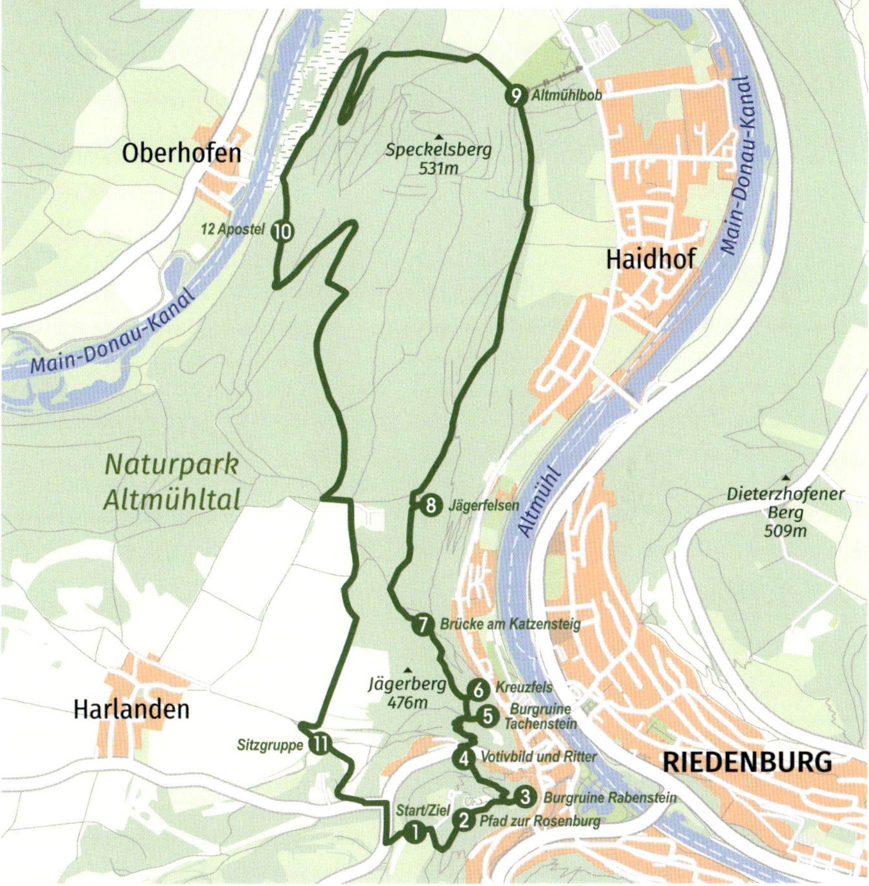

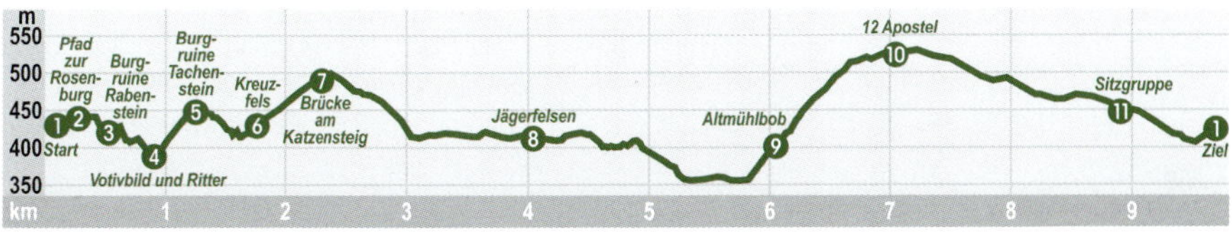

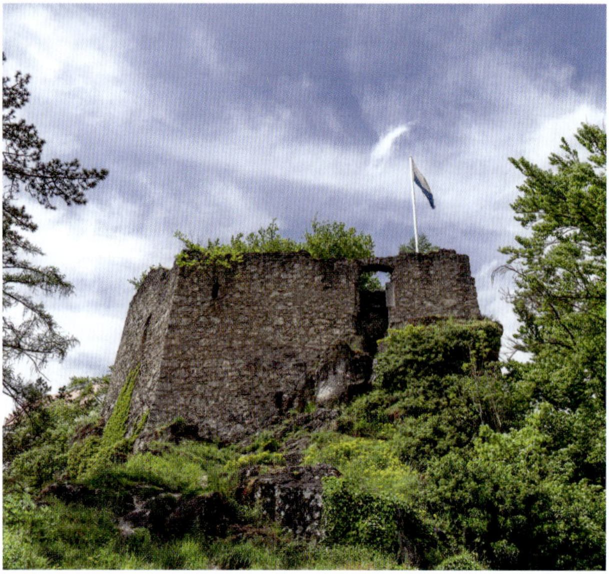

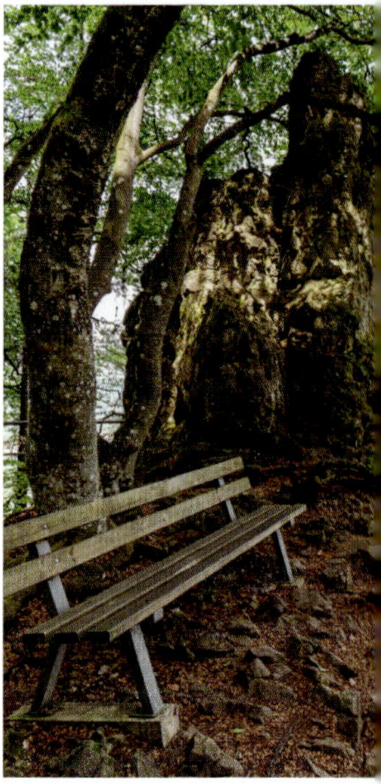

Turm der Ruine Burg Rabenstein

Diese Runde ist perfekt für große und kleine Abenteuer. Sie besteht überwiegend aus mystischen Trampelpfaden und Steigen, welche weitestgehend unmarkiert sind. Wir parken ein paar Meter vor der Falknerei bei dem Schloss Rosenburg und werden schon beim Aussteigen vom Auto mit Vogelgeschrei begrüßt. Den Besuch dieser Attraktion heben wir uns für unsere Ankunft auf, ebenso die Einkehr im Burgkeller. Am Durchfahrtsverbotsschild für Autos und Motorräder wenden wir uns nach rechts auf den Feldweg und erkennen die Markierung „Schlaufenweg Schambachtal 24" ❶.

Nach wenigen Metern halten wir uns links und gehen kurz darauf erneut links, gemäß dem Hinweis „1" zur „Rosenburg – Rabenstein", und verlassen die „24". Sogleich bewegen wir uns auf einem verwunschenen Trampelpfad am Hang entlang. Teilweise ist der Pfad mit einem Geländer gesichert, und man kann hinabblicken nach Riedenburg ❷.

Nach etwa 200 Metern thront links über uns das Schloss Rosenburg. Wir gehen weiter auf dem „Drei-Burgen-Steig" in Richtung der Ruine Rabenstein, welche mystisch sich vor uns auftürmt. Hier kommen Abenteurer und Entdecker auf ihre Kosten. Das Betreten ist auf eigene Gefahr. Es lohnt sich, die wenigen Meter nach vorne zu gehen, denn man wird mit einer herrlichen Aussicht über Riedenburg und das Altmühltal belohnt ❸.

Wir gehen wieder zurück und halten uns auf dem „Drei-Burgen-Steig" rechts. Nach ein paar Metern im Zickzackkurs hinab gabelt sich der Weg: Die Treppenstufen links sehen zwar verlockend aus, doch der Weg ist wegen umgefallener Bäume nicht passierbar. Doch unmittelbar unterhalb gabelt sich erneut der Weg. Hier halten wir uns links am Hang entlang auf dem schmalen Trampelpfad. Nach einer Mauer erkennen wir den Hinweis „Tachenstein 1", unser nächstes Etappenziel. Schon bald wandern wir hinab in Richtung Straße. Kurz vorher steht links am Wegesrand ein hölzernes Votivbild ❹.

Wir überqueren die „Burgstraße" und halten uns auf dem „Harlander Steig" rechts in Richtung Obereggersberg. Während der Schotterweg eine Linkskurve macht, wählen wir den schmalen

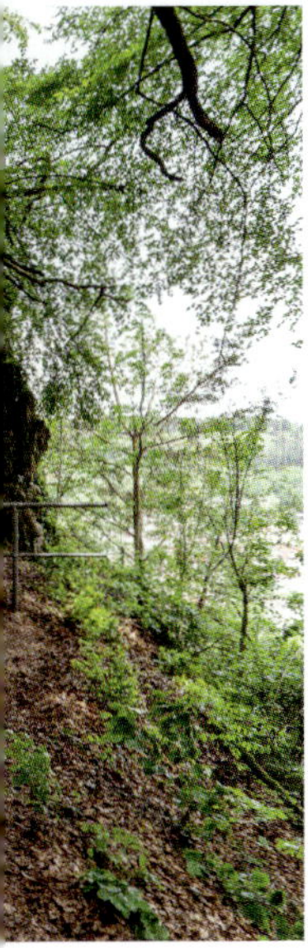

Kreuzfelsen

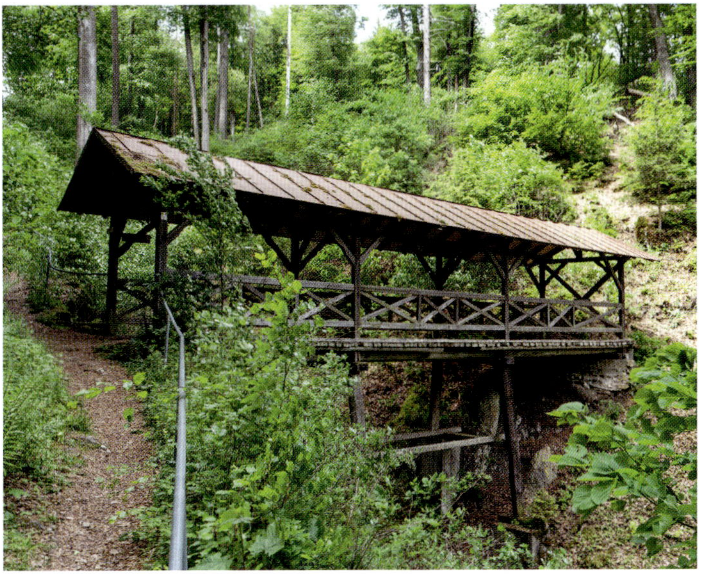

Brücke am Katzensteig

Trampelpfad geradeaus in das Landschaftsschutzgebiet gemäß dem Hinweis „Ruine Tachenstein". Jetzt folgt der erste Aufstieg dieser Wanderung, denn der Steig windet sich in einigen Kehren hoch zur Ruine. Die Mauerreste türmen sich wie ein Ungetüm aus einem Mittelalterkrimi vor uns auf. Auch hier lohnt es sich wieder, ein Stück weiterzugehen und sich nicht nur das Areal anzusehen, sondern auch das wunderbare Panorama über das Altmühltal und die Stadt unter uns zu genießen 5.

Wieder zurück halten wir uns auf dem verwunschenen Trampelpfad rechts in Richtung „Kreuzfelsen", welchen wir bereits nach 80 Metern erreichen. Dies ist ein weiteres Highlight für Kletterer und Abenteurer 6.

Unterhalb der Sitzbank geht es auf dem „Rundweg Riedenburg 1" weiter. Der leicht abfallende Pfad bringt uns nach etwa 320 Metern in nördlicher Richtung vorbei an beeindruckenden Felsen an eine Weggabelung. Hier finden wir nicht nur die Wegmarkierung „6", sondern erkennen auch, dass es nach Eggersberg 3 Kilometer sind. Links von uns befindet sich eine eindrucksvolle Holzbrücke. Wir gehen die Steige hinauf und sehen uns das Holzkonstrukt an. Leider können wir sie nicht in Richtung „Mandelberg & Jägerfelsen" überqueren, da die Strecke wegen Sturmschäden gesperrt ist 7.

Aus diesem Grund gehen wir auf dem „Katzensteig" weiter den Hang hinauf in Richtung Obereggersberg. Nach 180 Metern gelangen wir zu einer Weggabelung. Während die Hinweise „6" und „Zum Altmühltal-Panoramaweg" geradeaus weiterführen würden, wählen wir die Abzweigung rechts. Ab jetzt lohnt es sich, einen Blick auf das GPS-Gerät zu werfen und dem GPX-Track zu folgen. Der malerische Waldpfad bringt uns in Richtung Norden, vorbei an einem Baumstumpf, der aussieht, als hätte er links eine Ohrmuschel, nach 325 Metern zum „Jägerfelsen". Er befindet sich ein paar Meter rechts vom Weg. Ein altes Eisengeländer sichert die Plattform 8.

Wir folgen dem Hinweis mit der Aufschrift „Mandelberg" nach rechts. Es geht für 650 Meter leicht abfallend nördlich auf dem schmalen, idyllischen Waldweg am Hang entlang talwärts in Richtung Haidhof-Gundlfing. Unten mündet unser

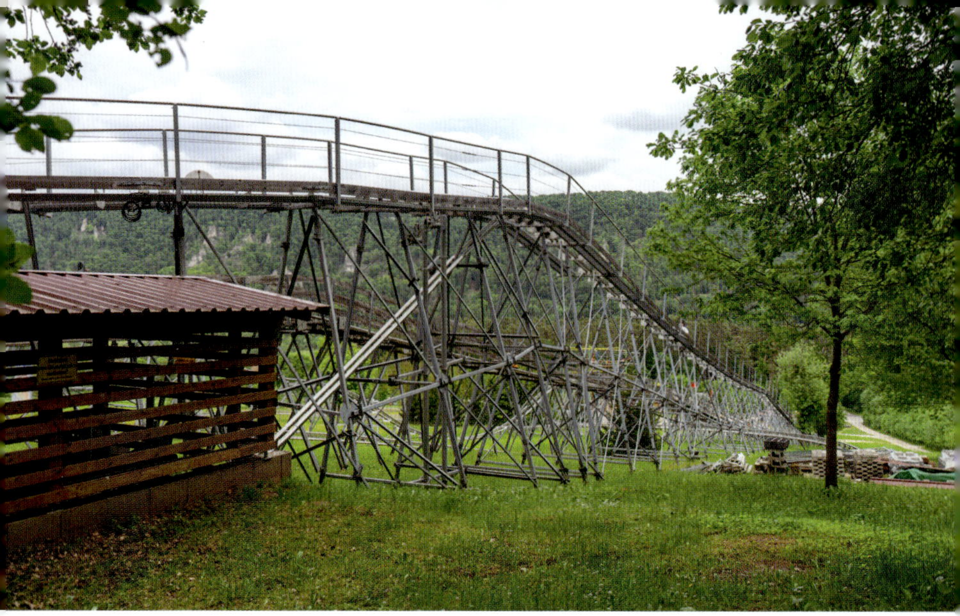

Altmühlbob

Waldweg in einen geschotterten Feldweg. Hier halten wir uns links. Nach 540 Metern würde uns der Forstweg nach rechts hinab ins Tal leiten, doch wir erkennen einen gelben Wegweiser „Naturpark Altmühltal", welcher nach links in den Wald hineinweist. Bereits nach 15 Metern gehen wir nicht den Hang hinauf, sondern wählen den Pfad nach rechts. Schon bald wird der Pfad etwas breiter und unter Umständen aufgrund Waldarbeiten auch mit Spurrillen durchaus tief und holprig. Er bringt uns ans obere Ende des Freizeitgeländes „Altmühlbob". Hier gibt es in den warmen Monaten für Kinder und deren Eltern zahlreiche Möglichkeiten, sich einen Adrenalinkick bei einer rasanten Abfahrt zu holen oder sich kulinarisch zu stärken 9.

Wir gehen geradeaus, links innerhalb des Waldes an dessen Rand weiter. Nach 250 Metern endet unser Weg an einem breiten Forstweg. Hier begeben wir uns links den Hang hoch und wählen nach 35 Metern die erste Abzweigung nach rechts in Richtung Westen. Wir spazieren auf einem geschotterten Waldweg. Nach knapp 300 Metern würde dieser bei einer Kurve nach rechts hinab ins Tal führen, doch wir wählen den Pfad nach links vor einer großen Ansitzvorrichtung und gehen geradeaus weiter in Richtung Süden. Der Waldpfad auf losem Untergrund bringt uns vorbei an mächtigen Felsformationen, während man auf der anderen Seite eine wunderbare Aussicht über den Kanal genießen kann. Nach weiteren 300 Metern mündet unser Weg in einen festen Forstweg. Hier halten wir uns rechts und folgen dem Weg in einer 180-Grad-Kehre hinab ins Tal. Sobald wir beinahe unten angelangt sind, folgt eine weitere Linkskehre, in deren Mitte ein Pfad abzweigt. Doch wir bleiben unserem Weg treu und erreichen kurz darauf den geschotterten Wanderweg am Gundlfinger Altwasser am Main-Donau-Kanal. Auf den nächsten 550 Metern genießen wir auf dem „Altmühltal-Panoramaweg" in südlicher Richtung das maritime Flair entlang des Kanals. Wenige Meter nach dem Teich links, welcher im Frühjahr/Sommer zugewachsen sein kann, zweigt von uns links unverkennbar ein Weg ab, der steil nach oben führt. Er ist markiert mit einem Felsen und einem Vogelhäuschen mit der Nummer 25 an einem Baumstamm darüber.

Diesen wählen wir, auch wenn nun das steilste Stück der Wanderrunde folgt. Auf den nächsten sehr anstrengenden 400 Metern auf dem Forstweg nach oben erkennen wir links von uns hoch erhoben die Felsformation „Zwölf Apostel", die majestätisch über das Tal wachen ⑩.
Dann folgt eine Kehre nach links und es geht weiter steil bergauf. Nach wenigen Metern gabelt sich der Weg. Hier halten wir uns links und steigen weiter hinauf. Nun sind wir komplett off-road unterwegs; deshalb ist der GPX-Track eine hilfreiche Stütze. Schon bald geht eine Abzweigung nach rechts weg, doch auch diese führt ins Nichts, weshalb wir geradeaus weiter in nördlicher Richtung noch oben spazieren, während uns unsere Waden- und Oberschenkelmuskulatur zu verstehen gibt, dass es Zeit wäre, eine Pause einzulegen. Beinahe oben angelangt macht unser Weg eine Rechtsbiegung. Der Pfad geht relativ eben in Richtung Süden an einem Drahtzaun entlang. Nach etwa 250 Metern scheint es, als ob unser Weg im Nirgendwo enden würde. Am Boden erkennen wir einen großen Baumstamm und etwa 30 Meter links erneut eine große Ansitzvorrichtung. Dort finden wir einen festen, fein geschotterten Forstweg. Wir befinden uns nun auf dem „Speckelsberg". Hier spazieren wir nach links in Richtung Süden und erblicken nach 850 Metern nicht nur das Ende des Waldes, sondern kommen auch an eine Kreuzung im Wald, an welcher wir den Hinweis „6" nach Riedenburg finden. Diesem folgen wir nach links auf dem „Katzensteig". Es geht nach rechts weg, vorbei am E-Werk, und wir bleiben auf den folgenden 475 Metern am Waldrand, auch wenn uns die Wanderhinweise in den Forst hineinleiten würden. Dann erreichen wir eine Y-Gabelung. Hier wenden wir uns nach rechts auf den geschotterten Feldweg, welcher geradewegs in südlicher Richtung zwischen zwei Feldern hindurchführt. Nach weiteren 430 Metern folgt eine Kurve nach rechts. Vor uns erblicken wir die Ortschaft Harlanden. So weit wollen wir jedoch nicht, deshalb wählen wir nach 60 Metern die Abzweigung links eine kleine Senke hinab und spazieren auf dem idyllischen Naturweg nach links talwärts weiter. Kurz darauf zweigt der Wanderhinweis „6" links nach Riedenburg ab. Dort finden wir eine Sitzgruppe, auf welcher wir uns ausruhen können. Unserem Wiesenweg bleiben wir danach treu, ignorieren den Wegweiser und gehen geradeaus talwärts ⑪.
Wenige Minuten später endet unser Graspfad an einer schmalen Straße. Hier gehen wir links und erreichen eine T-Kreuzung. Wir wenden uns auf der Straße für 150 Meter nach rechts bis zur Einmündung links zur Rosenburg. Dann erreichen wir unter Vogelgeschrei unseren Ausgangspunkt. Nun haben wir uns die Vorstellung der Falknerei und eine kulinarische Stärkung redlich verdient.

Felsformation Zwölf Apostel

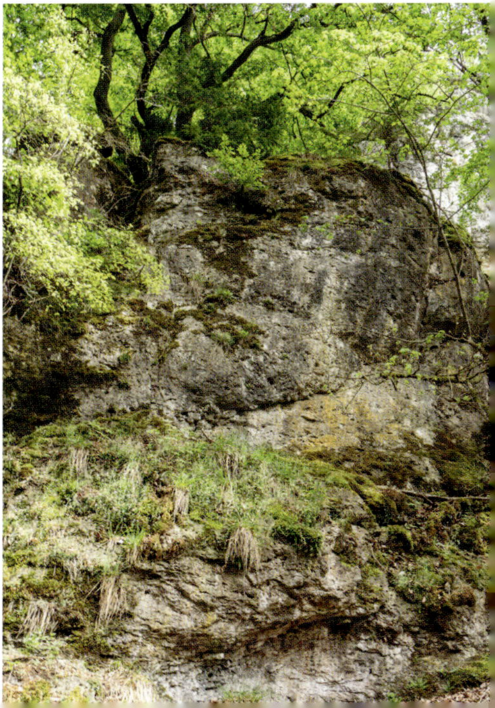

RIEDENBURG – BURG PRUNN

Zwischen Wegkreuz, Marterl und Kapelle hoch zur Burg Prunn

TOUR 16

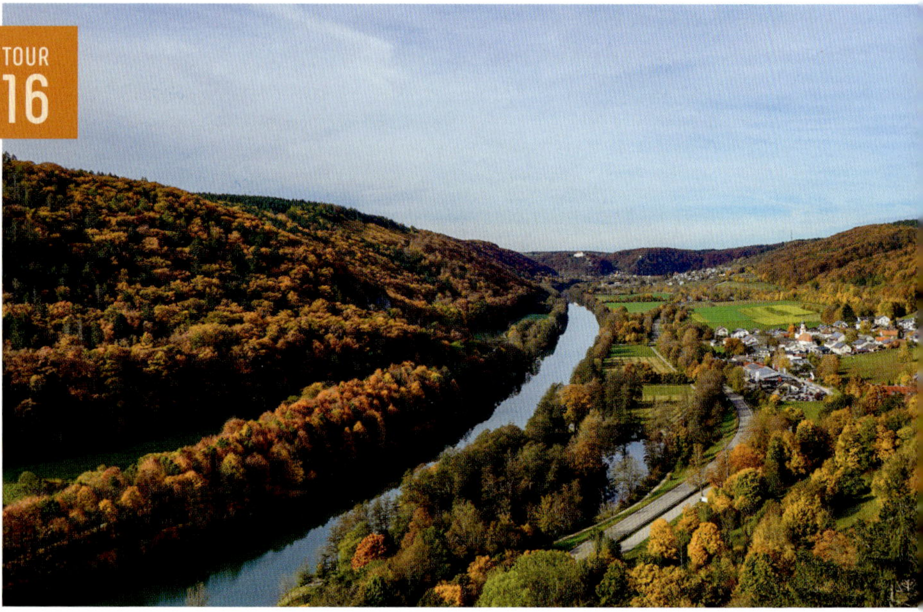

Wanderparkpatz an der Kreisstraße KEH 13 gegenüber der Kreuzung zur Hemauer Straße, von Jachenhausen herabkommend links
Navi: Kreisstraße KEH 13, 93339 Riedenburg
Koordi.: N 48° 57' 44.0388 E 11° 42' 1.8324

Liebesleite – Emmerthal – Prunn – Gedenkstein Oberforstwart Pröls – Aussicht und Kletterfelsen Friedrichsruh – Burg Prunn – St.-Michael-Kapelle – Wetterkreuz – Marterl – Emmerthaler Grund – Esterberg – Schwammerlaussicht

Überwiegend auf schattigen Wanderwegen und schmalen Pfaden, kurze Abschnitte auf Asphalt; Untergrund überwiegend naturbelassen, lose oder Kies; gute Grundkondition und Trittsicherheit erforderlich.

Altmühltal-Panoramaweg Schlaufe 25 Riedenburg (blau-gelb); Altmühltal-Panoramaweg (rot-gelb); Naturpark Altmühltal 13 Emmerthalgrund-Jachenhausen; Naturpark Altmühltal 17 Prunn

Eine längere, durchaus anspruchsvolle, oftmals unmarkierte Runde auf schmalen Pfaden und schattigen Waldwegen, vorbei an einigen Feldkreuzen und Kapellen, von Riedenburg zur Burg Prunn.

Gasthaus & Hotel Schwan Riedenburg
Am Marktplatz 5, 93339 Riedenburg
Tel. 09442 1272
www.schwan-riedenburg.de

El Chalet
Schloßprunn 2, 93339 Riedenburg
Tel. 0176 56991699
www.chalet.eatbu.com

Foto: Blick zur Burg Prunn

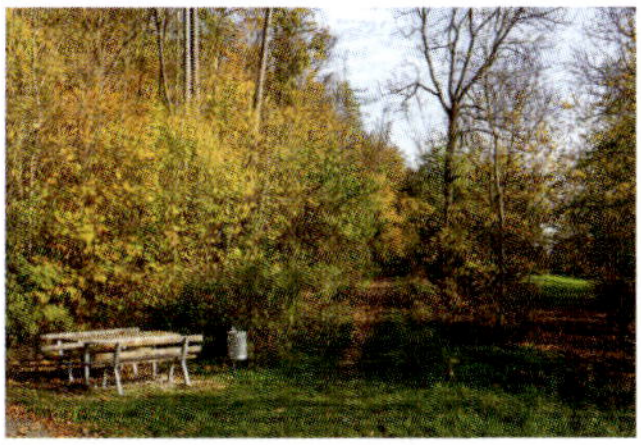

Startrichtung

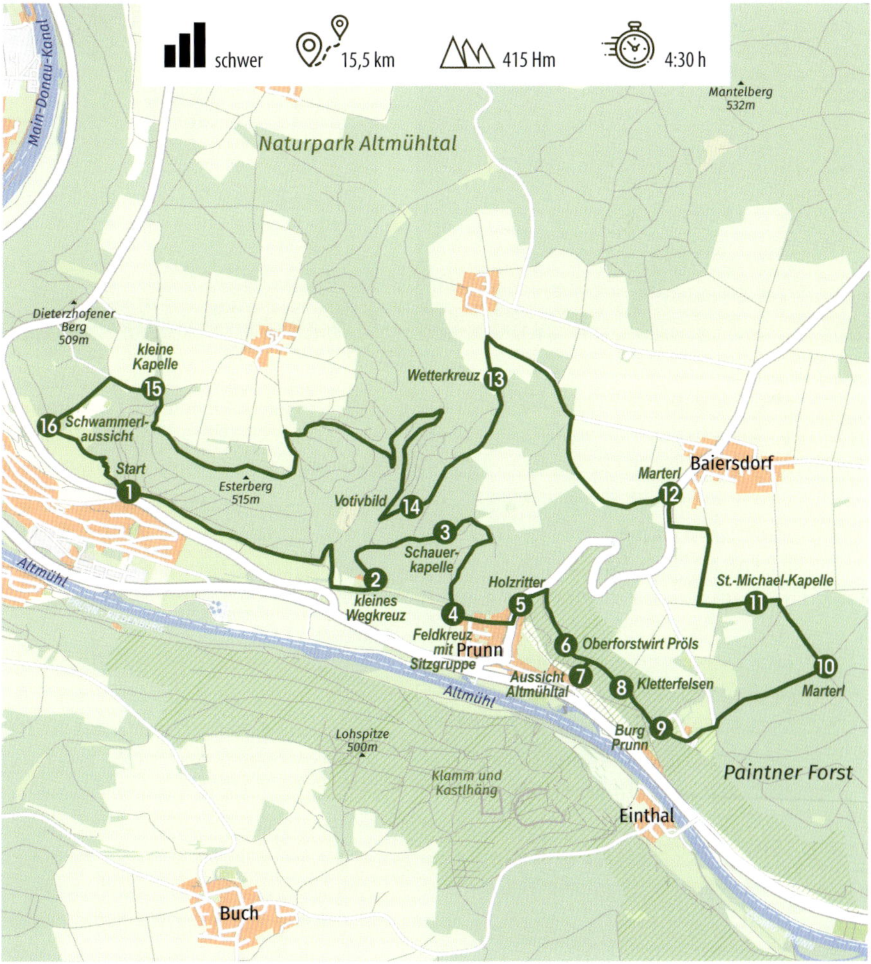

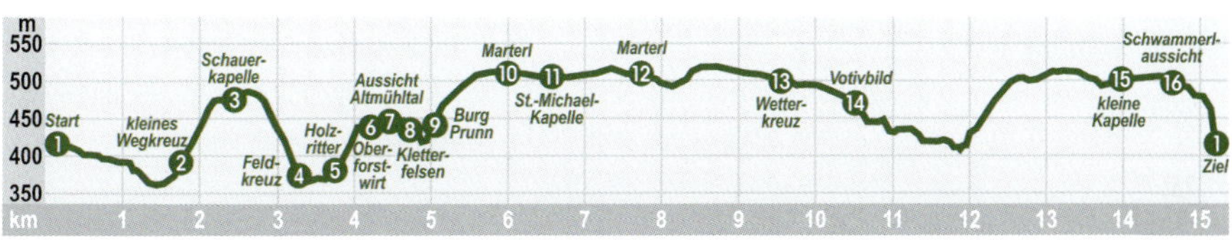

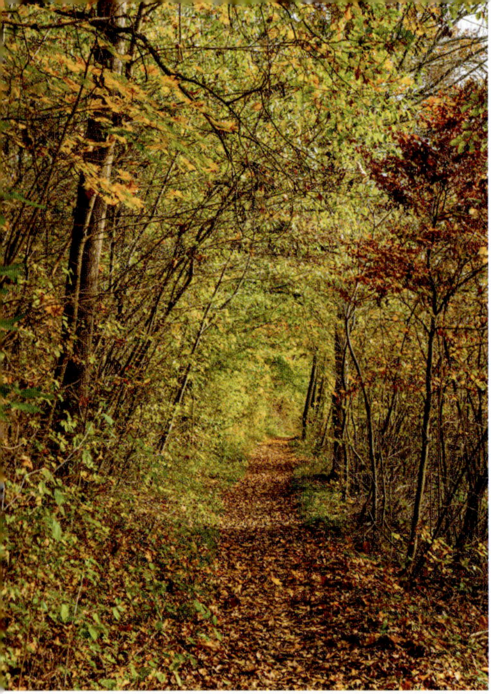

Links: Liebesleite

Unten: Schauerkapelle

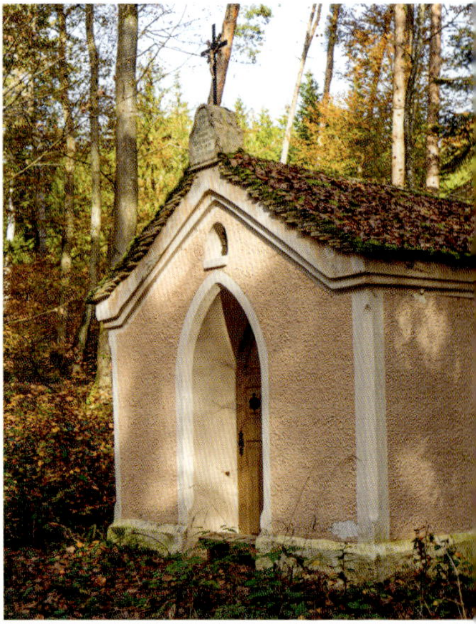

Diese längere, aber sehr abwechslungsreiche Runde beginnt am Wanderparkplatz an der Kreisstraße „KEH 13". Wir halten uns an die schwarz-gelbe Beschilderung in Richtung „Emmerthalgrund – Jachenhausen" bzw. „Prunn" ❶. Die ersten 1100 Meter in südöstlicher Peilung wird es im wahrsten Sinne ›einfach romantisch‹. Wir bewegen uns auf dem schmalen Pfad mit dem schönen Namen „Liebesleite". Zwischendurch erhaschen wir besonders im Frühjahr und Spätherbst bereits einen Blick auf unser großes Etappenziel: die majestätische Burg Prunn. Schließlich gabelt sich an einer hölzernen Bank der Weg. Während die Beschilderung „13" und „17" nach rechts hinabführt, gehen wir auf dem schmalen Steig nach links und orientieren uns für ein kurzes Stück an der blau-gelben „25". Diese mündet kurz darauf in den Wanderweg „Emmerthaler Grund". Wir befinden uns an dessen Endstück und spazieren nach rechts, talwärts weiter. Nach 220 Metern erreichen wir eine kleine Kreuzung. Hier halten wir uns auf dem Schotterweg links in Richtung Prunn bzw. „Zu den Häusern Emmerthal 2 u 3". Während der Wegweiser „17" nach Prunn wenig später nach rechts abzweigt, bleiben wir noch auf dem Weg und machen eine 180-Grad-Kehre. Kurz vor der Hofeinfahrt zweigt rechts ein steiler Waldweg ab. Wir werden begrüßt von einem kleinen Wegkreuz ❷.

Nun folgt der erste steile Anstieg auf losem Waldboden. Nach einer Rechtskurve spaltet sich der Weg in zwei ›halbe Röhren‹. Wir wählen die rechte und setzen den Anstieg in östlicher Richtung fort. Schließlich wird es flacher und der Forstweg breiter. Oben, an einer geschotterten Kreuzung im Wald, halten wir uns rechts. Nach etwa 200 Metern erkennen wir links eine kleine, beschauliche Kapelle, die den mysteriösen Namen „Schauerkapelle" trägt ❸.

Wir gehen weiter durch den Wald und erreichen nach 160 Metern eine Weggabelung. Vor einer großen Ansitzvorrichtung halten wir uns rechts. Ein Schild „Waldweg betreten auf eigene Gefahr"

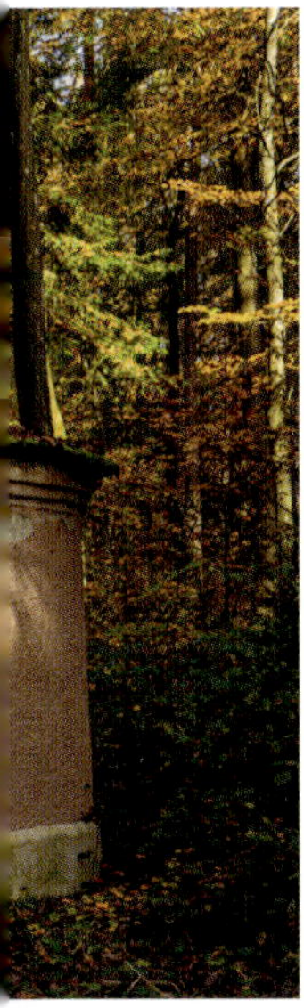

begrüßt uns. Nach weiteren 160 Metern nehmen wir die Abzweigung rechts. Diese kann man zu Beginn leicht übersehen. Der breite Waldweg bringt uns talwärts. Rechts von uns erkennen wir eine große, zerklüftete Doline. Auf den folgenden 500 Metern in südlicher Richtung können die GPS-Daten etwas abweichen. Auf diesem Stück können ein Wanderstock und Trittsicherheit von Vorteil sein. Am Ende des Waldes befinden wir uns nahe der Ortschaft Prunn. Rechts erkennen wir eine Sitzgruppe und ein mächtiges Feldkreuz 4.

Wir orientieren uns links am Hinweis mit der „17" und erreichen über den „Scheibelweg" die „Prunner Bergstraße". Dort geht es gemäß dem Hinweis links hoch in Richtung „Friedrichs-Ruh / Schloss Prunn / Galgental". Auf Höhe des Ortsschildes finden wir rechts einen hölzernen Ritter 5.

Wenige Meter oberhalb zweigt der Hinweis „17" auf einem kleinen, schmalen Trampelpfad nach rechts ab. Der nächste Abschnitt der Wanderung bis zur Burg ist abwechslungsreich und einfach großartig. Doch zuerst folgt der nächste Anstieg: Es geht noch einmal rechtsherum und schließlich wird der Pfad wieder breiter. Schon bald passieren wir eindrucksvolle Felsen und den Gedenkstein für den Oberforstwirt Pröls (1913–1945) 6.

Wir schlendern weiter in südöstlicher Richtung am Hang entlang. Auf den folgenden 150 Metern erhält man an einigen Stellen einen großartigen Blick zur Burg Prunn. Dann könnte man ein paar Meter hinab zu einem Felsvorsprung gehen. Dort unten hat man eine herrliche Aussicht über das Altmühltal und die Ortschaft Prunn in Richtung Riedenburg 7.

Wir gehen wieder zurück und rechts weiter. Sogleich wird der Pfad schmaler und die rechte

Blick zur Burg

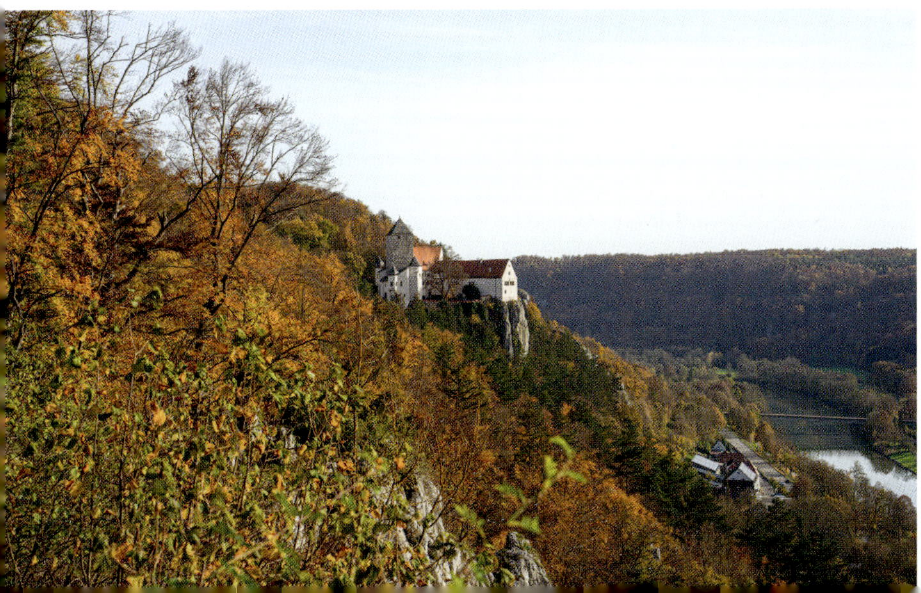

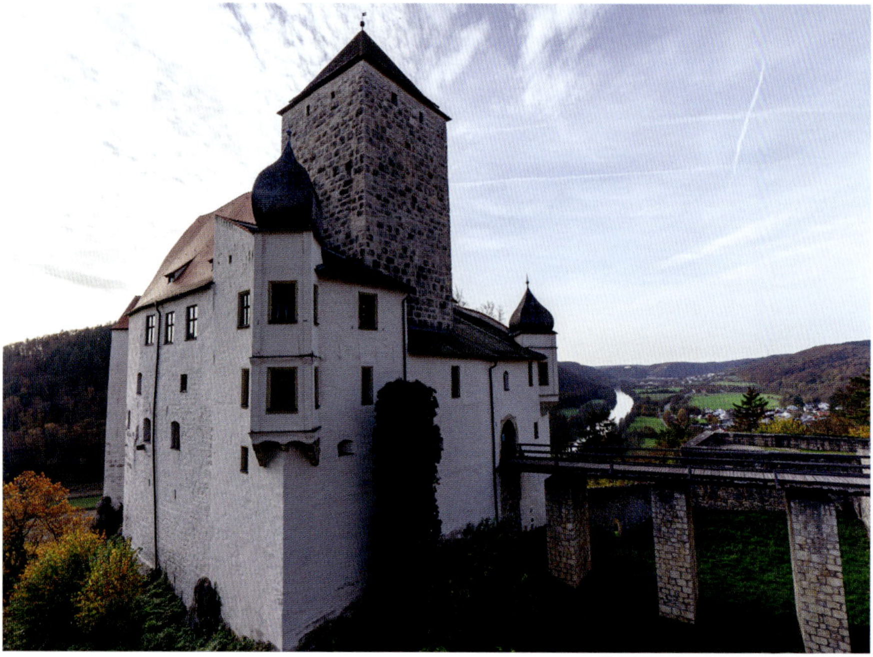

Burg Prunn

Seite wird dominiert von riesigen, steilen Felsen. Hier beginnt das Klettergebiet „Friedrichsruh". Es handelt sich dabei um eine große Grotte mit vielen überhängenden Routen in gehobenen Schwierigkeitsgraden. Von der Art der Kletterei erinnert die „Friedrichsruh" an die fränkische Schweiz 8.

Etwa 100 Meter unterhalb des Burgareals gabelt sich der Weg, doch wir halten uns links. So erreichen wir kurz darauf den prächtigen, mittelalterlichen Gebäudekomplex. Wie das Idealbild einer Ritterburg steht die Burg Prunn auf einem nahezu senkrecht emporragenden Jurafelsen hoch über dem Flusstal der Altmühl. So beeindruckend die Burg von der Ferne aussieht, so begeisternd sind die Blicke von dort auf die sie umgebende Landschaft des Altmühltals. Außerdem wurde dort vor einigen Jahrhunderten die viertälteste vollständige Handschrift des berühmten Nibelungenlieds gefunden 9.

Schließlich verlassen wir das Mittelalter, kehren noch im gegenüberliegenden Lokal ein und gehen gestärkt weiter, und zwar die Stufen in östlicher Richtung hoch zum Parkplatz. Unsere Orientierung ist die bekannte „17" und der „Altmühltal-Panoramaweg". Oben angekommen wenden wir uns nach links in Richtung Einfahrt. Dort marschieren wir auf der Straße noch etwa 150 Meter weiter in Richtung Prunn. An dieser Stelle finden wir einen Schilderbaum. Während die Straße nach links erst ansteigt, dann hinab zur Ortschaft Prunn führt, und zahlreiche Wanderhinweise nach rechts in Richtung Essing und Randeck zeigen, wählen wir die goldene Mitte und gehen auf dem Forstweg hinter den Schildern geradeaus. Ab jetzt ist die Wanderung größtenteils unmarkiert. Nach etwa 160 Metern halten wir uns rechts und schlendern auf losem Untergrund nordöstlich weiter durch den Wald. Im Sommer kann der Waldweg etwas zugewachsen sein. Nach etwa 500 Metern finden wir links am Wegesrand ein hölzernes Marterl. 10.

An dieser Stelle biegen wir nach links ab. Wir wandern nordwestlich durch das „Geißholz" und erreichen nach 380 Metern dessen Ende. Danach gehen wir auf dem geteerten Stück für 50 Meter geradeaus weiter und biegen nach links ab auf den Schotterweg. Während wir rechts die Ortschaft Baiersdorf erblicken, erkennen wir zu unserer Linken die „St. Michael"-Kapelle 11.

Nach 300 Metern nehmen wir den Schotterweg rechts, welcher zwischen zwei Feldern hindurchführt, in Blickrichtung Baiersdorf. Nach 350 Metern wird aus dem Kies eine Teerstraße. Diese verlassen wir aber sofort bei nächster Gelegenheit links auf einen Schotterweg. Nach 200 Metern erreichen wir die Kreisstraße „KEH 16". Der nächste Abschnitt der Wanderung ist leider nicht besonders ansprechend, aber notwendig, um bald wieder in unbekanntes Waldgebiet eintauchen zu können. An der Straße wenden wir uns nach rechts und verlassen sie nach bereits 170 Metern wieder links vor einem Solarpark. An der Abzweigung finden wir rechts ein weiteres, idyllisches Marterl 12.

Nun umrunden wir den Solarpark auf der schmalen Teerstraße. An dessen Ende ist aus dem Teer wieder Kies geworden, und nach etwa 900 Metern erreichen wir wieder Teer. An der Straße wenden wir uns nach rechts und sofort nach etwa 30 Metern auf der Straße nach links. Hier finden wir ein grün-weißes Schild des Radweges. Nach einem kurzen Waldstück erblicken wir die Ortschaft Hattenhofen. Bevor wir die Ortschaft erreichen, verlassen wir endlich die Straße und biegen links auf den Schotterweg in südlicher Richtung. Kurz nachdem wir wieder das Waldgebiet erreicht haben, finden wir links, etwas versteckt hinter einer Baumgruppe, ein majestätisches Wetterkreuz 13.

Wir gehen auf dem relativ geraden, geschotterten Forstweg mit dem Namen „Geisgieblweg" für etwa 800 Meter in südlicher Richtung weiter. Die nächste Abzweigung kann man leicht verpassen. Es lohnt sich deshalb ein Blick auf das GPS-Gerät. Am linken Wegesrand finden wir zwei erhöhte,

Wetterkreuz

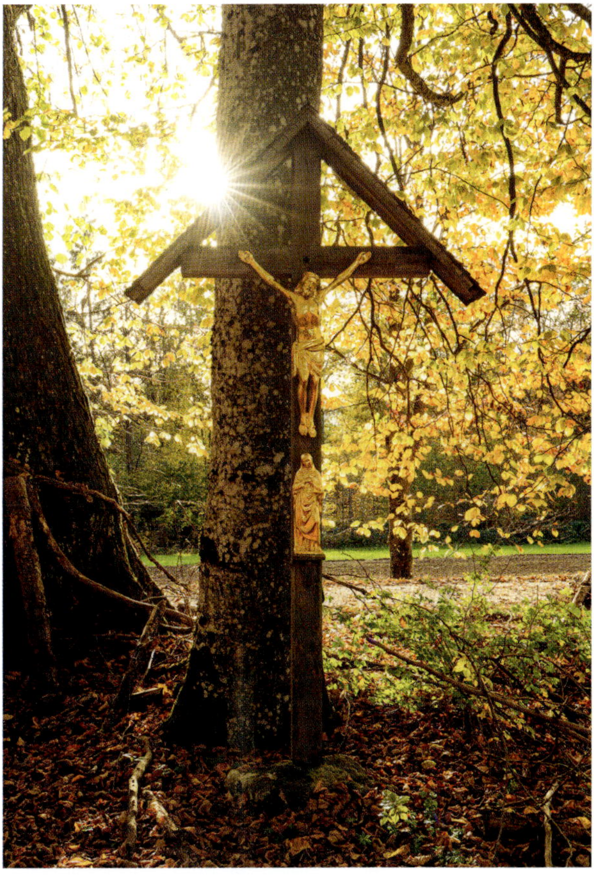

bemooste Baumstümpfe und dazwischen mittig zwei dünne Bäume vor. Gegenüber erkennen wir einen abschüssigen Forstweg. Diesen wählen wir und gehen so nach rechts in Richtung Westen weiter. Nach etwa 80 Metern finden wir rechts am Wegesrand ein einzelnes, verlorenes Votivbild mit der Inschrift „Heilige Maria bitte für uns". An diesem gabelt sich der Weg, doch wir halten uns rechts und schlendern direkt am Votivbild talwärts geradeaus weiter 14.

Schließlich endet unser Weg an einer T-Kreuzung. Wir befinden uns mitten am Hang. An dieser Stelle wenden wir uns nach rechts. Einige Meter links unterhalb von uns erkennen wir den Weg „Emmerthaler Grund". Diesen wollen wir erreichen. Deshalb spazieren wir in Richtung Norden und erreichen nach 190 Metern eine Weggabelung. Wir wählen den linken Pfad, welcher stellenweise recht holprig ist. Der leicht abfallende Waldweg bringt uns nach 550 Metern zum geschotterten Weg „Emmerthaler Grund". Hier hinten ist man ziemlich weit weg vom Schuss, da man vermutlich kein Handynetz vorfindet. Wir biegen scharf nach links ab in südlicher Richtung und finden schon bald den bekannten Wanderhinweis, die blau-gelbe „25". Wir bleiben für 480 Meter auf dem geschotterten Wanderweg. Nun folgt die heikelste Abzweigung, denn sie ist leicht zu übersehen: Ehe der Schotterweg eine Rechtskurve macht, zweigt ein versteckter Pfad nach rechts ab. Ein Blick auf das GPS-Gerät ist ratsam, denn im Sommer findet man an dieser Stelle unter Umständen ein paar Brennnesseln, welche die Einmündung verdecken. In 60 Metern erkennt man als Hinweis einen etwa ein Meter hohen, bemoosten, quaderförmigen Felsen. Es geht ziemlich steil hinauf. Nach etwa 180 Metern mündet unser Pfad in einen breiteren Forstweg. Hier halten wir uns leicht rechts und erkennen zu unserer Rechten eine eindrucksvolle Doline. Wir erreichen deren Ende nach etwa 300 Metern. Hier halten wir uns leicht links und gehen im Prinzip geradeaus weiter. Stellenweise ist der Weg durchaus ›wild‹. Nach 100 Metern scheint der Weg nach einer Gruppe kleiner Nadelbäume zu enden, doch wir steigen durch sie hindurch, und es geht kurz darauf auf einem Waldpfad nach rechts weiter. Wenig später haben wir das Ende des Waldes und vor einer Ansitzvorrichtung einen geschotterten Weg erreicht. Hier biegen wir scharf nach links ab und gehen am Waldrand weiter. Nach einer Rechtsbiegung am Waldrand bleiben wir noch ein Stück auf dem Schotterweg am Waldrand. Nach ungefähr 200 Metern verlassen wir den Schotterweg und halten uns an der Y-Gabelung links auf dem Forstweg in den Wald hinein. Die nächsten

Marterl

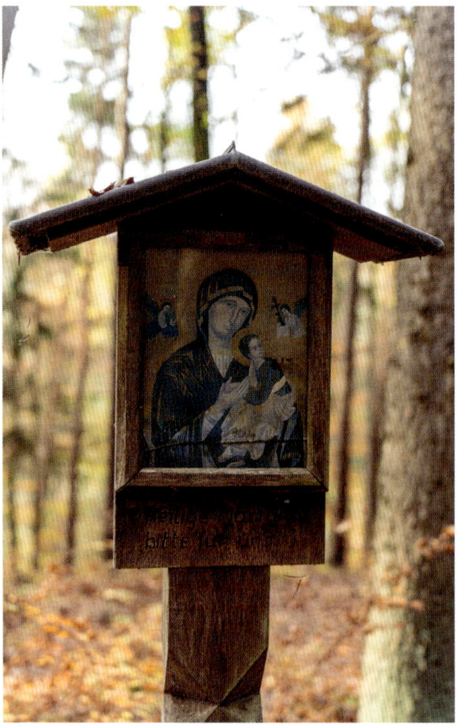

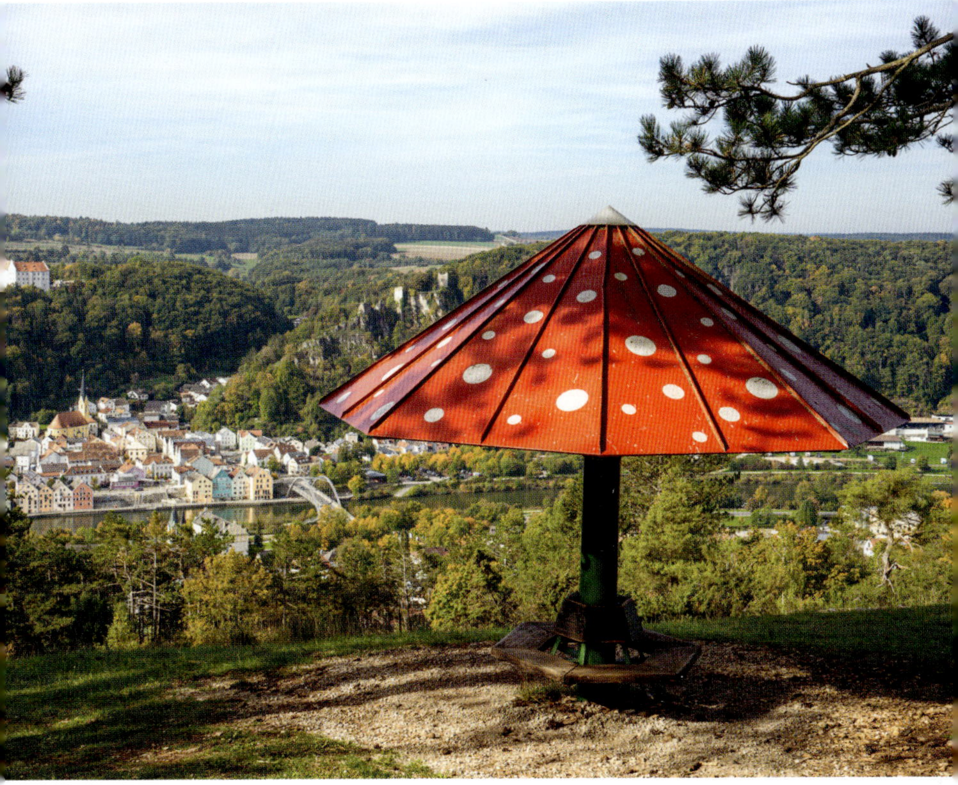

Schwammerlaussicht

850 Meter sind wunderschön auf dem „Esterberg" im Wald. Am Ende des Waldweges wenden wir uns bei einer weiteren Ansitzvorrichtung nach rechts und gehen vor ihr vorbei an den Rand des Waldes. Nach etwa 110 Metern kommen wir an eine Y-Gabelung. Hier orientieren wir uns links und gelangen kurz darauf an einen befestigten, fein geschotterten Weg. Wir gehen zwar nach links weiter, doch erst sehen wir uns rechts von uns eine kleine, beschauliche „Marienkapelle" an ⑮. Hier finden wir auch den Hinweis „Aussichtspunkt Schwammerl/Schullandheim". Nach weiteren 260 Metern gelangen wir an eine Kreuzung. Dort biegen wir den Hinweisen folgend auf die Teerstraße nach links ab. Unser Weg führt uns direkt am Gelände des Schullandheims vorbei. Schließlich erblicken wir vor uns den „Schwammerl". Die Aussicht auf Riedenburg und die wunderschöne Landschaft entlang des Main-Donau-Kanals raubt einem bei schönem Wetter schier den Atem ⑮.

Links vom „Schwammerl" folgen wir unterhalb des Funkmasten der blau-gelben Beschilderung „Riedenburg 25". Der schmale Trampelpfad bringt uns im Zickzackkurs hinab ins Tal, während wir das beeindruckende Panorama auf uns wirken lassen. Nach einer Linkskurve erreichen wir unseren Ausgangspunkt.

ESSING

Viel Waldbaden, viele Felsen, großartige Aussichten, ein Kanal und eine Burg

TOUR 17

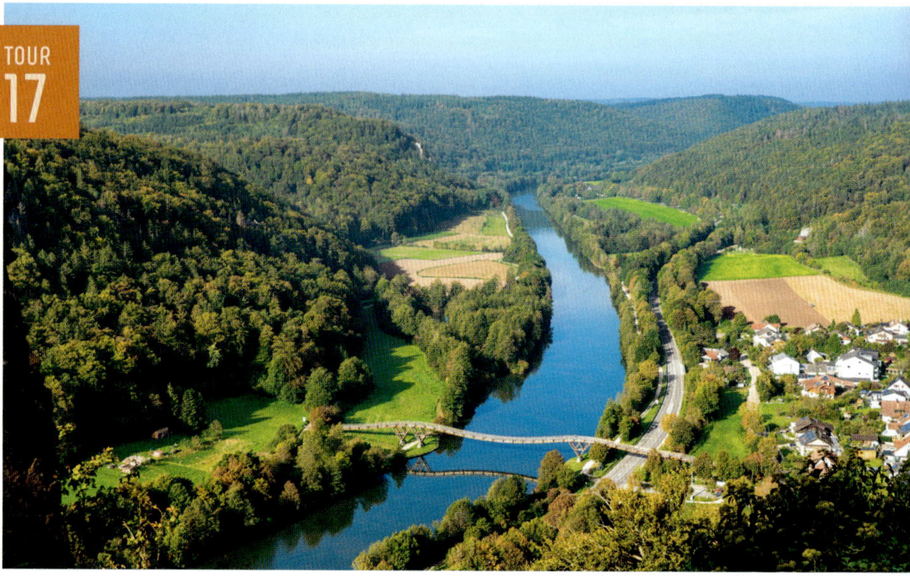

Start/Ziel

Wanderparkpatz an der Stiftstraße in Essing bei der Abbiegung zur Burg Randeck/ Eisensdorf nahe der St 2230; hier ist der Rettungstreffpunkt KEH-1016
Navi: Stiftstraße 28, 93343 Essing
Koordi.: N 48° 55' 49.926 E 11° 47' 48.3468

Essing – Burg Randeck – Aussicht Hehnervoglbuckl – Felsenhäusl – Blautopf – Tatzlwurm – Maifelsen – Klausenhöhlen – Heidenstein

Überwiegend naturbelassener Untergrund oder Kies, in den Ortschaften auf Asphalt; Trittsicherheit und eine gute Grundkondition stellenweise erforderlich.

Altmühltal-Panoramaweg (rot-gelb); Naturpark Altmühltal 23; Natura Trail Schloss Prunn (grün-gelb); Riedenburg 17 (grün-gelb)

Eine mittelschwere Wanderung von Essing hoch zur Burg Randeck, zur großartigen Aussicht Hehnervoglbuckl und durch idyllische Waldwege wieder hinab zum Felsenhäusl, über den Tatzlwurm auf die andere Seite des Kanals, wo unter dem Maifelsen und den Klausenhöhlen kleine und junggebliebende Abenteurer und Höhlenforscher auf ihre Kosten kommen.

Ritterschänke Burg Randeck
Randeck 9, 93343 Essing
Tel. 09447 377
www.ritterschaenke-sturm.de

Gasthof-Pension Ehrl
Schellnecker Str. 29, 93343 Altessing
Tel. 094 47 2 44
www.gasthof-ehrl.de

 Foto: Aussicht von der Burg auf Tatzlwurm

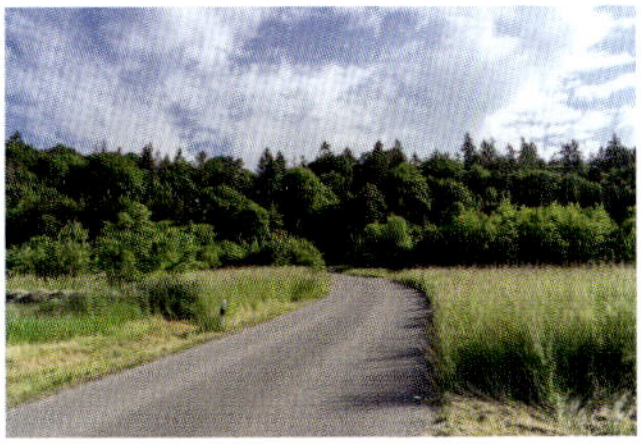

Startrichtung

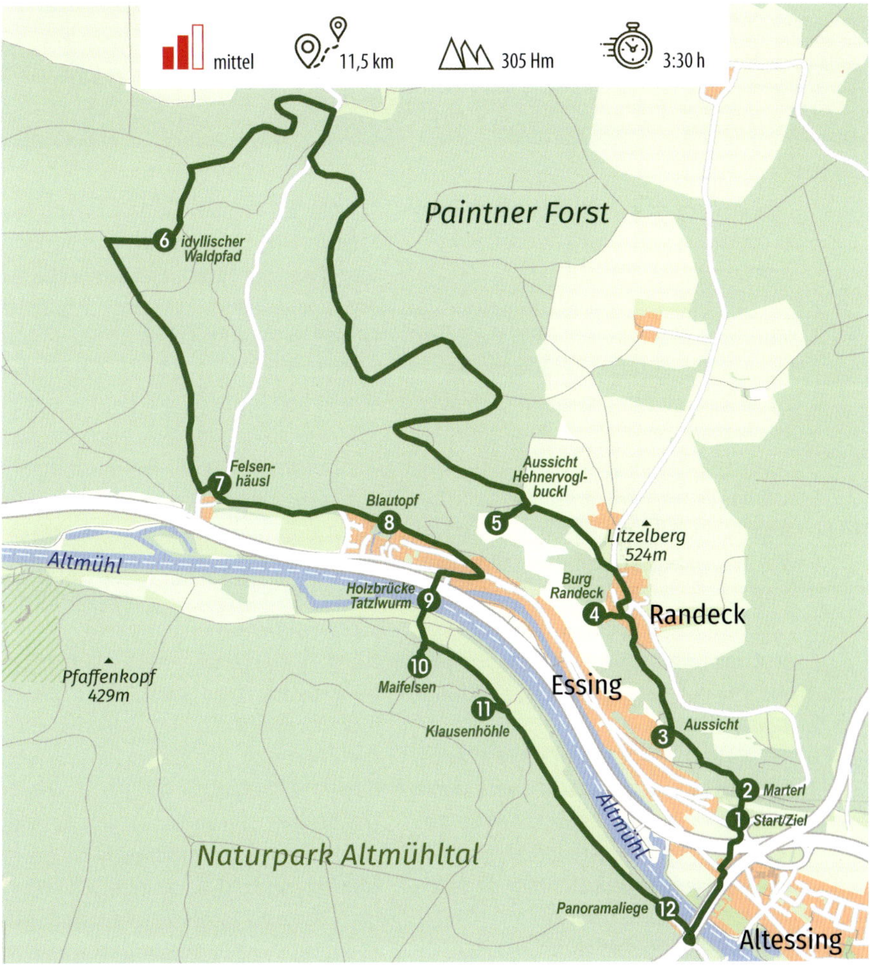

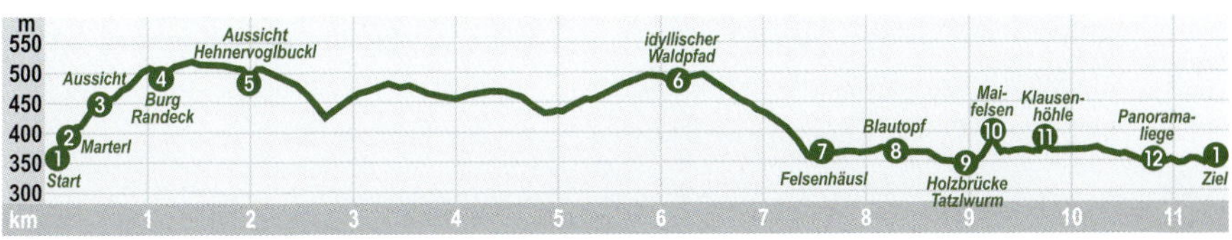

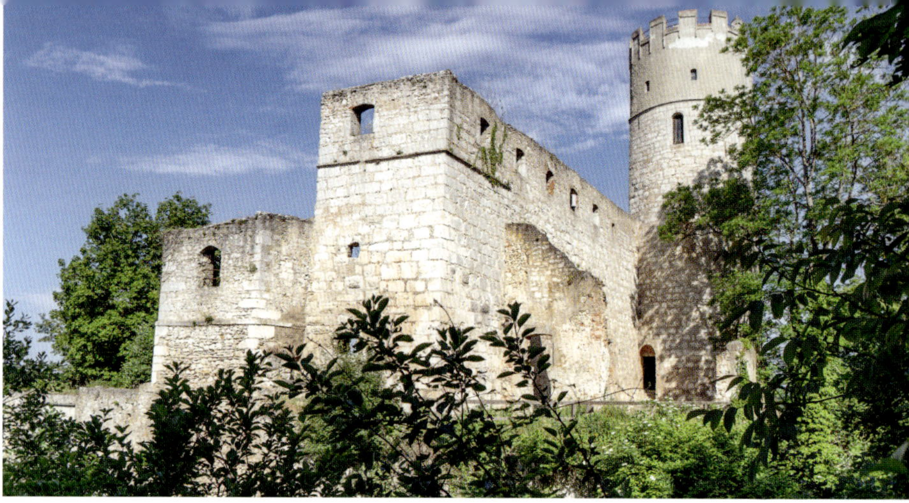

Burg Randeck

Diese Runde beginnt am Ortsausgang von Essing an der Auffahrt nach Randeck an einem Wanderparkplatz ①.

Wir spazieren auf der Teerstraße bergauf für 120 Meter in nördlicher Richtung. Hier finden wir weitere Wanderhinweise und ein Marterl ②.

Hier wählen wir den ansteigenden, schmalen Pfad links am Hang hoch, welcher mit der „23" markiert ist. Nach wenigen Minuten und einigen Höhenmetern passieren wir den „Abrahamplatz" der KLJB Essing. Wir setzen unseren Aufstieg auf dem verwunschenen Waldpfad fort und erreichen etwa auf halber Strecke zur Burg links einen idyllischen Aussichtspunkt, von welchem man hinab zum Kanal und rechts zu einem Bergkreuz blicken kann. Der Einstieg ist mit einem schönen Baum markiert ③.

Hinter einer roten Sitzbank geht es wieder zurück auf den Pfad nach oben. Kurz darauf könnte man rechts einen Abstecher zum „Kreuzfelsen" machen. Nach wenigen Minuten erreichen wir direkt unseren Ort der Einkehr und Stärkung, die „Ritterschänke Burg Randeck". Links vorbei schlendern wir hinab zur Burg und sehen uns das beeindruckende Bauwerk näher an, welches seine Ursprünge bereits im 11. Jahrhundert aufweist ④.

Schließlich gehen wir wieder zurück, halten uns links, dann rechts und passieren schließlich links von uns das beschauliche Spritzenhaus von Randeck. Nach 120 Metern in nördlicher Richtung, unweit des Ortsausgangs, zweigt links bei einem geschotterten Platz ein geschotterter Feldweg ab. Dieser ist markiert mit einem Schild „Verbotsschild – Land- & forstwirtschaftlicher Verkehr frei". Nach etwa 440 Metern, etwa 40 Meter nach einem Funkmasten, zweigt links von uns ein schmaler Pfad ab. Diesen wählen wir, denn er bringt uns in südwestlicher Richtung kurz darauf zu einem großartigen Aussichtspunkt mit dem kuriosen Namen „Hehnervoglbuckl". An dieser Stelle hat man einen grandiosen Blick zurück zur Burg und auf das Tal unterhalb ⑤.

Nachdem wir uns sattgesehen haben, gehen wir wieder zurück und biegen auf dem Feldweg nach links ab. Bereits nach 50 Metern folgen wir dem malerischen, abschüssigen Forstweg links. Ab jetzt heißt es auf den nächsten Kilometern ›Waldbaden‹ – unspektakulär, aber dennoch schön. Auf den folgenden 550 Metern durchqueren wir in nordwestlicher Richtung den „Schloßberg". Unser Pfad endet am geschotterten „Mühlweg".

Abkürzung: Wenn Sie die Runde um etwa 5 abkürzen möchten, könnten Sie nach links weitergehen. Unten am Waldrand geht es auf der ursprünglichen Route gemäß dem Hinweis links weiter in Richtung Essing.

Ansonsten biegen wir scharf nach rechts ab und folgen dem Weg bergauf. An einem Baum finden wir den Hinweis „Natura Trail". Wir folgen dem breiten, geschotterten Forstweg für knapp 1,9 Kilometer. Wir durchqueren das „Karpfholz" und finden irgendwann schließlich den grün-gelben Hinweis „Schloß Prunn". Wir halten uns links und erkennen nach einem abschüssigen Stück vor uns eine dreieckige Abzweigung und eine schmale Teerstraße. Hier halten wir uns rechts in nördlicher Richtung. Glücklicherweise können wir den Asphalt bereits nach 200 Metern links hinter uns lassen. Wir folgen immer noch dem Hinweis „Schloß Prunn". Hier finden wir erneut einen geschotterten Forstweg. Wir erkennen, dass wir uns in einem Naturschutzgebiet befinden. Möglicherweise ist hier auch der Mobilfunkempfang sehr gering oder nicht existent. Der Forstweg schlängelt sich für weitere 830 Meter in südwestlicher Peilung durch den Wald und endet an einer T-Kreuzung. Hier folgen wir weiter dem Hinweis „Schloß Prunn" (2,9 km) und biegen auf dem geschotterten Forstweg nach links ab. Wir schlendern durch das „Pfannholz" 6. Nach 200 Metern folgen wir den bekannten Wegmarkierungen „3" und „17" rechts nach Prunn und spazieren so auf einem wunderbaren, idyllischen Waldpfad in Richtung Westen. Zwischendurch kann man auch links den Blick in das Tal schweifen lassen, durch welches wir in wenigen Minuten wandern werden. Wir tauchen wieder ein in den Wald und kommen zu einer weiteren T-Kreuzung. Nun verlassen wir die markierten Pfade und gehen auf dem geschotterten Forstweg links hinab ins Tal. Nach 230 Metern kreuzt ein weiterer Forstweg und links befindet sich das Gebäude einer Wasserversorgung. Wir gehen aber auf dem festen Feldweg kerzengerade weiter hinab ins Tal. Dabei genießen wir die Aussicht und machen uns vorbei an einer Ansitzeinrichtung an den Abstieg. Der Pfad wirkt, als ob er wie eine Schneise in den Wald hineingebaut wäre. Nach etwas mehr als 800 Metern in südlicher Peilung stehen wir unten an der schmalen Straße beim „Felsenhäusl". In diesem Gebäude befindet sich ein kleines attraktiv gestaltetes Museum, das Fundgegenstände aus der letzten Eiszeit präsentiert. Es gibt anscheinend keine festen Öffnungszeiten. Sie sind nach Vereinbarung oder können bei der Pension „Felsenhäusl" vor Ort nachgefragt werden. An der schmalen Straße wenden wir uns für ein paar Meter nach links, denn unser Weg führt uns rechts hinter dem „Felsenhäusl" herum. Der schmale Pfad ist markiert mit dem „Altmühltal-Panoramaweg" 7.

Blick ins Tal

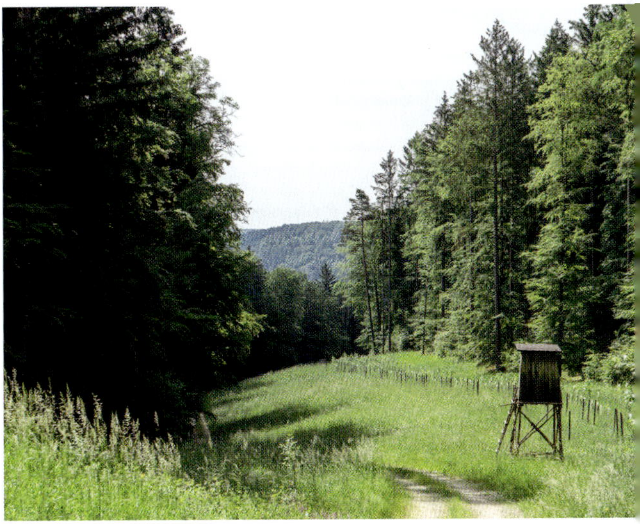

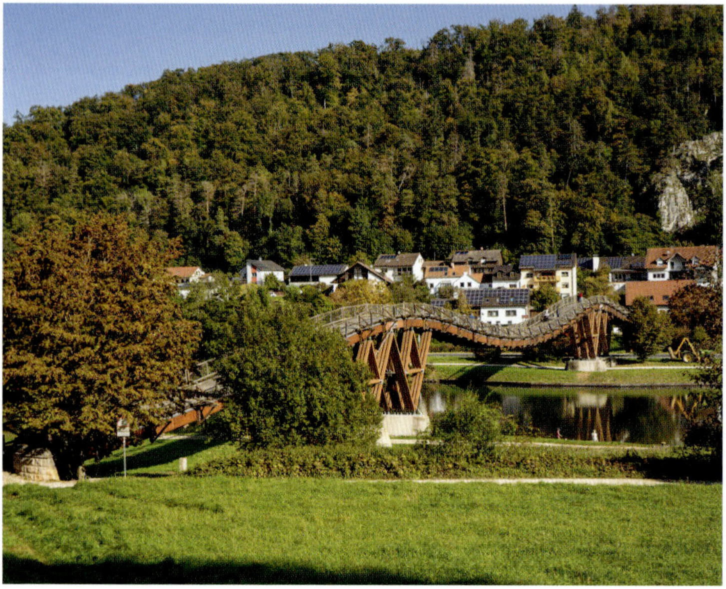

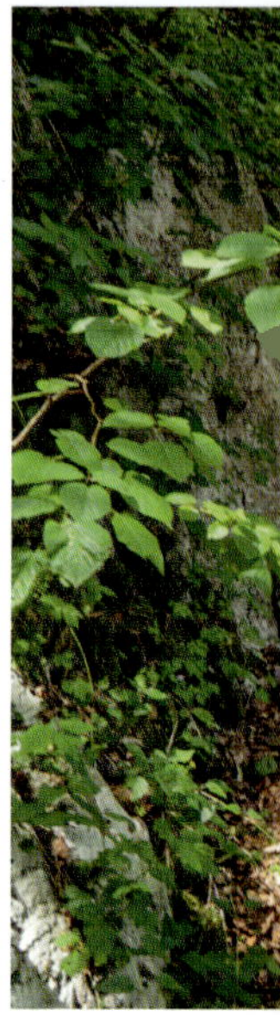

Holzbrücke Tatzlwurm

Es folgt ein kurzer, aber steiler Anstieg auf einem schmalen Trampelpfad. Sobald man das „Felsenhäusl" hinter sich gelassen hat und in Richtung Osten marschiert, erhält man am Waldrand einen herrlichen Blick auf die Ortschaft Essing und die majestätisch darüber thronende Burg Randeck. Kurz darauf überqueren wir bei der Ortschaft Essing die Straße „Am Mühlenweg". Hier treffen wir auf die Abkürzung. Wir setzen gemäß dem Hinweis unsere Wanderung auf dem Trampelpfad geradeaus fort. Schon bald führt der schmale Pfad rechts an einem Abgrund vorbei. Wir erkennen einige Meter unterhalb eine Art Tümpel. Es handelt sich um den „kleinen Blautopf", eine Karstquelle, die typisch für den Bayerischen Jura ist. Dies ist die erste Station des „Erlebnispfads Juralandschaft" auf unserer Wanderung 8.

Nach etwa 250 Metern gabelt sich unser Pfad. Wir halten uns rechts in Richtung Ortschaft. Denn unser nächstes Etappenziel ist der berühmte „Tatzlwurm". Wir münden ein in die Straße „Am Schloßberg" und kurz darauf biegen wir scharf nach rechts ab in die Straße „Eisenbrünnerl". Wenig später in westlicher Richtung erkennen wir bereits das imposante Bauwerk, welches über den Main-Donau-Kanal führt. Es handelt sich um eine hölzerne Fußgängerbrücke, welche die beiden Flussufer des Main-Donau-Kanals verbindet. Mit ihren 193 Metern Länge kann sie mit Stolz von sich behaupten, eine der längsten Holzbrücken in Europa zu sein 9.

Wir genießen das maritime Flair auf dem Wasser und das weitläufige Ambiente des Altmühltals. Dabei lassen wir unseren Blick links nach Essing und die Burg Randeck darüber schweifen. Dann lassen wir die wellige Konstruktion hinter uns, nicht ohne noch einmal zurückzublicken, und gehen am anderen Ufer im Prinzip geradeaus den leicht ansteigenden Trampelpfad links hoch in Richtung Wald. Gegen Ende der Wanderung kommen nun kleine und jung gebliebene Kletterer und Abenteurer auf ihre Kosten. Hier, unterhalb des „Maifelsen", lässt es sich wunderbar klettern und lassen sich kleine Höhlen und Spalten erforschen. Trittsicherheit und festes Schuhwerk sind hier von Vorteil 10.

Die spannenderen Höhlen liegen aber noch vor uns. Deshalb gehen wir nach links in südöstlicher

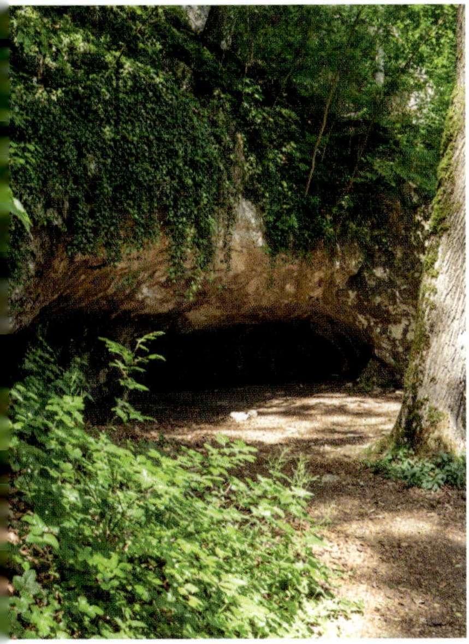

Klausenhöhlen

Richtung auf dem „Altmühltal-Panoramaweg" weiter. Der schattige Pfad bringt uns nach etwa 350 Metern zu den „Klausenhöhlen". Es handelt sich hierbei um verschiedene größere und kleinere Höhlen auf unterschiedlichen Ebenen. Aufgrund der vorhandenen Fledermauspopulation, die hier ihren Winterschlaf hält, ist es jedoch gesetzlich untersagt, die Höhlen vom 1. Oktober bis zum 31. März zu betreten ⑪.

Auf diesem Etappenabschnitt finden wir immer wieder Stationen des „Erlebnispfads Juralandschaft". Immer wieder erhalten wir auch durch die Sträucher einen großartigen Blick zur Burg Randeck. Nach knapp einem Kilometer in südöstlicher Richtung mündet der Pfad in einer schmalen Teerstraße nahe dem Kanal bei der Ortschaft „Heidenstein". Wir genießen ein weiteres Mal das Ambiente am Wasser bei einer Panoramaliege ⑫.

Dann steigen wir nach der Brücke über Stufen rechts hoch und überqueren den Kanal bei der Straße „KEH 5". Rechts von uns befindet sich die Ortschaft Altessing und vor uns Essing. Am anderen Ufer halten wir uns links und biegen erneut links in die „Schnellecker Straße" ein, um sie sofort rechts bei der Hausnummer 1 wieder zu verlassen. Wir biegen links ein in eine Straßenunterführung und erkennen vor uns den Ausgangspunkt der Wanderung.

Panorama nach Randeck

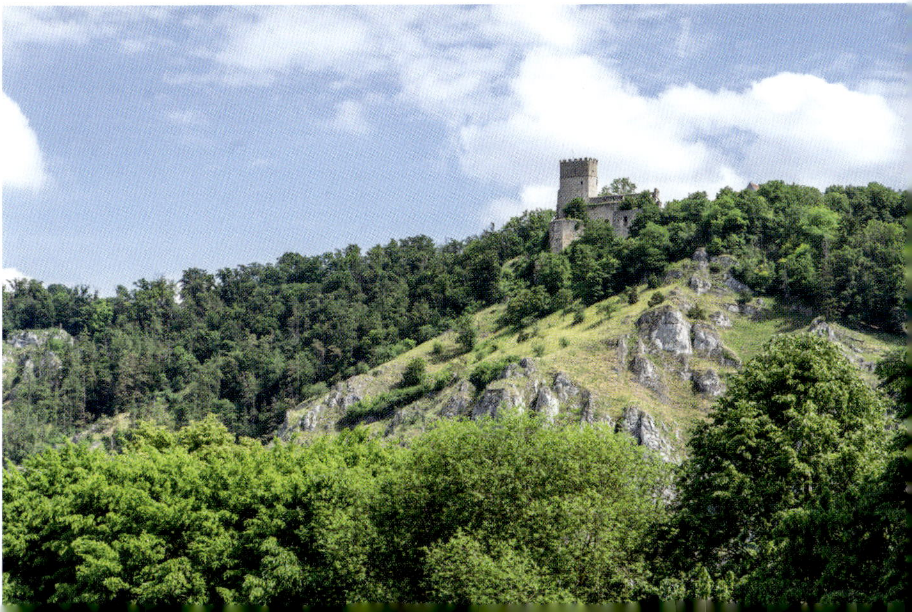

HEXENAGGER

Auf und ab im Schambachtal

TOUR 18

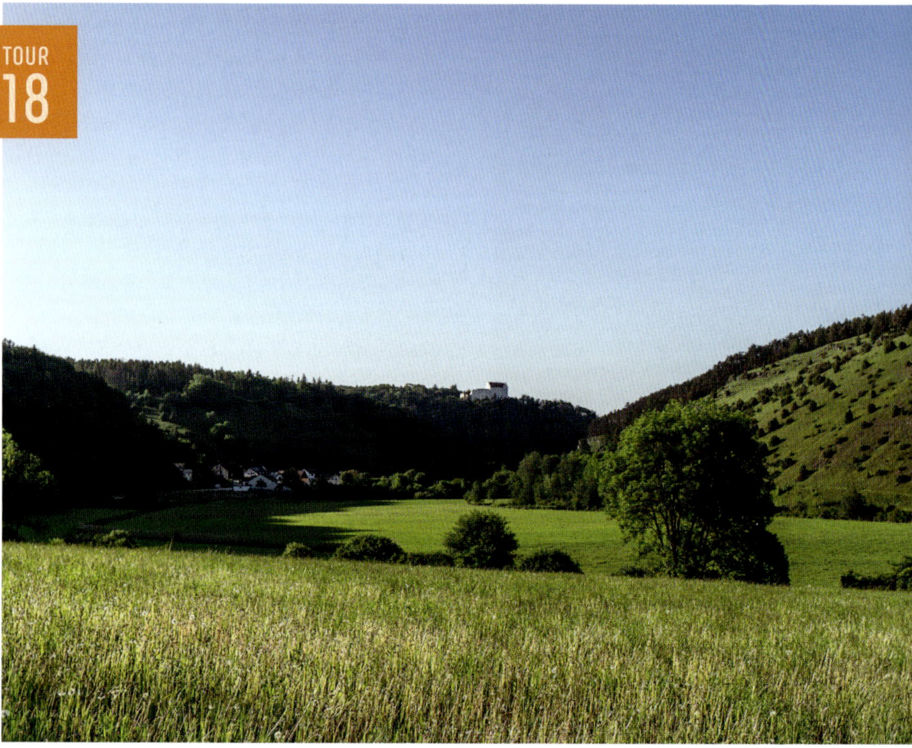

Parkplatz direkt an der Leistmühle nahe Hexenagger
Navi: Leistmühle, 93336 Altmannstein
Koordi.: N 48° 54' 52.8876 E 11° 41' 10.6764

Leistmühle – Hanfstinglmühle – Burgstall und 1000-jährige Eiche – Schambach – Kohlmühle – Neumühle – Hexenagger

Durch Hexenagger natürlich etwas Asphalt und Pflastersteine, ansonsten weitestgehend ohne Teerstraße, überwiegend auf naturbelassenem oder losem Untergrund oder Kies; gute Grundkondition ratsam.

Schlaufenweg Schambachtal 24 (blau-gelb); Altmühltal 2 (gelb-schwarz)

Eine mittellange Runde entlang der Schambach rund um Hexenagger auf Pfaden und Wegen hoch zur 1000-jährigen Eiche mit schattigen Waldpfaden, schmalen Steigen und herrlichen Aussichten ins Tal.

Landgasthof „Zum Gaulwirt"
Sternstraße 13, 93336 Tettenwang
Tel. 09446 578
www.zum-gaulwirt.de
Öffnungszeiten: siehe online

 Foto: Panorama in Richtung Riedenburg

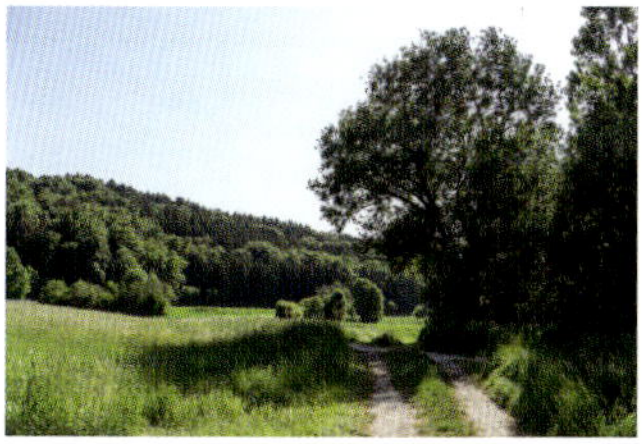

Startrichtung

leicht | 12,6 km | 175 Hm | 3:30 h

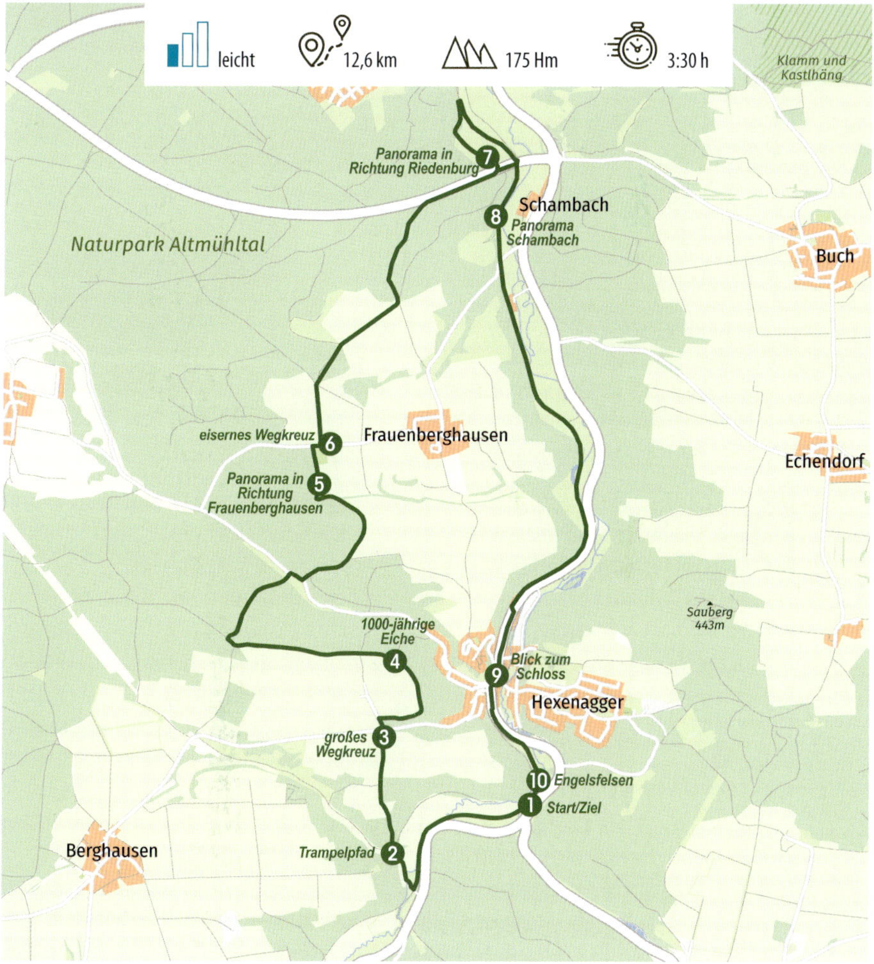

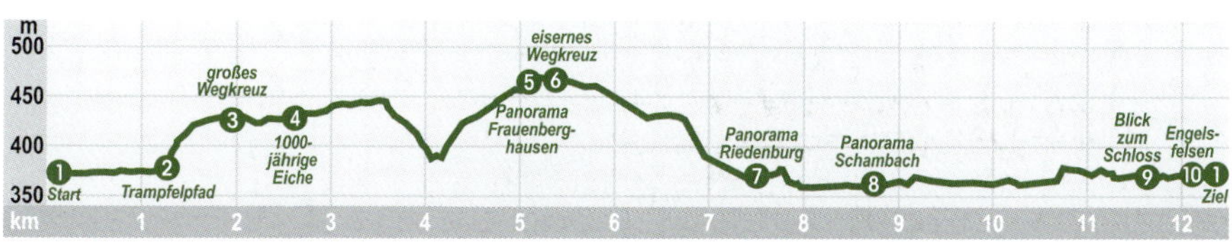

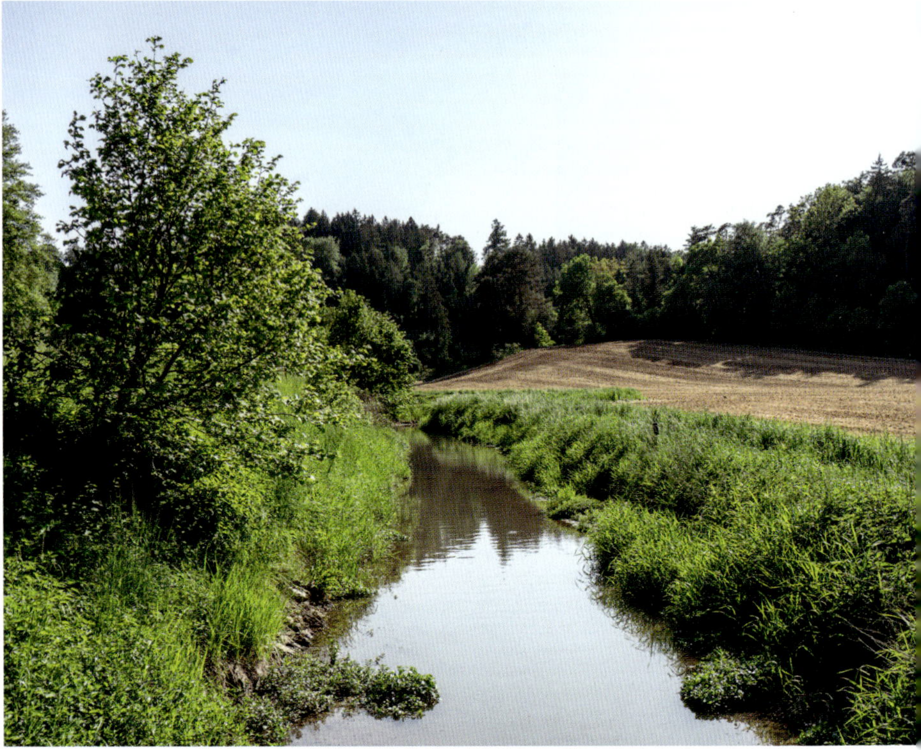

Tal entlang des Schambach in Richtung Altmannstein

Diese Wanderrunde beginnt an der „Leistmühle" zwischen den Ortschaften Hexenagger und Altmannstein. Wir starten im Tal, nahe des idyllischen Schambach, welcher langsam durch das malerische Tal mäandert. Dieses breitet sich sogleich in seiner vollen Schönheit vor uns aus, während wir links in südwestlicher Richtung auf dem fein geschotterten Weg starten ❶.

Nach etwa einem Kilometer in Richtung Altmannsberg erreichen wir die „Hanfstinglmühle", die erste von mehreren Mühlen auf unserer Runde. Nach einer Sitzgruppe wenden wir uns auf dem kurzen Teerstück nach rechts. Hier finden wir die Hauptwegmarkierung der Runde „Schlaufenweg Schambachtal 24". Wir überqueren zum ersten Mal den Bachlauf und folgen dem Hinweis gegenüber dem Wohngebäude auf den Feldweg nach rechts. Etwa 180 Meter weiter leitet uns die bekannte Markierung „24" nach rechts. Es folgt ein idyllischer Aufstieg auf einem schmalen, verwunschenen Trampelpfad ❷.

Dieser ist stellenweise steil, aber dafür kurz. So erreichen wir nach etwa 200 Metern oben den Rand des Waldes. Hier spazieren wir auf einem breiteren Feldweg entlang der Bäume in nördlicher Richtung über den „Häubelberg" weiter in Richtung des kleinen Örtchens Ottersdorf, bis wir nach etwa 470 Metern an eine schmale Teerstraße gelangen. Diese überqueren wir und finden dann ein großes, hölzernes Wegkreuz vor ❸.

Ebenso erkennen wir ein paar Meter weiter den Hinweis, dass wir zur „1000-jährigen Eiche" nach rechts abbiegen sollen. Diese alte Pflanze wollen wir uns nicht entgehen lassen, und glücklicherweise leitet uns die „24" ohnehin dorthin. Zuerst bringt uns der geschotterte Feldweg nach einer Linkskurve aber noch zum Burgstall „Ottersdorf" bzw. zu einer Infotafel mit einer außergewöhnlich langen Sitzgelegenheit daneben. Unübersehbar majestätisch steht aber nur unweit davon der etwa 27 Meter hohe uralte Baum. Persönlich habe ich auf keiner meiner zahlreichen Wanderungen einen mächtigeren Stamm gesehen (Umfang ca. 8 Meter!). Vorher zweigt der „Schlaufenweg Schambachtal 24" nach rechts ab, doch wir wollen ohnehin geradeaus weitergehen ④.

Äußerst beeindruckt schlendern wir auf dem Wiesenweg am Waldrand in Richtung Westen für 850 Meter weiter und umrunden so zur Hälfte Ottersdorf. Unser Weg endet im Wald an einer T-Kreuzung an einem geschotterten Forstweg. Hier halten wir uns rechts und nehmen sofort die nächste Abzweigung wieder rechts hinab ins Tal. Auch hier handelt es sich um einen geschotterten Forstweg, welcher uns nach 530 Metern nördlich in ein Tal bringt. Dort endet er an einer schmalen Teerstraße. An dieser Stelle wenden wir uns für 65 Meter nach rechts, denn dort erkennen wir wieder unsere „Freundin", die blau-gelbe „24". Die Wegmarkierung informiert uns, dass es bis nach Riedenburg 5 Kilometer wären. Nun folgt ein kurzer, steiler Aufstieg auf dem schmalen Waldpfad in östlicher Richtung. Der Pfad mündet in eine Y-Gabelung. Hier halten wir uns links am Rand des Waldes in Richtung Norden und nach einer Kurve gen Westen und wenig später rechts nördlich. Hier oben hat man ein großartiges Panorama über das Altmühltal und die Ortschaft Frauenberghausen ⑤.

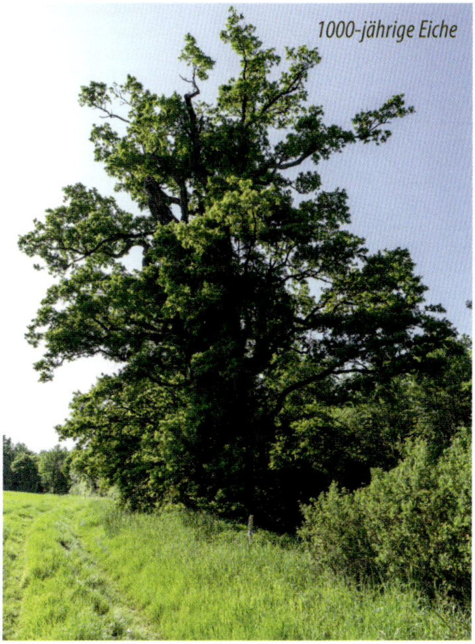
1000-jährige Eiche

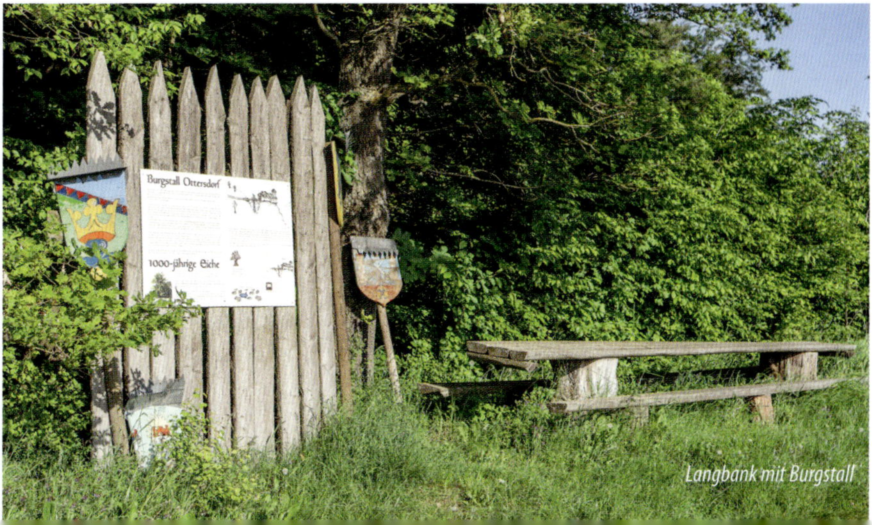

Langbank mit Burgstall

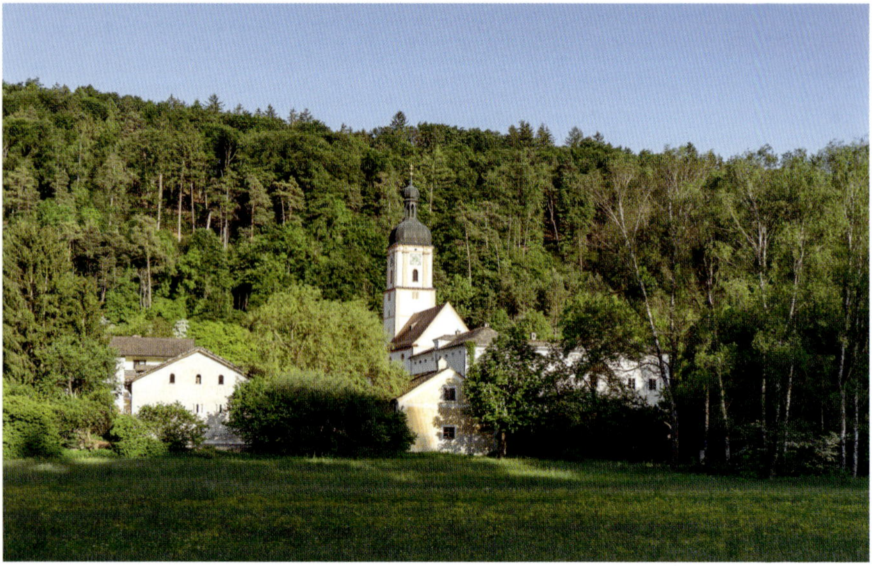

Schambach

Wir schlendern geradeaus weiter und nach 200 Metern passieren wir einen (ehemaligen) Bolzplatz. An der schmalen Teerstraße wenden wir uns nach rechts und biegen sofort wieder links auf den geschotterten Feldweg. Hier finden wir ein eisernes Wegkreuz und eine Bank, auf welcher wir die herrliche Aussicht genießen können 6.

Wir gehen in Richtung „Klausenkapelle". Nach 330 Metern auf dem Schotterweg gelangen wir vor einem Waldgebiet zu einer weiteren Y-Kreuzung. Hier halten wir uns rechts und schlendern in nordöstlicher Richtung weiter zwischen den Bäumen hindurch. Das Waldgebiet endet nach 250 Metern und wir gehen geradeaus auf dem Schotterweg über die offene Fläche bis zum nächsten Forst.

Jetzt wird es etwas unübersichtlich, da an dieser Stelle mehrere Wege abzweigen. Eine etwas verwitterte Schranke weist uns den Weg. Wir wählen den Forstweg nach links in Richtung Norden und ignorieren die Waldwege, welche links und rechts abzweigen. Nach etwa 350 Metern kommen wir zu einem Platz, an welchem Bienenstöcke und Ansitzvorrichtungen gelagert werden. Hier zweigt ein unbefestigter Forstweg links ab, welcher uns wenig später hinab ins Tal bringt. Vor der Straße erkennen wir die gelb-schwarze Markierung „Altmühltal 2". Der Pfad führt östlich parallel zur Straße talwärts und endet wenig später an selbiger „KEH 1".

Wir überqueren die Straße und gehen auf dem beschilderten Wanderweg geradeaus weiter. Sogleich breitet sich vor uns ein herrliches Panorama in Richtung Riedenburg aus. Links und rechts wird das Tal eingerahmt von Magerrasenhügeln, und vor uns erhebt sich zentral majestätisch die Rosenburg von Riedenburg 7.

Nun folgen wir dem Weg für etwa 500 Meter, bis er nahe am Schambach bei einer Sitzgruppe in den „Schambachtalbahn-Radweg" mündet. Nun geht es nur noch geradeaus am Flusslauf zurück bis zum Ausgangspunkt in ziemlich genau 4,5 Kilometern in südlicher Richtung. Nach etwa 500 Metern überqueren wir erneut die „KEH 1" und spazieren auf dem fein gekieselten Wander- und Radweg weiter. Wunderschön ist nun der Blick nach rechts auf die andere Seite des Flusses. Hier erkennen wir das namensgebende Örtchen Schambach, v. a. den Turm der Kirche „Mariä Heimsuchung" 8.

Im Laufe der nächsten Minuten passieren wir nicht nur eindrucksvolle Felsformationen, sondern auch die „Kohlmühle" und die „Neumühle", während wir in die herrliche Landschaft eintauchen. Unterhalb des „Teufelsbergs" vor der „Neumühle" finden wir rechts einen schönen, naturbelassenen Nebenteich des Schambachs.

Immer wieder kommen wir an Sitzgelegenheiten vorbei, die zum Verweilen einladen. So auch vor Hexenagger. In der Ortschaft wechseln wir die Straßenseite und gehen auf dem gepflasterten Gehweg geradeaus weiter. In der Ortsmitte auf Höhe des Feuerwehrhauses haben wir einen wunderschönen Blick zum Schloss. Wer mag kann hier einen Abstecher rechts hoch machen und sich die historische Anlage ansehen 9.

Vor dem Ortsausgang überqueren wir erneut die Straße und schlendern auf dem leicht geschotterten Feldweg weiter. Auch hier lohnt sich ein Blick zurück. Am Ende des Parkplatzes schlendern wir für 350 Meter weiter auf dem Feldweg über eine Wiese. Schließlich mündet vor unserem Ausgangspunkt unser Pfad wieder in den Wanderweg. Auch hier finden wir wieder eine Sitzgruppe vor. Über eine Holzbrücke überqueren wir zwei Mal den Flusslauf. Bei der zweiten Brücke, schon auf Höhe der „Leistmühle", ist es besonders idyllisch und malerisch, da wir rechts einen Felsen finden, welcher mit Engelsfiguren geschmückt ist 10.

Kurz darauf beenden wir die Wanderung wieder bei unserem Startpunkt, während wir ein letztes Mal unseren Blick in die Weite des Tals in Richtung Altmannstein schweifen lassen.

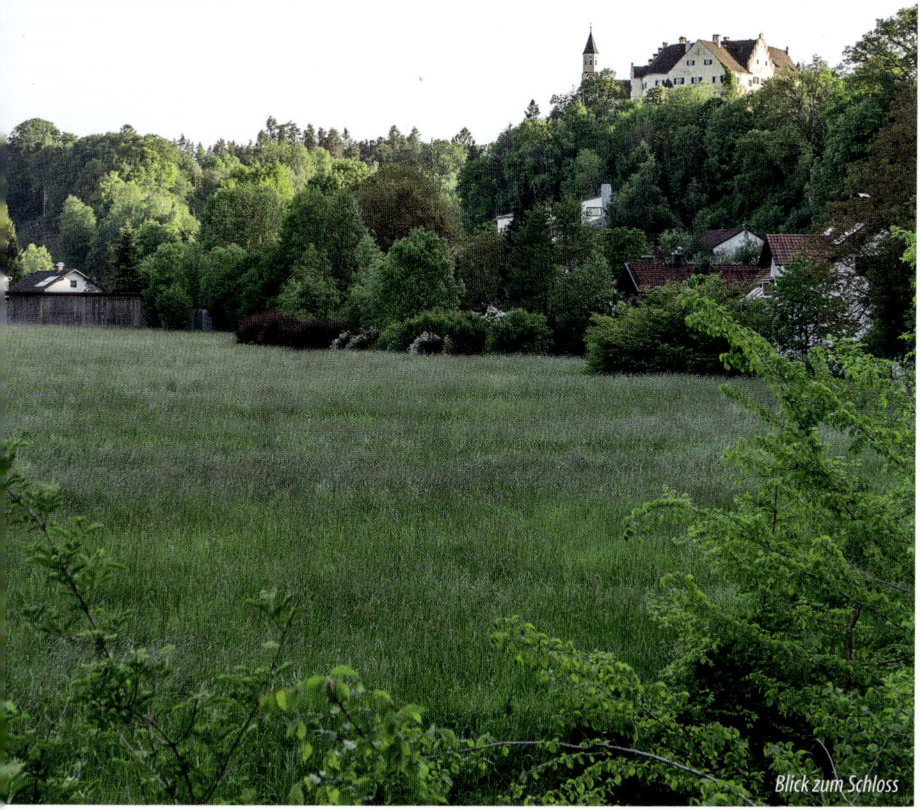

Blick zum Schloss

ALTMANNSTEIN

Auf Wall(d)fahrt

TOUR 19

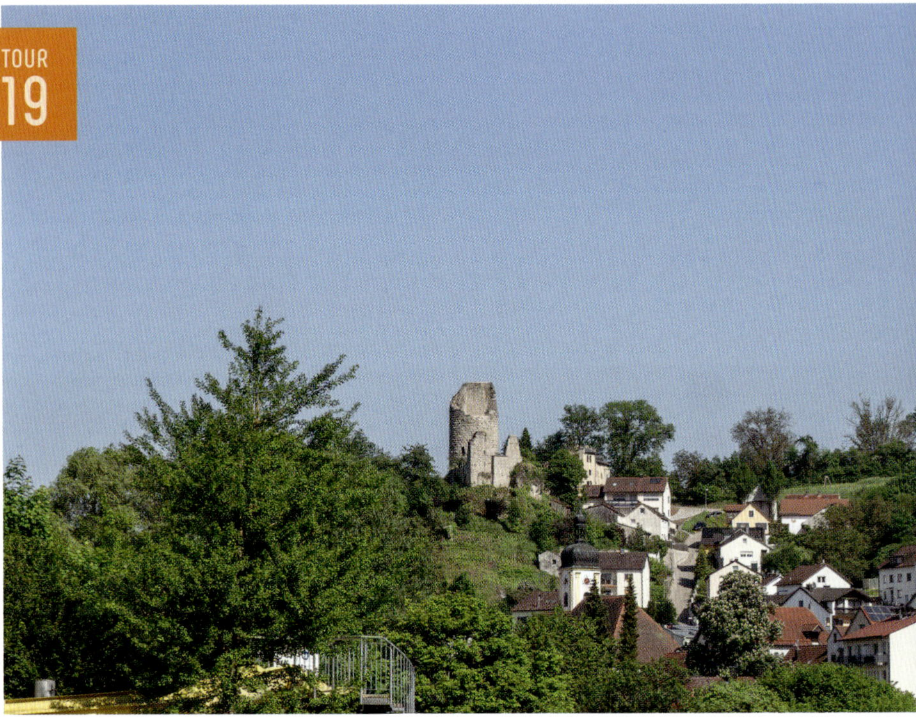

Start/Ziel

Parkplatz am Freibad Altmannstein
Navi: Galgenbergring 1, 93336 Altmannstein
Alternativ: gegenüber auf der anderen Straßenseite
Koordi.: N 48° 53' 51.7056 E 11° 38' 35.466

Altmannstein – Viermarken – Sulzbergteile – Limes – Kochberg – Schambach – Adolph Kolping

Am Ende der Strecke durch Altmannstein etwas Asphalt, ansonsten überwiegend loser Untergrund oder Kies; im Wald kann ein GPS-Gerät sinnvoll sein auf dem unmarkierten Teilstück; stellenweise ist Trittsicherheit erforderlich.

Altmannsdorf 1 Prangerweg (grün-gelb); Ostbayerischer Jakobsweg (blau-gelb); Limesweg (grün-gelb); Schlaufenweg Schambachtal 24 (blau-gelb); Altmannstein 5

Eine kürzere und einfache Wanderung auf idyllischen Pfaden und Wegen im Schatten des Waldes auf dem Prangerweg, dem Jakobsweg und dem Limeswanderweg.

Gasthof Neumayer
Bahnhofstraße 15, 93336 Altmannstein
Tel. 09442 1030
www.landgasthof-neumayer.de
Öffnungszeiten: siehe online

 Foto: Burg Altmannstein

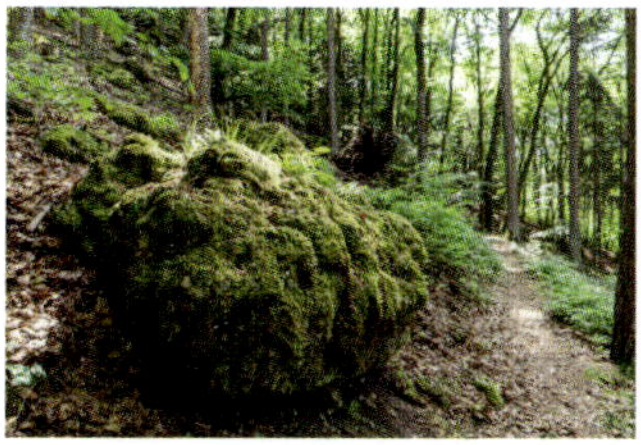

Startrichtung

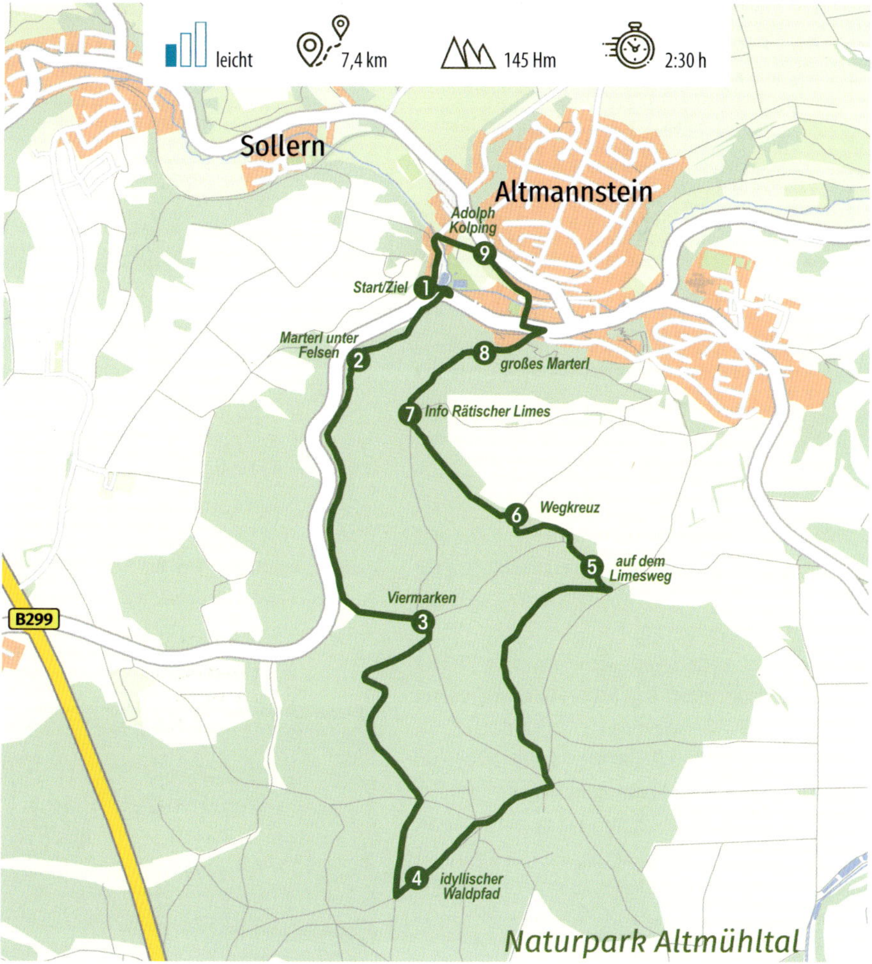

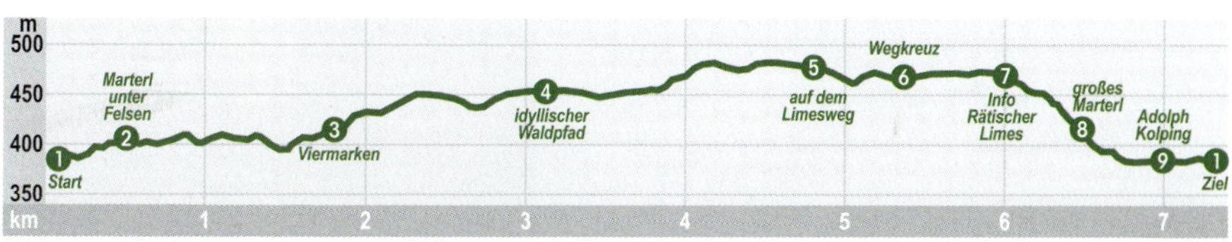

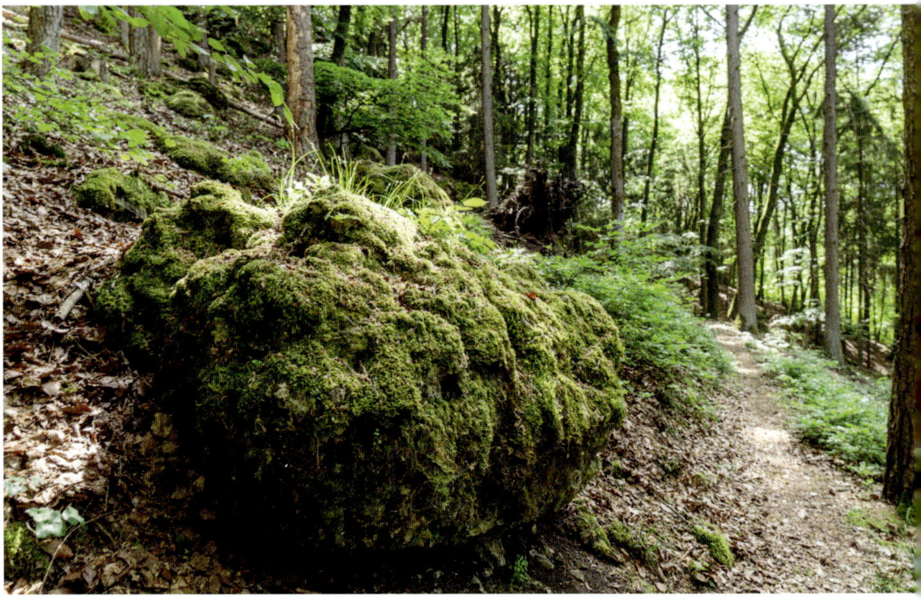

Verwunschener Trampelpfad

Erst die Arbeit, dann das Vergnügen.... Stopp! Auf dieser Runde passt besser: Erst das Vergnügen und dann noch ein weiteres Mal. Denn diese Wanderung beginnt direkt am Freibad in Altmannstein ❶.

Wir gehen auf dem schmalen Weg rechts am Eingangshäuschen vorbei hoch zur Straße. Dort wenden wir uns nach rechts und überqueren sie 30 Meter links. Hier befinden sich weitere Parkmöglichkeiten. Ebenso erkennen wir an dieser Stelle bereits die Markierung „1" des „Prangerweges". Am Ende des Parkplatzes zweigt unsere Wegmarkierung links hoch in den Wald ab. Die nächsten 1,3 Kilometer spazieren wir auf einem wunderbaren, schmalen Trampelpfad, welcher sich idyllisch am Hang, parallel zur Straße, windet. Es geht auf und ab, vorbei an eindrucksvollen Felsformationen. An einer Stelle ist der verwunschene Trampelpfad so schmal, dass er mit einem Geländer am Abhang gesichert ist. Kurz darauf passieren wir links ein schönes Marterl, welches sich unterhalb einer großen Felsformation passend in die Landschaftsszene einbettet ❷.

Wir schlendern weiter in südlicher Richtung, vorbei an ein paar Sitzbänken, bis der Waldpfad nach etwa 900 Metern an einem breiten, geschotterten Weg endet. Hier folgen wir dem Hinweis nach links in Richtung Osten. Nach 300 Metern erreichen wir eine Wegkreuzung für Wanderer mit dem „kreativen" Namen „Viermarken", vermutlich weil an dieser Stelle vier Wegmarkierungen angebracht sind. Nun gesellt sich der „Ostbayerische Jakobsweg" zu uns ❸.

Viermarken

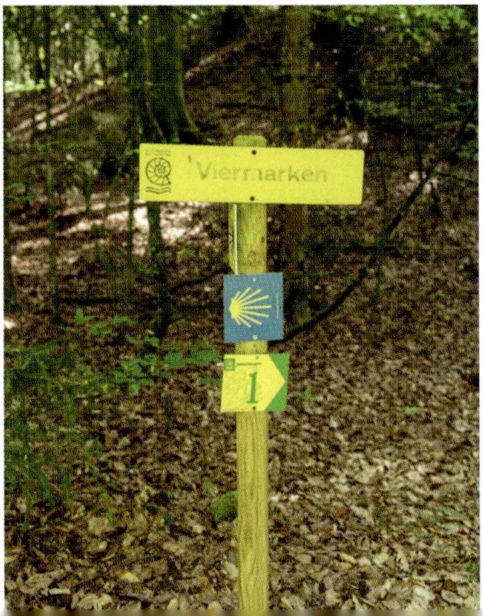

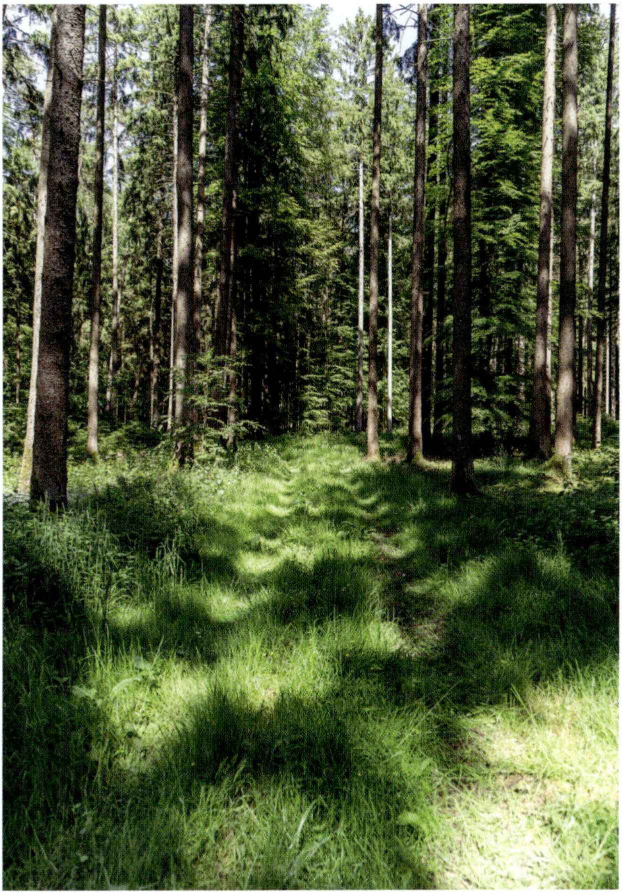

Idyllischer Waldpfad

Ab jetzt orientieren wir uns an dieser bekannten Wegmarkierung. Deshalb spazieren wir nach 80 Metern an der Y-Gabelung nach rechts weiter. Da die nächste Abzweigung ein gutes Stück weit weg und nicht markiert ist, wäre es ratsam, ab jetzt das GPS-Gerät zu verwenden. Wir schlendern auf geschottertem Grund für 1200 Meter südlich auf dem „Jakobsweg" durch das Gebiet „Sulzbergteile". Unsere Abzweigung befindet sich etwa 370 Meter nach einem Baum, auf welchem sich die Markierung des „Jakobswegs" und die schwarz-gelbe „Altmühltal 3" befinden. Schließlich biegen wir auf einem Pfad scharf nach links ab. Unsere zurückgelegte Strecke bis zu diesem Punkt beträgt etwas mehr als 3 Kilometer. Aus der Vogelperspektive betrachtet gleicht diese Wegänderung einer Spitze, denn wir schlendern nahezu in entgegengesetzter Richtung weiter. Auf dem nächsten Abschnitt befinden wir uns auf losem Untergrund 4.

Nach etwa 30 Metern halten wir uns an der Y-Gabelung links. Es geht geradeaus in nordöstlicher Peilung. Nach ca. 400 Metern orientieren wir uns an einer weiteren Weggabelung rechts. Es geht auf einem unebenen Waldpfad weiter, vorbei an einem eingezäunten Gebiet, rechts von uns. Unsere „Pfadefinderei" im Schatten der Bäume endet vorerst nach weiteren 300 Metern. Hier endet unser Waldpfad erneut an einem geschotterten Forstweg. Hier wenden wir uns nach links und erkennen wenige Meter weiter an einem Baumstamm „Altmannstein/Viermarken". Hier gehen wir allerdings nicht geradeaus weiter, gemäß dem Hinweis, sondern den Waldpfad nach rechts. Nun beginnt Teil 2 der „Pfadefinderei". Ein

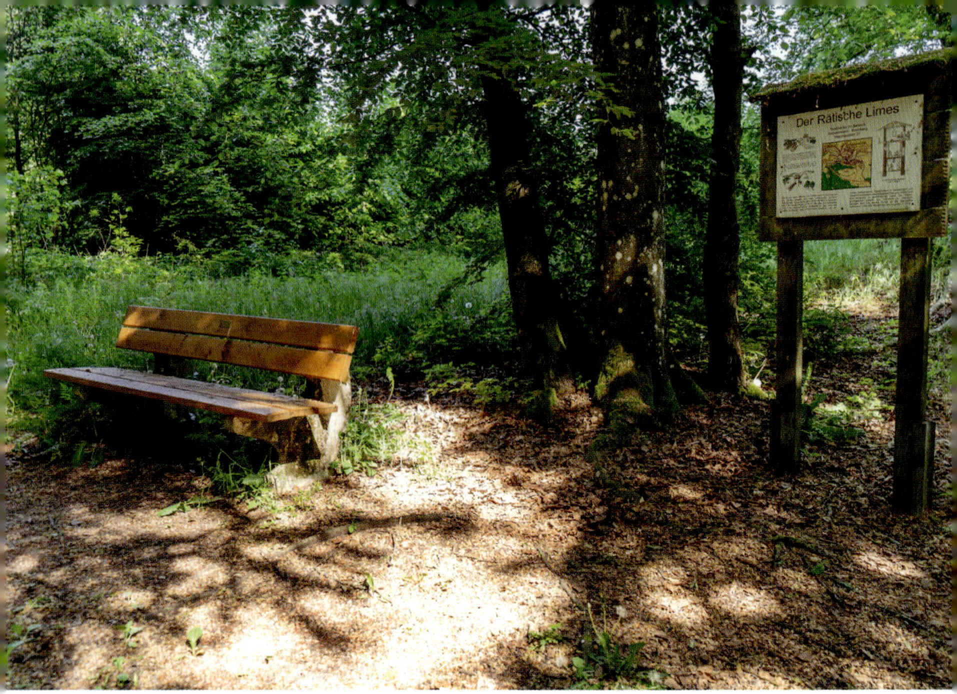

Info Rätischer Limes

weiteres Mal finden wir nach etwa 20 Metern eine Y-Weggabelung vor. An dieser Position wählen wir den linken Pfad, welcher leicht ansteigt. So schlendern wir im Bogen in nördlicher Richtung für 920 Meter durch das Waldgebiet. Ein Blick auf das GPS-Gerät ist auch hier sinnvoll. Am Waldrand mündet unser Pfad in einen Forstweg. An dieser Stelle finden wir den grün-gelben Hinweis zum „Limesweg". Jetzt biegen wir in nordwestlicher Richtung scharf nach links ab und folgen der Wegmarkierung. Deshalb halten wir uns sowohl nach 60 Metern rechts – als auch nach weiteren 160 Metern. Schließlich befinden wir uns nicht nur am Rand des Waldes, sondern auch ganz nahe am Limes, dem historischen römischen Grenzwall ❺.

Nach einem weiteren Schwenk nach rechts stehen wir praktisch auf dem Wall. Hier befinden sich ein wunderschönes Wegkreuz und eine steinerne Sitzgelegenheit ❻.

Wir bleiben im Schatten des Waldes auf dem „Limesweg" und versuchen weiterhin auf den Spuren der Römer zu spazieren in Richtung Nordwesten. Schließlich erreichen wir auf dem idyllischen Waldpfad einen Platz, wo der „Jakobsweg" und der „Limesweg" auf den „Prangerweg" treffen. Ebenso erhalten wir hier Informationen zu „Der Rätische Limes" ❼.

Wir gehen leicht versetzt rechts geradeaus weiter und folgen dem Waldpfad auf dem „Jakobsweg" und dem „Prangerweg 1" hinab nach Altmannstein. Zuerst passieren wir ein schwarzes Wegkreuz und wenig später auf Höhe des ersten Wohnhauses finden wir rechts von uns ein beeindruckendes Marterl ❽.

Leider befinden wir uns nun wieder in der Zivilisation, weshalb wir wieder auf Asphalt spazieren. Die Straße „Am Prangerweg" bringt uns hinab zur „Ingolstädter Straße". Rechts könnte man einen Abstecher in die Ortsmitte und hoch zur Burgruine machen. Wir gehen jedoch für 80 Meter nach links und überqueren dann die Straße. Eine schmale Gasse bringt uns hinab zum Schambach. Diesen überqueren wir. Kurz darauf erreichen wir den „Rad-Wanderweg Beilngries". Auf diesem gehen wir links weiter und schlendern entlang des Bachlaufs in Richtung Westen. Auf Höhe der Gedenkstätte zu „Adolph Kolping" biegen wir erneut nach links ab (9).

An dieser Stelle finden wir den Hinweis „Altmannstein 5". Links erkennen wir das Freibad. Auf dem Weg dorthin erkennen wir die Burg Altmannstein, hoch erhoben über dem Ort. An der Straße „Galgenbergring" biegen wir nach links ab und beenden unsere Wanderung wenig später. Jetzt ist es höchste Zeit für eine körperliche und/ oder kulinarische Erfrischung.

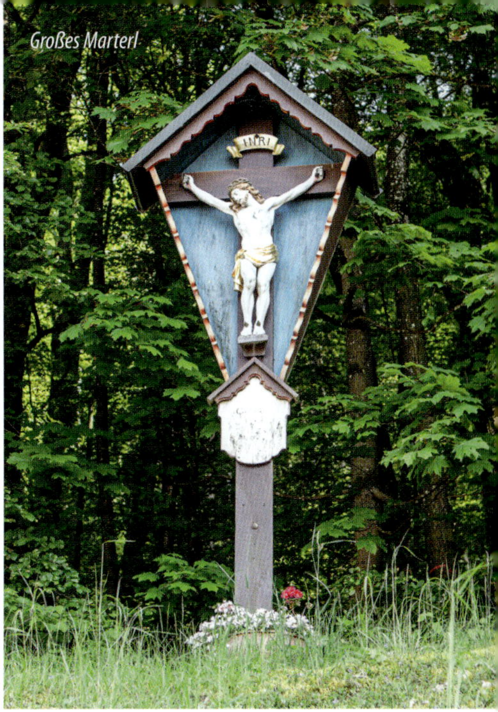

Großes Marterl

EICHSTÄTT

Auf Zeitreise in die Vergangenheit

TOUR 20

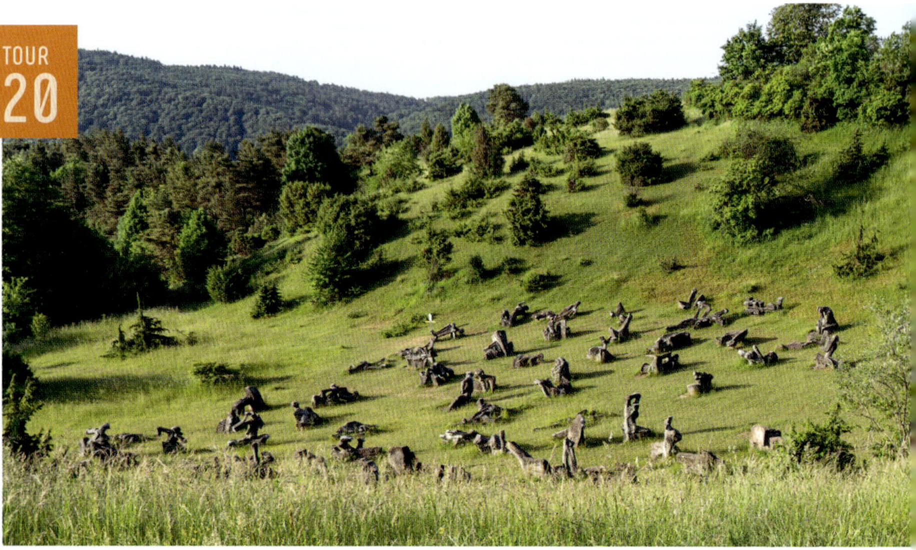

Start/Ziel: Kostenlose Parkmöglichkeit an der Jura-Hochstraße (St 2225) am Figurenfeld Eichstätt, unweit des Kreisbauhofs
Navi: Spindeltal 48, 85072 Eichstätt
Koordi.: N 48° 53' 14.388 E 11° 12' 48.0996

Figurenpark Eichstätt – 3-Reiter-Grab – schwarzes Kreuz – 400-jähriger Kreuzweg – Mariengrotte – Herz-Jesu-Grotte – Buchehüll – Mammuthöhle – Altmühlpanorama bei Pfünz

Sehr gute Grundkondition erforderlich; überwiegend gut begehbare Wege; zwei Abschnitte auf Asphalt (durch Buchenhüll und Landershofen), ansonsten überwiegend Wege auf losem Untergrund oder Kies im Wald; schmale Panorama-Pfade und Wiesenwege.

Eichstätt 8 (grün-gelb); Eichstätt 14 (blau-gelb); Altmühltal-Panoramaweg (grün-gelb); Eichstätt 5 (grün-gelb); Wallfahrerweg (grün-gelb); Jakobsweg (blau-gelb); Schlaufenweg Walting 15 (blau-gelb); E 8 (weiß-rot)

Eine lange, abwechslungsreiche Runde vom Figurenfeld bei Eichstätt durch malerische Täler und Waldgebiete, über den 400-jährigen Kreuzweg an der Lindenallee, vorbei an zwei Grotten zur Mammuthöhle und über den Altmühltal-Panoramaweg zurück.

Landgasthof Pröll
Am Haselberg 1
85072 Eichstätt (Landershofen)
Tel. 08421 98830
www.landgasthof-proell.de
Öffnungszeiten: siehe online

Braugasthof Trompete
Ostenstr. 3, 85072 Eichstätt
Tel. 08421 98170
www.braugasthof-trompete.de
Öffnungszeiten: siehe online

Foto: Figurenfeld

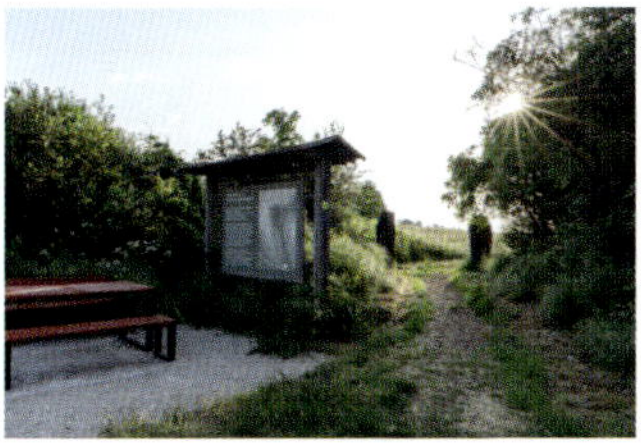

Startrichtung

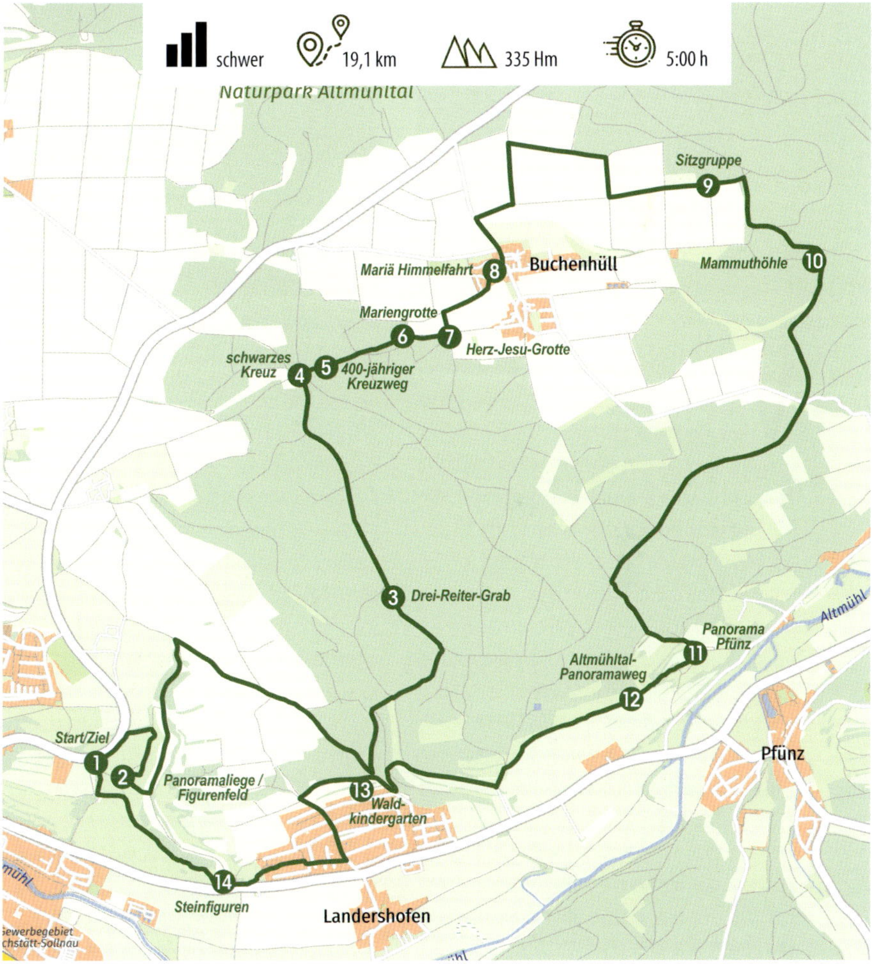

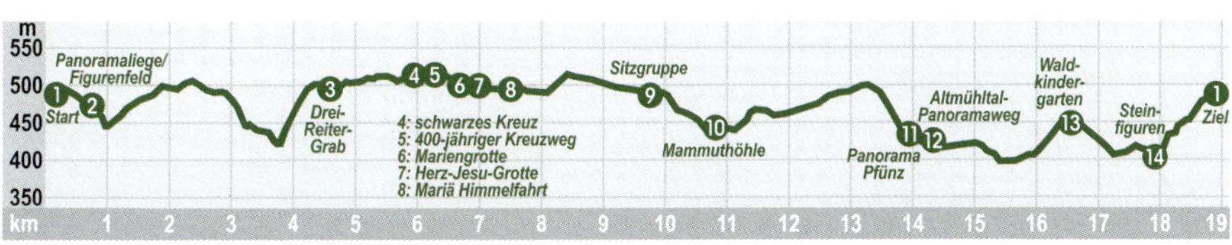

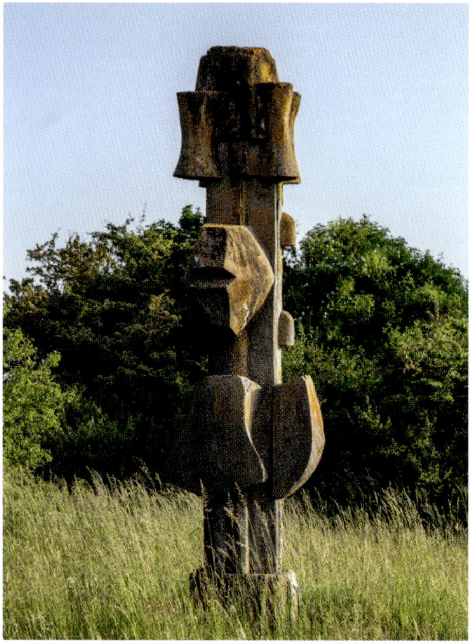

Steinfigur

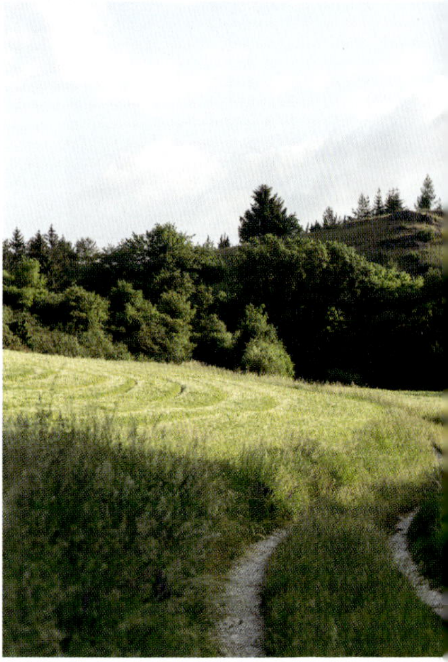

Im Tal nach Norden

Vor uns liegt eine lange, abwechslungsreiche Wanderung, die direkt am Parkplatz am „Figurenfeld Eichstätt" beginnt. Dies ist bereits das erste und es wird auch wieder das letzte Highlight unserer Reise in die Vergangenheit ❶. Wir beginnen am Eingang nahe an der Straße. Dort erkennen wir bereits den Hinweis „8". Der schmale Pfad bringt uns zwischen zwei großen Steinen hindurch. Vor uns breitet sich eine Hochebene aus, auf welcher wir bereits Steinskulpturen in der Ferne erkennen können. Während ein braunes Schild uns rechts zum Figurenfeld leiten würde, halten wir uns an die „8" und gehen geradeaus leicht ansteigend auf dem Wiesenweg parallel zur Straße auf der mit Wacholder bewachsenen Ebene weiter. Schon passieren wir weitere, unwirklich erscheinende, überlebensgroße Steinfiguren. Wenig später machen wir zwei Rechtsbiegungen. Vor uns breitet sich links ein idyllisches Tal aus, welches wir schon bald entgegengesetzt, in nördlicher Richtung, durchwandern werden. Nach etwa 250 Metern folgt eine weitere Rechtskurve. Vor uns eröffnet sich das eigentliche Figurenfeld in einer Senke im „Hessental". Der Anblick ist faszinierend und unwirklich zugleich. Um das Bild in sich aufnehmen zu können, halten wir an einer Panoramaliege kurz inne ❷.

Kurz darauf windet sich gemäß der „8" der schmale Pfad hinab. Insgesamt spazieren wir zwischen 78 großen, steinernen Kunstwerken hindurch. Von oben hatte der Anblick etwas von einem kriegerischen Schlachtfeld. Dieser Eindruck verfestigt sich, wenn man mittendrin steht. Etwas beklommen kann man den Gedanken haben, dass es sich dabei um verstümmelte Menschen oder gestrandete Aliens handeln könnte. Die Kunstwerke sind von Alois Wünsche-Mitterecker, der 1903 in der Steiermark in Österreich geboren wurde und 1975 in Eichstätt verstarb. Die Aufstellung seiner Kunstwerke erlebte der Künstler nicht mehr. Seit 2003 steht das Monumentalwerk unter Denkmalschutz. Wir spazieren weiter geradeaus hindurch ostwärts, gemäß dem Hinweis zum „Schlaufenweg 14". Diesen erreichen wir nach wenigen Steigen hinab auch und folgen ihm nach links, in das Tal hinein, welches wir bereits von oben erkennen

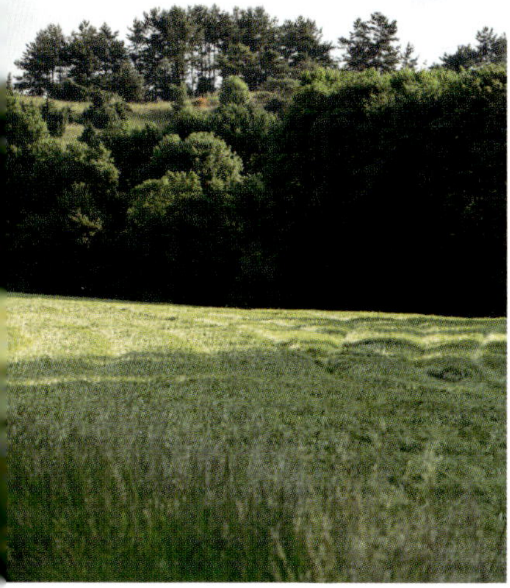

konnten in Richtung Norden. Der leicht geschotterte Feldweg wandelt sich zwischendurch in einen unbefestigten Forstweg und endet nach 900 Metern an einer T-Kreuzung. Hier mündet der „Altmühltal-Panoramaweg“ in unsere „14“. Wir biegen auf dem unbefestigten Schotterweg über das Hochplateau nach rechts ab und lassen unsere Augen in die Ferne in südöstlicher Richtung schweifen. Nach etwas mehr als 800 Metern verläuft der breite, geschotterte Weg rechts, doch wir gehen uns gemäß dem Panoramaweg und dem rot-weißen „E 8“ geradeaus weiter. Nach weiteren 200 Metern gabelt sich der Weg vor dem Forstgebiet „Häringhof“. Wir bleiben der Wegmarkierung für 520 Meter in südöstlicher Richtung treu. Auf diesem Abschnitt verjüngt sich der unbefestigte Feldweg im Wald zu einem schmalen Pfad. Ein Schild warnt uns vor spielenden Kindern. Schließlich befinden wir uns oberhalb des Waldkindergartens. In etwa 14 Kilometern werden wir uns auf dem Rückweg etwa 15 Meter weiter unterhalb befinden. Jetzt wählen wir auf der Höhe des Kindergartens den schmalen Waldpfad scharf nach links und verlassen dabei den „Altmühltal-Panoramaweg“. Auf einem unmarkierten, unbefestigten Waldweg, welcher stellenweise breiter und auch mal eher einem beinahe zugewachsenen Trampelpfad gleicht, geht es am Hang entlang in Richtung Norden weiter. Nach etwa 350 Metern kommen wir zu einer Y-Gabelung. Hier wählen wir den Pfad und Feldweg nach unten ins Tal. Dort überqueren wir leicht nach rechts versetzt geradeaus den geschotterten Forstweg. Die Einmündung kann bei guter Vegetation etwas zugewachsen sein. Doch nach wenigen Metern wandern wir auf einem unbefestigten Waldweg recht steil nach oben. An der Y-Gabelung nach ungefähr 220 Metern in nordöstlicher Richtung halten wir uns links. Nach einer weiteren Linksbiegung mündet unser Waldpfad in einen festen, geschotterten Forstweg. Diesem folgen wir nach links in nordwestlicher Richtung. Nach 380 Metern erkennen wir links eine besondere Stelle: Neben einem Informationsschild und einer hölzernen Sitzgruppe finden wir das „Drei-Reiter-Grab“. Angeblich sollen dort während des 30-jährigen Krieges drei schwedische Reiter ihr Leben verloren haben 3:

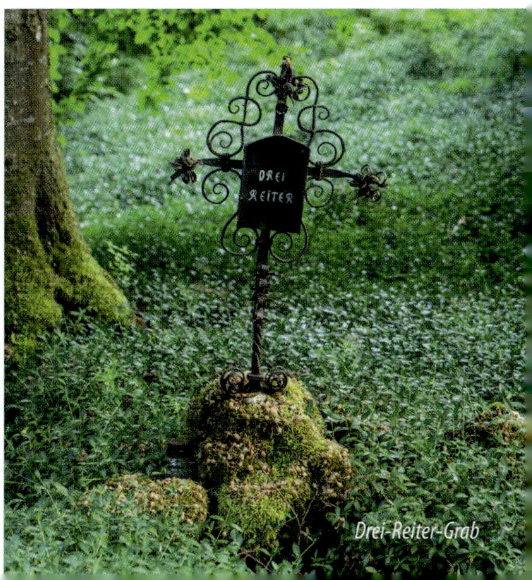

Drei-Reiter-Grab

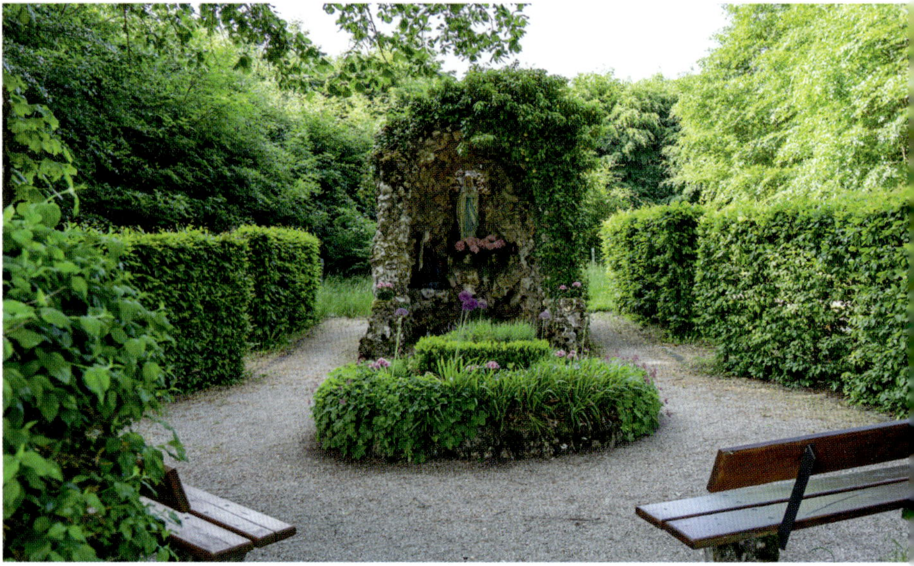

Mariengrotte

Wir folgen dem ziemlich geraden geschotterten Forstweg für einen weiteren Kilometer in nördlicher Richtung. An einer Dreieckskreuzung halten wir uns rechts und schlendern geradeaus weiter. Nach 300 Metern kommen wir zu einem zentralen Punkt, denn hier gabeln sich viele Wanderwege. Links können wir uns auf einer Sitzgruppe ausruhen, und ein paar Meter weiter erkennen wir ein beeindruckendes, schwarzes Wegkreuz 4.

Wir gehen aber in die entgegengesetzte Richtung, denn wir wollen uns den „Historischen Kreuzweg" in 300 Metern ansehen. Dabei erfahren wir zudem, dass die „Mammuthöhle" noch 3,3 Kilometer entfernt ist. So erreichen wir in nordöstlicher Peilung den etwa 400 Jahre alten Kreuzweg, welcher sehr idyllisch in eine Lindenallee eingebettet ist. Passend orientieren wir uns am Muschelsymbol des „Jakobswegs" und dem „Wallfahrerweg" 5.

Der Kreuzweg mündet in eine wunderschön angelegte „Mariengrotte" nahe der Ortschaft Buchehüll. Sie befindet sich am Waldrand 6.

In der Nähe befindet sich eine weitere Grotte. Diese lassen wir uns ebenfalls nicht entgehen, und so schlendern wir auf dem schmalen Pfad am Rand des Waldes innerhalb 300 Meter weiter gemäß der bekannten „14" in Richtung Pfünz – zur „Herz-Jesu- Grotte" – mit der Einladung, erneut einen Moment zu verweilen 7.

Nun folgt ein etwas längeres Stück auf Asphalt. Das ist aber weiter nicht schlimm, denn wir folgen den historischen Votivbildern des Kreuzwegs bis zur Pfarrkirche „Mariä Himmelfahrt" in der kleinen Ortschaft Buchenhüll. So wenden wir der „Herz-Jesu-Grotte" unseren Rücken zu und uns nach 120 Metern an der schmalen Straße in nördlicher Richtung nach rechts, gemäß den drei Hinweisen „Wallfahrerweg", „Eichstätt 5" und „Jakobsweg". Die letzte Station des Kreuzwegs befindet sich vor der Kirche. Wir gehen rechts an der Kirche vorbei. 8

An der T-Kreuzung halten wir uns gemäß dem „Wallfahrerweg" links in Richtung Altdorf/Greding. Wir verlassen die Ortschaft und spazieren auf der schmalen Straße entlang der Wanderhinweise in Richtung Norden. Dann kommen wir zu einer Einmündung nach rechts. Wir folgen den Wegmarkierungen, so auch nach 215 Metern. Endlich verlassen wir die asphaltierte Straße links für einen ansteigenden Feldweg. Nach 340 Metern in nördlicher Richtung erkennen wir erneut den Hinweis „Wallfahrerweg“, welcher uns zusammen mit der Muschel nach rechts leitet. Wenig später am Waldrand führt der „Wallfahrerweg“ nach links, doch wir gehen auf dem Feldweg am Waldrand geradeaus weiter. Vor uns erkennen wir eine große Ansitzvorrichtung. An dieser, nach 200 Metern, wählen wir den Feldweg nach rechts. An der nächsten Kreuzung, diese ist asphaltiert, gehen wir nach links in Richtung Wald weiter. Erfreulicherweise weicht der Teer sofort wieder feinem Schotter. Der Feldweg macht nach 580 Metern eine Rechtskurve. Links finden wir eine hölzerne Sitzgruppe mit der Wegmarkierung „Eichstätt 5“ 9.

Wir gehen auf dem Feldweg, welcher je nach Vegetation sehr zugewachsen sein kann, geradeaus weiter bis zum Waldrand. Dort endet der Feldweg an einem geschotterten Forstweg. Wir befinden uns im Waldgebiet „Sulz“, auf dem sog. „Riesh. Weg“, wir bleiben der „5“ treu und gehen nach rechts weiter.

Unser nächstes Etappenziel ist die „Mammuthöhle“. Nach 300 Metern an einer Weggabelung schlendern wir nun nicht mehr in Richtung Süden, sondern links gen Osten. Wir erfahren an einem Schild, dass wir die Höhle in 600 Metern erreichen. Wenige Minuten später kommen wir zu einer Y-Gabelung. Hier geht es nach rechts weiter, denn die „Mammuthöhle“ ist nur noch 100 Meter entfernt. Sie ist nicht direkt vom Forstweg ersichtlich. Deshalb ist der Aufstieg mit der „5“, die nach rechts weist, markiert. Es geht einige Windungen und Steige nach oben. Zuerst gelangt man an ein vergittertes und versperrtes Tor. Auf der Höhle befinden sich ein Gitter, von welchem man hinab zur Höhle, die im Jahre 1911 entdeckt wurde, blicken kann, sowie eine Infotafel. Ebenso wurden hier die Kinder der berühmten „Bavaria-Buche“ gepflanzt 10.

Wir gehen zurück und hinab auf den ursprünglichen Weg und nach rechts weiter. Nun reisen wir von der Vergangenheit zurück in die Gegenwart. Unsere nächste Wegmarkierung ist der „Altmühl-

Mammuthöhle unten

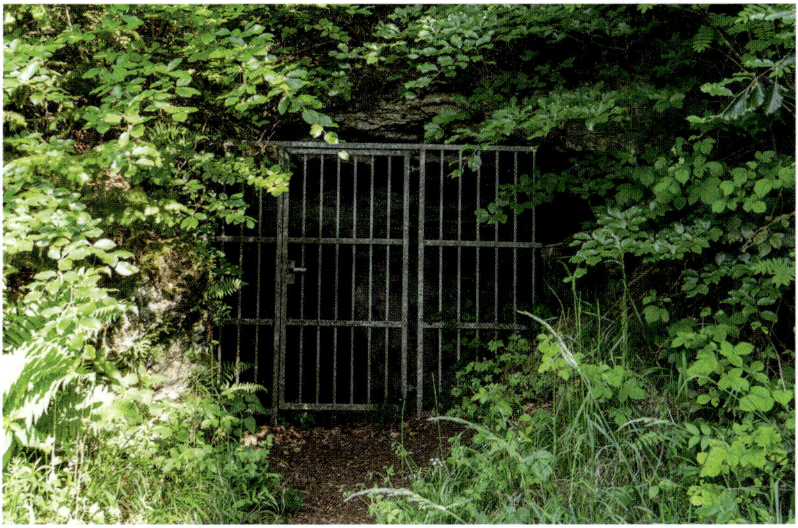

tal-Panoramaweg". Nach Landershofen sind es immerhin noch 6 Kilometer und nach Eichstätt 9,5 Kilometer. Es liegt also noch ein gutes Stück vor uns. Verirren ist dank der guten Beschilderung („15"; „E 8"; „Panoramaweg") auf den nächsten 2,5 Kilometern auf dem breiten Forstweg im Schatten der Bäume in südlicher Richtung kaum möglich. Nur einmal müssen wir eine schmale Teerstraße überqueren, ansonsten bleiben wir auf dem fein geschotterten Forstweg. Schließlich gelangen wir zu einem Baumstumpf. Alle drei Wegweiser leiten uns an dieser Stelle auf den schmalen, unbefestigten Waldpfad nach links. Diesem folgen wir, und schon bald lassen wir das Waldgebiet hinter uns. Aus dem Pfad ist ein fein geschotterter Weg geworden, welcher hinab zur Ortschaft Pfünz führt. Schon bald erhalten wir ein herrliches Panorama über das Örtchen und das nachgebaute Römerkastell, welches auf einem Hügel darüber erkennbar ist 11.

Wenig später erreichen wir die Abzweigung „Magistrale". Hier biegen wir gemäß den Beschilderungen nach rechts auf den schmalen Trampelpfad ab und schlendern am Hang entlang, welcher mit Magerrasen, Wacholder, Büschen und Sträuchern bewachsen ist, auf dem „Altmühltal-Panoramaweg" in Richtung Südwesten auf der sog. „Schimmelleite". Noch auf Höhe Pfünz passieren wir das „Lebens-Weg-Kreuz". Auf diesem Abschnitt können wir das typische Flair des Altmühltals in uns aufsaugen 12.

Nach 1,3 Kilometern erreichen wir einen Schotterweg. Nach ein paar Metern talwärts geht es gemäß der „14" und dem Panoramaweg nach rechts weiter. Nach Eichstätt sind es ›nur‹ noch 4,5 Kilometer. Nun durchqueren wir auf fein geschottertem Weg ein idyllisches Tal. Nach 550 Metern folgen wir dem beschilderten Pfad nach links. Auf der anderen Seite geht es auf Waldboden einen kurzen Anstieg hoch. Oben angekommen befin-

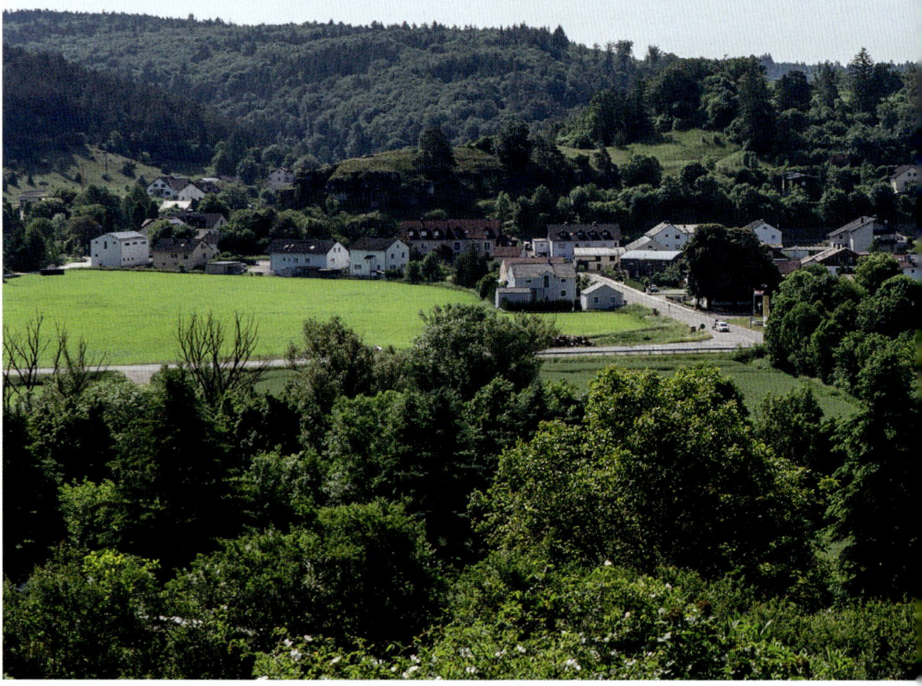

den wir uns vor den Häusern der Ortschaft Landershofen. Auf dem Feldweg geht es nach rechts weiter. Während der „Altmühltal-Panoramaweg" oben am Waldkindergarten abzweigt, halten wir uns gemäß der Beschilderung „14" auf dem Pfad links am Waldkindergarten vorbei 13.

Es geht auf dem schmalen Weg weiter bis wir wenig später eine Teerstraße erreichen. Nun folgt ein Stück auf Asphalt. Auf der Straße „Am Haselbergweg" geht es südlich durch die Ortschaft. Auf halber Strecke finden wir „Am Herrengrund" links einige Bänke bei einem Spielplatz. Wir gehen geradeaus weiter und biegen an der Straße „An der Herrmannsleite" nach rechts ab. Vorher gönnen wir uns aber im „Landgasthof Pröll" eine kulinarische Stärkung. Danach durchqueren wir leicht rechts die Straße „Am Schaubuckel". An deren Ende halten wir uns bei einer Tierarztpraxis links und verlassen die Straße auf einem Wiesenweg. Hier ist ein weiterer, kleiner Spielplatz. Hinten befindet sich ein kleiner Trampelpfad. Die „14" bringt uns schließlich hinab zum Parkplatz „Hessental" am Figurenfeld. Auf der anderen Seite am Radweg finden wir ein kleines, goldenes Wegkreuz, und nach 80 Metern zweigt rechts ein weiterer, ansteigender Pfad (Markierung „8") nach oben ab. Hier werden wir wieder von zwei mächtigen Figuren begrüßt 14.

Nun orientieren wir uns an der „8". So wie wir die Wanderung begonnen haben, beenden wir sie auch wieder. Es geht einen recht steilen Anstieg nach oben über den „Doktorberg". An einer Sitzgruppe, die sich unter einem beeindruckenden Baum befindet, halten wir uns links und passieren die erste von zwei verbleibenden Figuren. Eine weitere folgt dann noch rechts, und schon beenden wir unsere Reise in die Vergangenheit am Parkplatz.

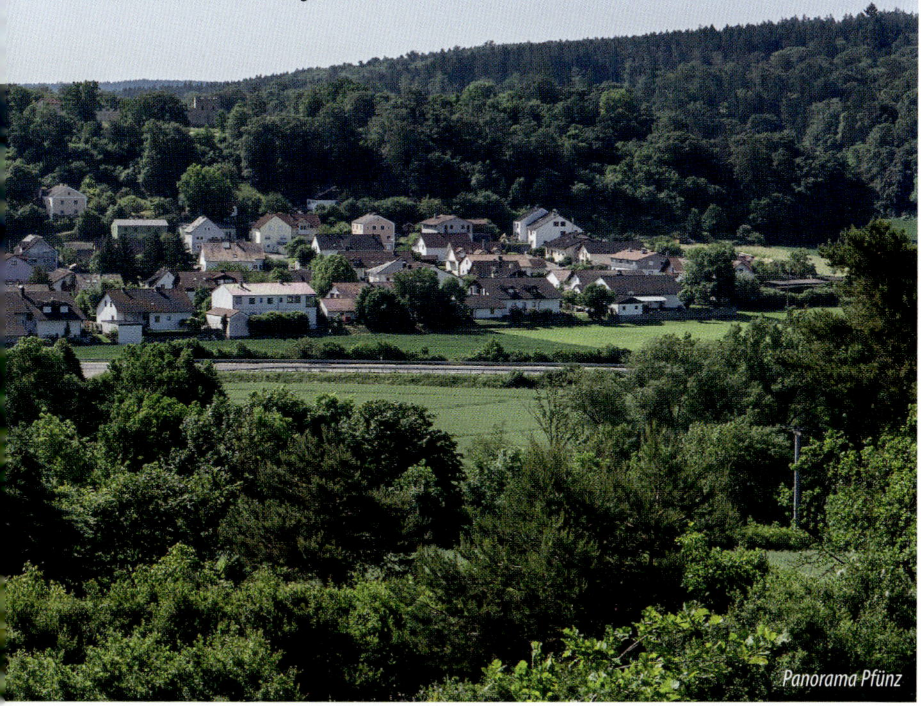

Panorama Pfünz

KELHEIM

Verwunschene Waldpfade, geheimnisvolle Höhlen und herrliche Aussichten

TOUR
21

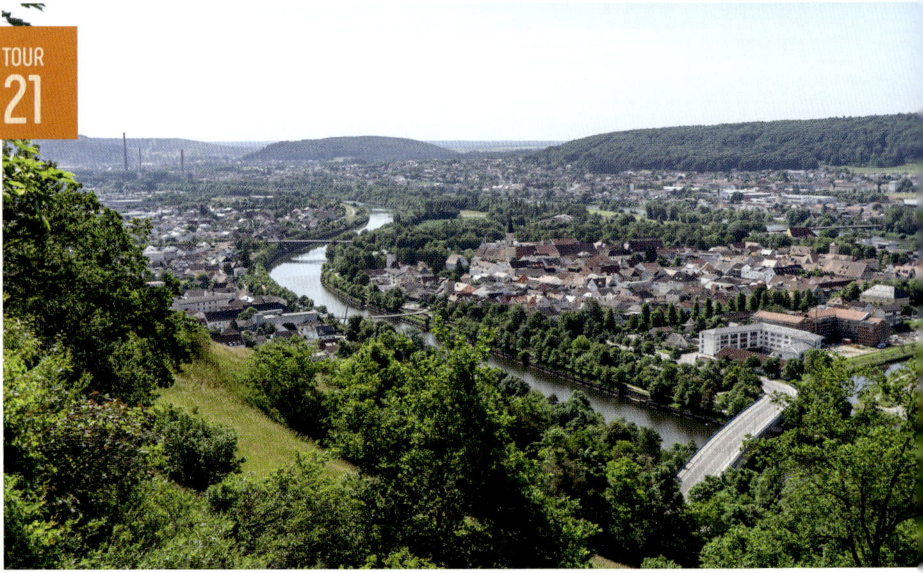

Kostenloser Parkplatz an der Hemauer Straße oberhalb des Caritas-Krankenhauses St. Lukas
Navi: Hemauer Straße 48, 93346 Kelheim
Koordi.: N 48° 55' 31.314 E 11° 53' 4.56

Kreuzweg am Kalvarienberg – Frauenhäusl – Grundlose Grube – Ihrlerstein – Jagerloch – Obernederhöhle – Panorama Kelheim – Maria Fels

Gute Grundkondition und stellenweise Trittsicherheit erforderlich; überwiegend gut begehbare Wege; drei Wegstücke auf Asphalt in Ihrlerstein und Kelheim, ansonsten überwiegend naturbelassener oder loser Untergrund bzw. Kies; GPS-Gerät ist sinnvoll.

Blaues Rechteck; rotes Rechteck; rotes Dreieck; grünes Rechteck; grünes Dreieck (Waldverein Regensburg); Schlaufenweg Kelheim 26 (blau-gelb); Nordic Walking Ihrlerstein Route 2 (grün-gelb); Ihrlerstein 1 (grün-gelb); Jakobsweg; Kelheim 4 (grün-gelb)

Eine längere, abwechslungsreiche Runde rund um Ihrlerstein nach Kelheim auf idyllischen Waldpfaden, entlang grandioser Aussichten und geheimnisvoller Höhlen.

Gasthof Stockhammer – Ratskeller
Am oberen Zweck 2, 93309 Kelheim
Tel. 094 41 700 40
www.gasthof-stockhammer.de
Öffnungszeiten: siehe online

Waldgaststätte Frauenhäusl
Frauenhäusl 1, Hafnergasse 2
93309 Kelheim
Tel. 09441 6831228
www.frauenhaeusl.de
Öffnungszeiten: siehe online

 Foto: Aussichtspunkt Kreuz

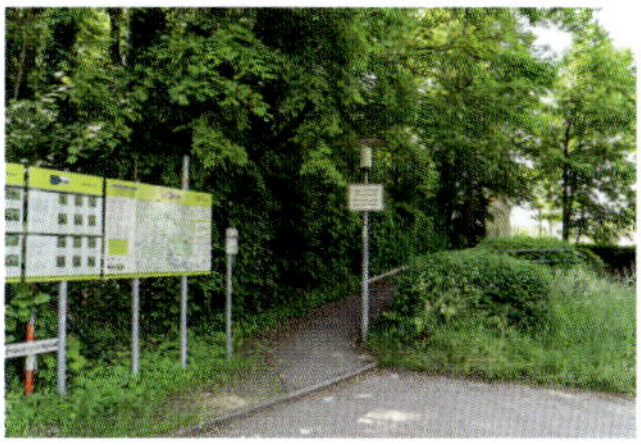

Startrichtung

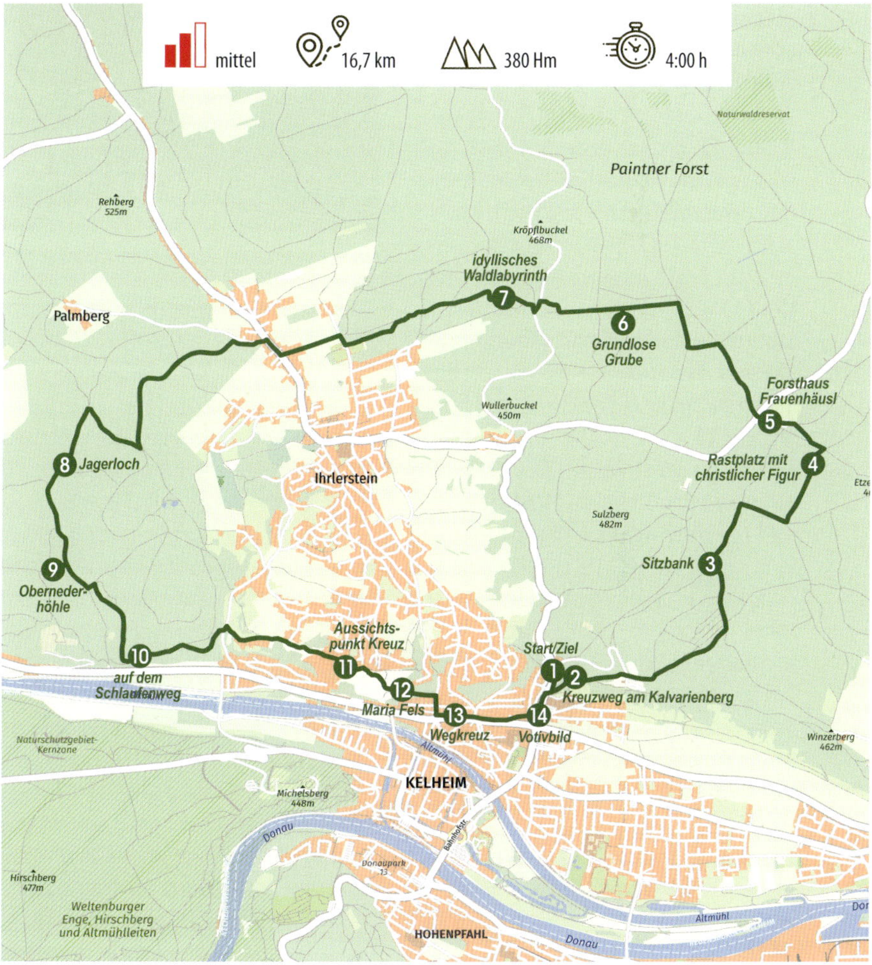

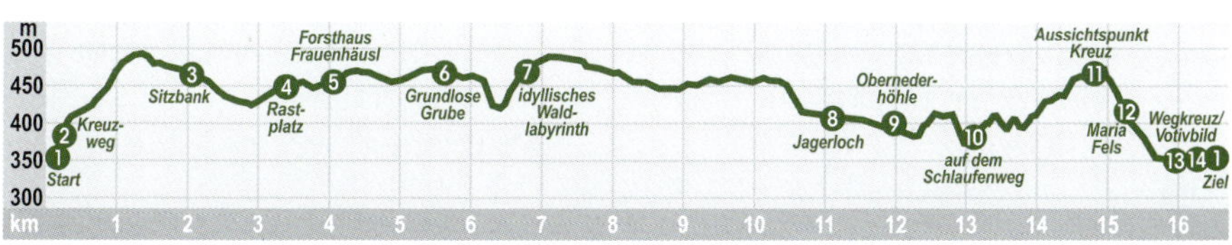

Vor uns liegt eine spannende, abwechslungsreiche Wanderung, die etwas länger ist und mit allen möglichen Untergrundarten auf uns wartet. Sie zeigt, dass der Ort und die Gegend um Kelheim viel mehr zu bieten haben, als die weltweit bekannte Befreiungshalle auf dem „Michaelsberg" oder eine Schifffahrt durch die „Weltenburger Enge" zur gleichnamigen Klosterabtei.

Wir durchqueren den Parkplatz in Richtung Krankenhaus 1, denn an dessen südlichem Ende finden wir nicht nur zahlreiche Wanderhinweise (z.B. „Jakobsweg", grünes Dreieck,...), sondern auch den Einstieg in den Kreuzweg am „Kalvarienberg". Diesen erkennen wir an der ersten kleinen Kapelle, die die Station 1 darstellt. Es macht große Freude, entlang des Kreuzweges am Hang nach oben zu spazieren. Besonders die letzte Station mit drei riesigen Kreuzen ist sehr beeindruckend 2.

Kurz danach gabelt sich der Wanderweg. Hier halten wir uns links, beim das nächsten Etappenstück orientieren wir uns am grünen Rechteck in Richtung „Frauenhäusl". Der idyllische Waldpfad führt hinter der „Bayerischen Waldbauernschule" vorbei. Wir überqueren den Parkplatz geradeaus und tauchen endlich wieder ein in das schattige Waldgebiet. Dank der guten Beschilderung des Waldvereins Regensburg (grünes Rechteck) können wir uns auf den nächsten 750 Metern in nordöstlicher Richtung auf dem Waldpfad nicht verirren. Dieser endet für uns an einem geschotterten Forstweg. Das grüne Rechteck würde noch geradeaus weiterführen, doch wir spazieren auf dem geschotterten Untergrund nach links in Richtung Norden für 530 Meter. An dieser Stelle finden wir eine Waldkreuzung mit zahlreichen Wanderhinweisen. An einer hölzernen Sitzgelegenheit rechts können wir uns ausruhen. Es ist ein idyllischer Platz 3.

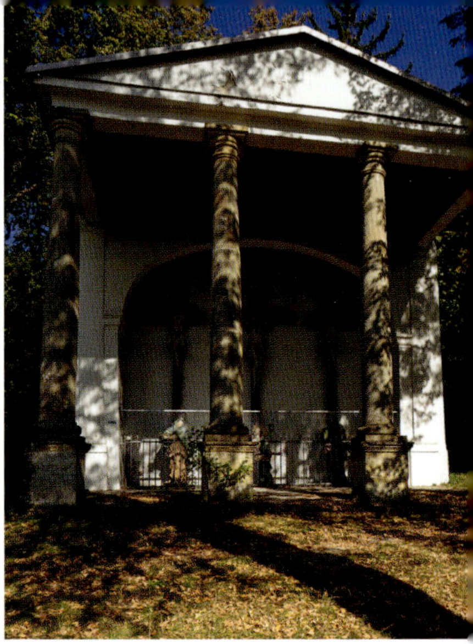

Letzte Station auf dem Kreuzweg am Kalvarienberg

Unser nächstes, größeres Ziel ist das „Frauenhäusl". Deshalb verlassen wir den Schotterweg und wählen den „Jakobsweg" und die grüne Dreiecksmarkierung und werden so auf bequeme Waldboden über Moos und Wurzeln rechts in Richtung Nordosten geführt. Nach etwa 500 Metern in nördlicher Richtung kommen wir zu einem geschotterten Forstweg. Hier gehen wir rechts weiter, da wir uns noch einen besonderen Rastplatz ansehen wollen. Nach 350 Metern ostwärts erreichen wir eine große Weggabelung. An dieser Stelle finden wir erneut zahlreiche Wanderhinweise, z. B. auch den „Jurasteig", den „Jakobsweg" und das bekannte grüne Dreieckssymbol. Wir orientieren uns an Letzterem auf der Route „W 44" und biegen scharf nach links in Richtung Norden ab. Der leicht geschotterte Waldweg führt uns" nach 500 Metern zu einem besonderen Rastplatz, in dessen Mitte sich eine christliche Figur auf einer Säule befindet 4.

Kurz darauf endet der Weg an einer Y-Gabelung. Hier wenden wir uns auf dem geschotterten Forstweg nach links. Zahlreiche bekannte Wegmarkierungen finden wir hier. Ein paar Meter weiter leitet uns das „grüne Rechteck" nach

rechts. Der Waldpfad bringt uns in 300 Metern zum „Frauenhäusl“. Im Sommer kann man sich hier wunderbar im Biergarten ausruhen und stärken. Dann setzen wir unsere Wanderung links auf der „Leutnantsbogenstraße“ in Richtung „KEH 25“ fort. Ein kleiner Rastplatz mit einem schönen Infobuch erzählt uns zuvor noch etwas über die Geschichte des Forsthauses „Frauenhäusl“ 5.
Wir überqueren geradeaus die Straße und setzen unsere Waldrunde auf dem geschotterten Forstweg in nordwestlicher Richtung fort. Bis zum Ausgangspunkt unserer Wanderrunde benötigen wir nur noch einen Wanderhinweis, nämlich ab jetzt das rote Rechteck. Anhand dessen biegen wir nach 600 Metern an der T-Kreuzung nach links und kurz darauf an der nächsten T-Kreuzung auf dem geschotterten Forstweg nach rechts. Während nach 330 Metern das rote Dreieck geradeaus weiterführt, halten wir uns an das rote Rechteck und biegen nach links ab. Der unebene Waldpfad, welcher kerzengerade in Richtung Westen führt, bringt uns nach 400 Metern zum nächsten Highlight der Runde: Etwa 30 Meter links vom Waldpfad finden wir eine kreisrunde Umzäunung, in dessen Mitte sich ein unheimliches Loch befindet. Es handelt sich um die „Grundlose Grube“. Da man nicht zu nah herantreten darf und kann, um nicht hineinzufallen, scheint es tatsächlich so, als ob die Grube keinen Boden hat 6.
Nach weiteren 450 Metern leitet uns das rote Rechteck nach rechts, und kurz darauf in einem Linksbogen bringt uns der Waldpfad steil hinab zu einer schmalen, geteerten Straße. Diese verlassen wir nach 80 Metern wieder nach rechts. Nun lohnt es sich, das GPS-Gerät einzuschalten, da auf dem nächsten Stück aufgrund von Abholzungsarbeiten möglicherweise manche Beschilderungen des roten Rechtecks sich nicht mehr an Ort und Stelle befinden. Nach einer breiten Linkskurve halten wir uns nach 60 Metern auf dem unebenen Waldweg rechts, und es geht – parallel zum breiten Forstweg links – entlang einer Doline auf einem Waldpfad steil nach oben. Oben angekommen, nach 85 Metern, gehen wir auf dem etwas unübersichtlichen Waldpfad geradeaus weiter. Wir erkennen wieder das rote Rechteck, welches stellenweise etwas zugewachsen sein kann. Jetzt spazieren wir auf dem schmalen Pfad in verschiedenen Biegungen für 170 Meter, immer auf der Suche nach dem roten Rechteck. An einer T-Kreuzung führt uns das idyllische Waldlabyrinth nach rechts weiter und bei nächster Gelegenheit nach links 7.
Nun geht es auf dem unebenen, naturbelassenen und stellenweise verwurzelten Waldpfad bis zum Sportplatz des SV Ihrlerstein in südwestlicher Richtung relativ gerade weiter. Nach 310 Metern überqueren wir geradeaus eine Teerstraße. Nach weiteren 430 Metern scheint sich das rote Rechteck zu verlieren. Hier wählen wir intuitiv einen schmalen Trampelpfad nach links und biegen wenige Meter auf den kerzengeraden Waldpfad nach rechts ab. Dieser wirkt wie eine Baumallee, welche uns am Ende direkt an den Rand des Fußballplatzes in Ihrlerstein bringt. Auf der anderen Seite stehen wir neben dem Sportheim auf der

Geschichte des Forsthauses

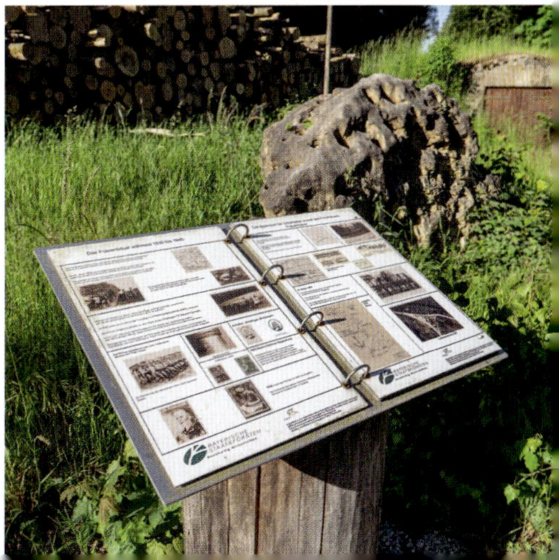

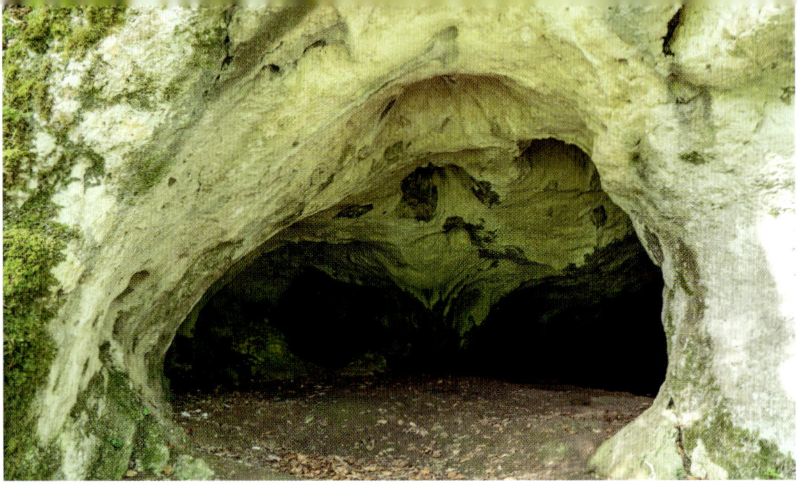

Obernederhöhle

„Lindenstraße". Nach wenigen Metern biegen wir links ab in die Straße „Am Wiesengrund". Nach 440 Metern in westlicher Richtung biegen wir rechts ab in die „Nürnberger Straße" und verlassen sie nach 155 Metern links in die „Ziegeltalstraße" in Richtung Palmberg. Nach 70 Metern verlassen wir die „Ziegeltalstraße" links beim bekannten roten Rechteck. Im Wald halten wir uns gemäß der Markierung sofort rechts auf dem Waldpfad. Schon bald kommen wir zu einem breiten, geschotterten Forstweg. Auf diesem geht es für eine Weile links weiter. Wir befinden uns auf der „Nordic Walking Ihrlerstein Route 2". Nach ungefähr 1200 Metern in grundsätzlich südlicher Richtung erkennen wir an einem Baumstumpf die Markierung des blauen Rechtecks" und die Markierung „1". Jetzt befinden wir uns erneut auf einem verwunschenen Waldpfad in nordwestlicher Richtung. Dieser endet ebenfalls nach 500 Metern an einem breiten, geschotterten Forstweg. Und ein weiteres Mal folgen wir diesem nach links in südlicher Richtung. Nach etwas mehr als 400 Metern erkennen wir wenige Meter links von uns am Hang die erste Höhle auf unserer Runde. Es handelt sich um das „Jagerloch". Kinder und Junggebliebene erhalten hier einen ersten kleinen Vorgeschmack auf das nächste Highlight der Wanderung 8.

Das Waldgebiet links von uns trägt den Namen „Kühtränke". Wir schlendern weiter in Richtung Süden. Nach 22 Metern mündet rechts ein weiterer Schotterweg in den unseren. Hier erfahren wir, dass wir uns auf der „Nordic Walking Ihrlerstein Runde 2" befinden. Wir halten uns links und „walken" weiter. Es handelt sich zudem um einen Radweg. Links von unserem Weg wirkt die Landschaft unwirklich, wie ein sich selbst überlassener Urwald. Nach 280 Metern zweigt der Pfad, welcher mit dem grünen Rechteck markiert, ist nach rechts ab, doch wir gehen noch geradeaus weiter. Nun erkennen wir den Hinweis „Schlaufenweg 26". Daran orientieren wir uns bis nach Kelheim. Vorher wartet jedoch nach 250 Metern die größte Höhle der Wanderung auf uns. Ein schmaler, sehr steiler Pfad führt dafür rechts etwa 20 Meter hoch zu einem Felsen. Je nach der Dichte der Vegetation kann man den Einstieg leicht übersehen. Hier können Stöcke eine Hilfe sein. Erst direkt davor erkennen wir die großen Ausmaße. Es handelt sich um die „Obernederhöhle". Sie ist etwa 20 Meter lang und bis zu 9 Meter breit. In den Jahren 1918–1923 führte der Justizinspektor und Heimatforscher Alexander Oberneder Ausgrabungen durch und benannte die Höhle nach sich selbst 9.

Wieder unten angekommen gehen wir nach rechts weiter und kommen an eine Kreuzung. Hier folgen wir dem „Schlaufenweg" und der „Nordic Walking" Runde nach links. Letztere verlassen wir aber sofort wieder, denn wir biegen auf den unbefestigten Forstweg nach links ab und orientieren uns weiterhin an der blau-gelben Markierung des „Schlaufenwegs" und dem grünen Rechteck. Der Waldpfad steigt für eine Weile leicht an, ehe es nach etwas mehr als 500 Metern hinab, talwärts in Richtung Main-Donau-Kanal geht. Nach einer Linksbiegung wandern wir in Richtung Osten. Es macht große Freude, auf dem schmalen Pfad des „Schlaufenwegs" zu spazieren und das Ambiente des Waldes zu genießen ⑩.

Dank der guten Beschilderung kann man sich nicht verirren und so endet unser ›Waldbad‹ vorerst nach einigen Minuten rechts an der Straße „Cramannsdorfer Weg". Vorher konnte man – je nach Vegetation – bereits schöne Blicke auf die Befreiungshalle auf dem „Michelsberg" erhaschen. An der Straße halten wir uns links und biegen sofort, bei nächster Gelegenheit, rechts ab in die Straße „Am Kager". Die nächsten 470 Meter haben wir bedauerlicherweise Asphalt unter unseren Sohlen. Wir befinden uns in Kelheim, jedoch nicht lange. Kurz nach dem Ortsschild von Ihrlerstein zweigt rechts ein Trampelpfad ab. Von nun an werden wir von dem Blick über den Kanal und zur majestätischen Befreiungshalle regelrecht überwältigt. Auf diesem schmalen, alpinen Pfad am Hang ist stellenweise Trittsicherheit erforderlich, während man das herrliche Panorama genießt. Immer wieder lassen wir unseren Blick vor uns nach Kelheim, rechts von uns zur Befreiungshalle und hinter uns über den Kanal in Richtung Riedenburg schweifen. So auch nach 500 Metern. Hier finden wir ein eisernes Bergkreuz und eine hölzerne Sitzbank ⑪.

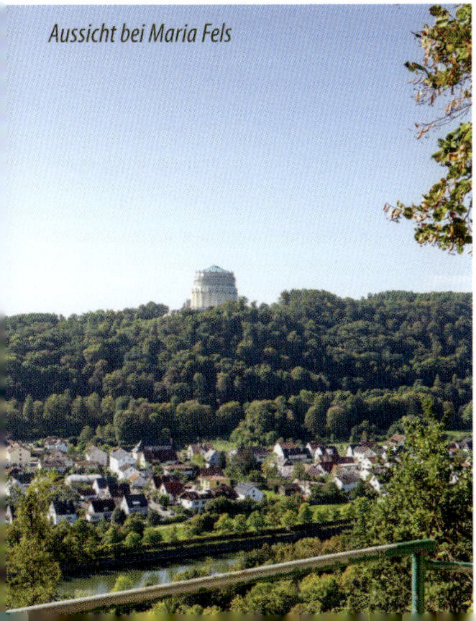
Aussicht bei Maria Fels

Nach 80 Metern gabelt sich der Weg. An dieser Stelle bleiben wir auf der „26" und der „1" und gehen auf dem schmalen Steig rechts den Hang hinab. Am Hang passieren wir einen Felsen und dahinter eine weitere kleine Höhle. Ein wenig später erkennen wir ein vor uns ein kleines Türmchen, welches sich rechts von uns von Bäumen verdeckt am Hang erhebt. Es handelt sich um die Kapelle „Maria Fels", die zudem einen weiteren herrlichen Aussichtspunkt darstellt ⑫.

Der Pfad bringt uns in östlicher Richtung hinab zur Straße „Brander Steig". Leider ist das letzte Stück der Wanderung durch Kelheim recht wenig idyllisch. Der „Schlaufenweg 26" leitet uns nach rechts talwärts. Unten folgen wir links der „Dr.-Weber-Straße". Diese mündet in die „Hemauer Straße". Neben zahlreichen Wegmarkierungen (grünes Rechteck, „Via Nova" und „Jurasteig" Hauptroute) finden wir auch ein Wegkreuz ⑬.

Wir folgen dem „Jurasteig" entlang der „Hemauer Straße" ostwärts. An der Linksbiegung vor dem Krankenhaus finden wir ein unscheinbares Votivbild ⑭.

Es geht links hoch, und wenig später beenden wir auf der anderen Straßenseite unsere abwechslungsreiche Wanderung am Fuße des Kreuzwegs.

DOLLNSTEIN

Alpin unterwegs auf dem Jägersteig entlang dem Urdonautal

TOUR 22

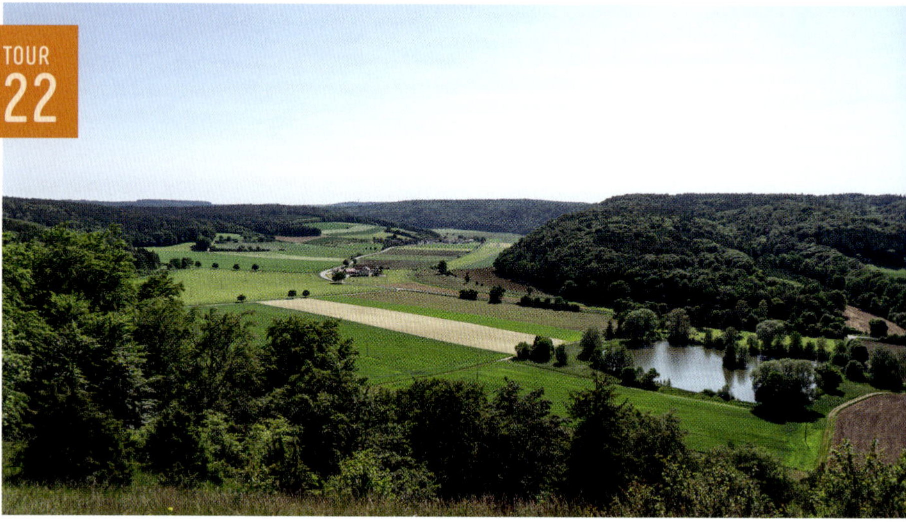

Kostenlose Parkmöglichkeit am Jägersteig beim Groppenhofer Weiher an der St 2407
Navi: Beim Weiher / St 2407
Koordi.: N 48° 51' 17.3484 E 11° 4' 43.2156

Jägersteig – Felsentor Beixenhart – Konstein – Dohlenfels – Urdonautalsteig – Oberlandsteig – kleine Kapelle – Panorama Urdonautalsteig – Groppenhofer Weiher

Teile dieser Route führen durch sehr technisches, schwieriges oder gefährliches Gelände; spezielle Ausrüstung und Vorkenntnisse sind unbedingt erforderlich; alpine Erfahrung sinnvoll; grundsätzlich gute Grundkondition erforderlich; zwei Abschnitte auf Asphalt, ansonsten überwiegend loser oder naturbelassener Untergrund, alpines Gelände oder Kies; absolut trockener Untergrund ist zwingend erforderlich.

Dollnstein 7; Jägersteig (rot-weiß); Geoweg Urdonautal (grün-gelb); Schlaufenweg 11 (blau-gelb); Wellheim 2, 3, 4 (grün-gelb); Wallfahrerweg (grün-gelb); Nordic Walking Park Urdonautal Powerweg 2 (grün-weiß); Urdonautalsteig (rot-weiß)

Eine (sehr) schwere Wanderung auf dem bekannten Jägersteig entlang des Urdonautals von Dollnstein nach Konstein inklusive dem Urdonautalsteig und dem Oberlandsteig – der Abschnitt Jägersteig ist für Anfänger nicht geeignet!

Gasthof zum Kirchenschmied
Papst-Viktor-Straße 21, 91795 Dollnstein
Tel. 08422 512
www.zum-kirchenschmied.de
Öffnungszeiten: siehe online

Naturfreundehaus Konstein
Aicha 12, 91809 Weilheim-Konstein
Tel. 08427 9857606
www.naturfreundehaus-konstein.de
Öffnungszeiten: siehe online

 Foto: Panorama am Urdonautalsteig mit Groppenhofer Weiher

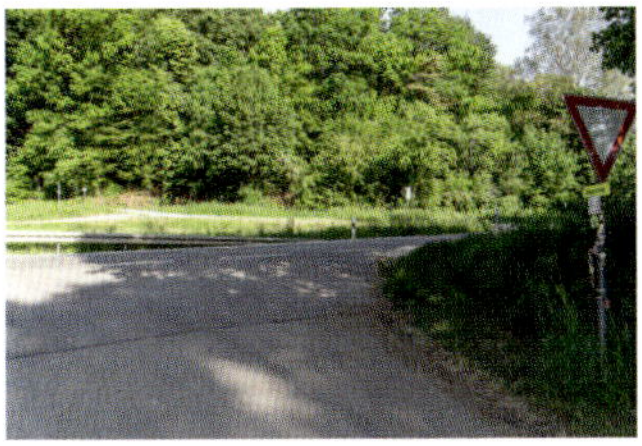

Startrichtung

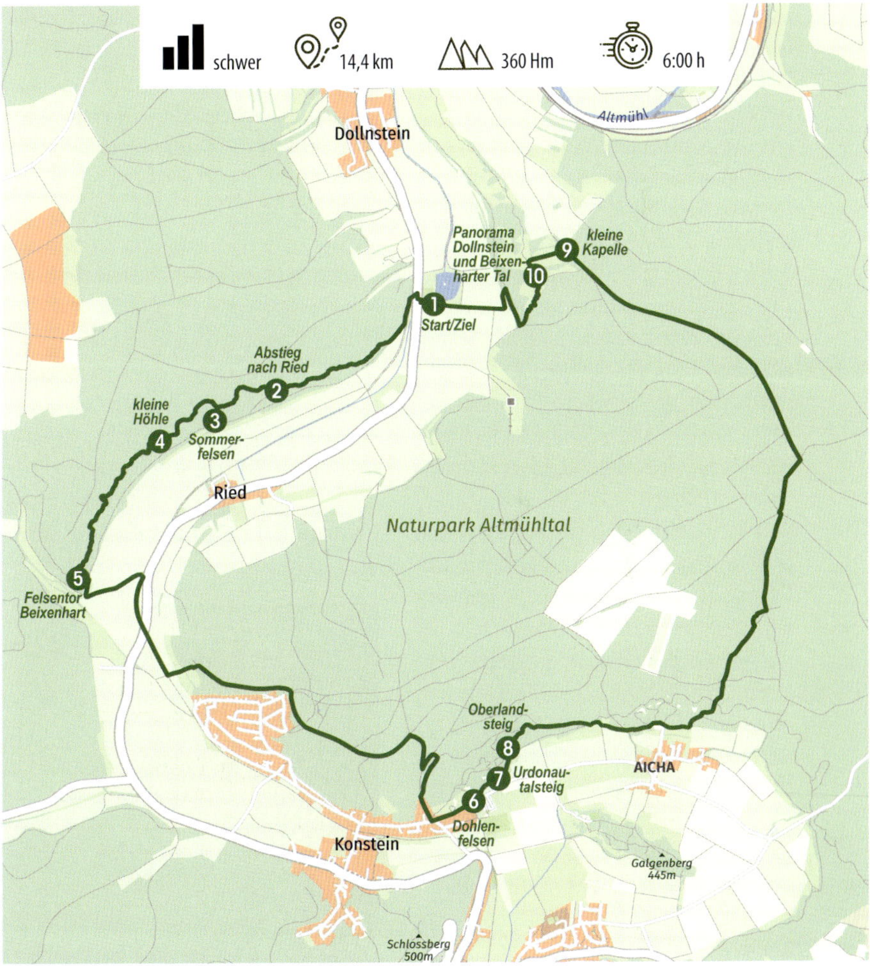

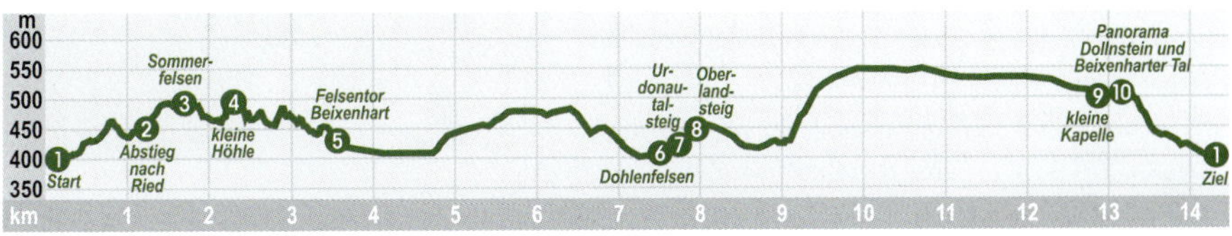

Vor uns liegt wirklich eine spektaktuläre, bildgewaltige und ebenso anstrengende wie anspruchsvolle Runde. Deshalb ist sie mit Abstand die schwierigste Tour in diesem Wanderführer. Wir parken dafür am Wanderparkplatz am „Jägersteig" am Groppenhofer Weiher am Spiel- und Freizeitplatz zwischen Dollnstein und Groppenhof 1.

Gemäß der Wegmarkierung „Jägersteig" überqueren wir die „St 2407" und halten uns am Wegkreuz im Schatten des Waldes, nicht auf dem Radweg, sondern links auf dem geschotterten Forstweg. Nach 300 Metern zweigt rechts der „Jägersteig-Höhenweg" ab. An dieser Stelle finden wir bereits zahlreiche Warnhinweise: „Der Jägersteig ist streckenweise ein sehr schmaler, steiler und rutschiger Pfad mit Wurzeln, Steinen und Felsen. (...)" Die angegebene Zeit ist sehr sportlich. Ich habe länger gebraucht. Laut offiziellen Angaben ist die Wanderung für Kinder unter 8 Jahren nicht geeignet. Ich würde meine 12-jährige Tochter auch nicht mitnehmen wollen. Wem das jetzt schon zu aufregend ist, der kann unten auf dem „Urdonautalsteig" bleiben und am Fuße des Hangs in südlicher Richtung spazieren. Das erste Drittel wird für jeden Wanderer sehr gut machbar sein, dann folgt der einzige Zwischenabstieg. Auch hier hat man die letzte Gelegenheit, nach unten auf den „Dollnstein 7" und „Urdonautalsteig" zu gelangen. Sogleich befinden wir uns auf einem malerischen Waldpfad entlang der „Groppenhofer Leite", welcher mal mehr, mal weniger in seiner Breite und unebenen Bodenbeschaffenheit variiert. Bereits auf diesem Teilabschnitt passieren wir Totholz, mächtige lebende Bäume und beeindruckende Felsformationen. Ebenso geht es eine hölzerne Leiter hinab. Bisher sollte es noch keine Schwierigkeiten gegeben haben. Nun erreichen wir eine Weggabelung. Es handelt sich um den einzigen Abstieg nach Ried. Wer bisher schon Mühe hatte oder Bedenken, beziehungsweise wenn der Untergrund nicht absolut trocken ist, dann würde ich an dieser Stelle den Weg nach unten antreten (Dauer: ca. 10 Minuten). Diese Stelle ist markiert mit einem hölzernen Schild mit einem seltsamen Spruch „Gewiss ist der Tod ...". Wenn das keine Warnung ist ... 2.

Von nun an wird es spektakulär und zugleich stellenweise schwer und unwegsam. Immer wieder gelangen wir auf dem teilweise unwegsamen Pfad, teilweise mit Blattwerk und Bucheckern bedeckt recht rutschig sein kann, zu beeindruckenden Felsformationen, durch welche man auch hindurchsteigen muss. Dank der rot-weißen Markierung kann man den Pfad kaum verfehlen. Nach etwa 900 Metern sind wir auf einem kleinen Plateau. Rechts von uns an einem Felsen finden wir die Plakette „Jägersteig – Sommerfelsen". Links von uns ist der besagte Fels. Darauf weht eine blaue Fahne im Wind. Ein kleiner Pfad führt rechts ein paar Meter nach vorne. An dieser Stelle haben wir ein herrliches Panorama auf die Ortschaft Ried und das Urdonautal unter uns 3.

Auf dem Jägersteig

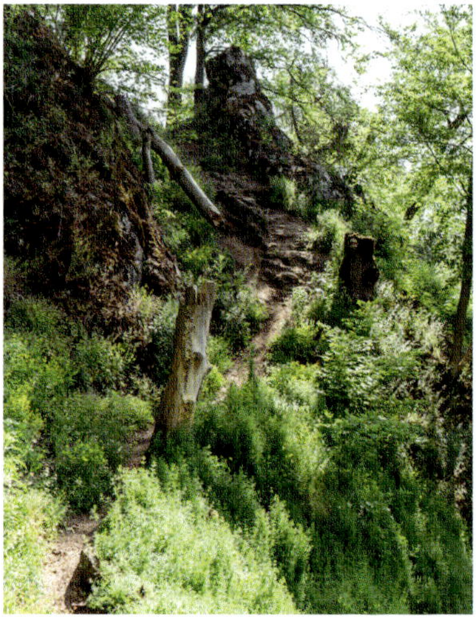

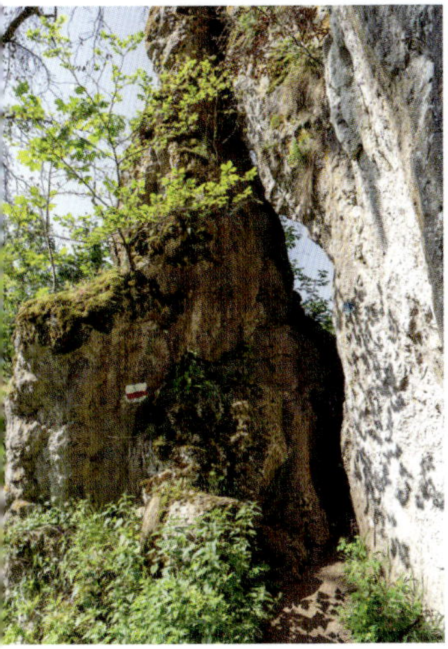

Weg durch die Felsspalte

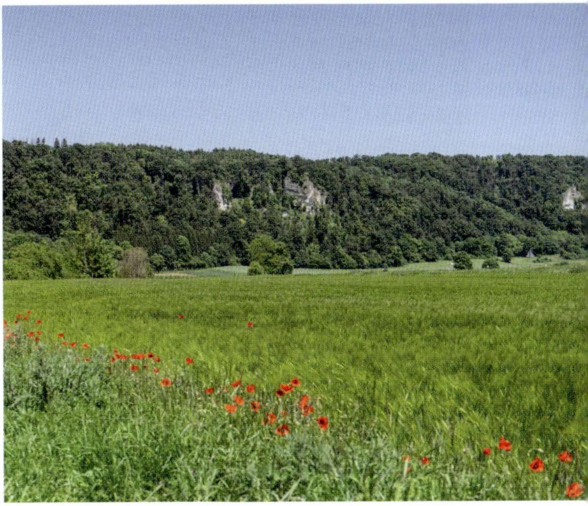

Blick über das Urdonautal in Richtung Dollnstein

Das Terrain wird nicht leichter. Kaum freut man sich, dass es etwas ebener und leichter wird, wartet an der nächsten Ecke bereits wieder ein Aufstieg, Abstieg oder ein Abschnitt, auf welchem man die Hände oder Wanderstöcke zu Hilfe nehmen muss. Einmal klettern wir sogar zwischen zwei Felsspalten hindurch. Es geht für weitere 560 Meter auf und ab, mal mehr, mal weniger beschwerlich entlang der „Rieder Leite". Die letzen Meter davon geht es rechts relativ steil hoch neben einer Felswand. Oben finden wir dann rechts in einem Felsen eine kleine Höhle und erhalten erneut eine herrliche Aussicht auf Ried ❹.

Generell geht es gemäß der Hinweise nach rechts weiter, und schon ein kurzes Stück weiter geht es zwischen zwei mächtigen Felswänden hindurch und über einen schmalen Pfad an der Wand entlang wieder hinab. Es geht nach links und dann nach rechts weiter. Dann wird der Steig zwischen zwei Felsspalten immer enger, denn es geht mitten durch sie hindurch. Wir befinden uns mittlerweile im Gebiet „Hünenring" und nähern uns langsam und hoffentlich sicher dem Ende des „Jägersteigs". In einer Linkskurve geht es hinab ins Tal. Dann erblicken wir rechts das beeindruckende „Felsentor Beixenhart" ❺.

Nach wenigen Metern kommen wir unten auf dem „Urdonautalsteig" und „Dollnstein 7"-Weg an. Ich war durchaus erleichtert, den „Jägersteig" bewältigt zu haben. Es war wunderschön und spektakulär zugleich mit einer gehörigen Portion Nervenkitzel. Wir gehen nach rechts weiter und finden nach 80 Metern rechts am Wegesrand eine Sitzgelegenheit mit zwei Infotafeln. Nun haben wir uns eine Pause und eine Stärkung redlich verdient. Schließlich geht es erst einmal weniger aufregend auf dem Feldweg gemäß des „Urdonautalsteigs" nach links in Richtung Straße weiter. Dabei lassen wir den Blick über das wunderschöne Urdonautal in Richtung Dollnstein gleiten und stellen fest, dass der „Jägersteig" von unten bei Weitem nicht so aufregend aussieht als direkt vor Ort. Wir erreichen einen asphaltierten Radweg. Diesem folgen wir nach rechts für 600 Meter und überqueren dabei auch die „St 2407". Dann leitet uns der „Urdonautalsteig" auf einem unbefestigten Feldweg links den Hang hoch in ein Waldgebiet. Oben geht es nach rechts in östlicher Richtung auf festem Waldweg vorbei an weiteren Sitzbänken entlang der „Wielandsleite" für 1500 Meter weiter. Mittlerweile befindet sich auch der „Schlaufenweg Dollnstein 11" und die grün-gelbe Markierung „Wellheim 2" auf unserem Weg. Dann

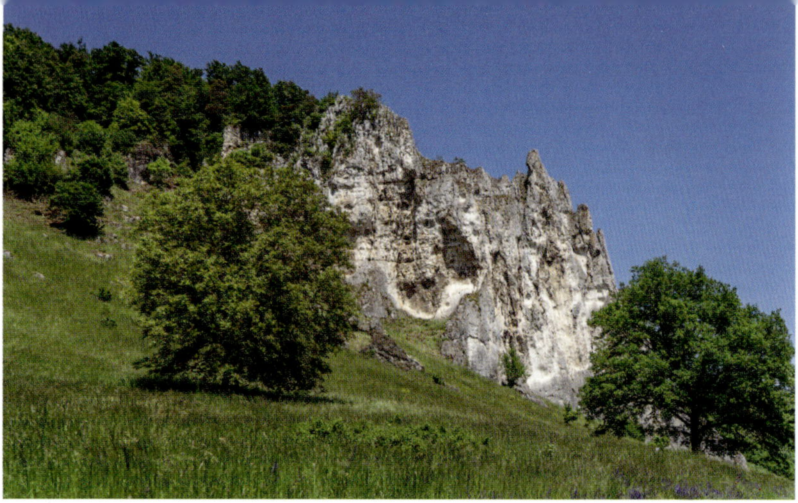

Auf dem Oberlandsteig

verlassen wir für eine kurze Zeit die Markierungen, denn wir folgen einem schmalen Waldpfad rechts talwärts. Er endet nach etwa 240 Metern an einer schmalen Teerstraße. Auf dieser bewegen wir uns für 100 Meter nach links den Hang hoch. An der Einmündung rechts finden wir erneut die bekannte „2" und auch den „Nordic Walking Park Urdonautal 2 Powerweg". Diesen Markierungen folgen wir auf dem unbefestigten Waldweg nach rechts in Richtung der Ortschaft Konstein. Der Waldpfad mündet in die Seitenstraße. Nun folgt das letzte Stück auf Teer. Unten angekommen leiten uns die Wegmarkierungen nach links auf die „Aichaer Straße". Vor uns erkennen wir links majestätische Felsformationen: Zuerst die „Konsteiner Wand" und dahinter noch beeindruckender den „Dohlenfelsen". Wir befinden uns mitten in einem Paradies für Kletterer. Schon allein deshalb hat sich das kurze Stück Asphalt gelohnt. 6.

Direkt am „Dohlenfelsen" verlassen wir nicht nur die Teerstraße, sondern auch den „Rundwanderweg Wellheim 4" und den „Geoweg Urdonautal", denn hier beginnt rechts leicht ansteigend der „Urdonautalsteig Etappe 1 Dollnstein – Wellheim". Obwohl es auch ein Steig ist, handelt es sich hier um einen schönen Waldweg, stellenweise über Steine oder Wurzelwerk, welcher vorbei an Felsformationen führt 7.

Nach 320 Metern gabelt sich der Weg. Während der „Urdonautalsteig" geradeaus weitergeht, machen wir einen Abstecher nach rechts und halten uns auf dem Waldpfad für 50 Meter links und erreichen so den „Oberlandsteig". Dieser ist stellenweise etwas unwegsamer. Die Markierung ist eine runde rot-weiße Japan-Flagge. Es geht nach rechts weiter. Immer wieder gibt es Gelegenheiten, eine Abzweigung zu nehmen, um zum Kletterfelsen zu gelangen oder eine schwierigere Route (blau-weißer Kreis) zu nehmen. Wir halten es etwas einfacher und bleiben bei ›Japan‹ auf dem Wanderweg in (nord)östlicher Richtung 8.

Nach etwa 550 Metern mündet der „Oberlandsteig" wieder in den „Urdonautalsteig" und „Wellheim 4". Von hier hat man einen wunderschönen Blick zurück nach Konstein und die gegenüberliegende Ortschaft Wellheim. Entlang diesen Markierungen geht es ostwärts weiter, auch oberhalb des Kletterheims Aicha. Nun haben sich die Markierungen des „Wallfahrerwegs" und des „Schlaufenwegs 11" zu uns gesellt. Besonders Letzteren werden wir nun die nächsten Kilometer folgen. Etwa 300 Meter weiter gabelt sich erneut der Weg. Wir gehen nach links gemäß der „11" auf „Wallfahrt" weiter. Es folgt ein längerer, aber im Vergleich zum „Jägersteig" sehr entspannter

Aufstieg auf einem idyllischen Waldpfad. Nach 270 Metern in Richtung Norden überqueren wir einen geschotterten Forstweg und bleiben unserer Linie geradeaus treu. An der Y-Gabelung wenige Meter weiter halten wir uns rechts. Nach weiteren 330 Metern umrunden wir linker Hand ein eingezäuntes Gebiet und erreichen kurz darauf wieder den ursprünglichen, dann etwas breiteren, leicht geschotterten Waldweg. Dieser endet im Norden an einem fest geschotterten Forstweg. Dieser ist sehr breit. Links finden wir neben einer Sitzbank die bekannten Wegmarkierungen. Diese leiten uns nach rechts in Richtung „Eichstätt Bahnhof". Nach ca. 350 Metern, an der nächsten Kreuzung, verlässt uns der „Wallfahrerweg". Dieser führt geradeaus weiter, doch wir bleiben dem „Schlaufenweg 11" treu und gehen auf der „Römerstraße" – es handelt sich um einen breiten, geschotterten Forstweg – nach links weiter. So spazieren wir darauf für 1900 Meter in Richtung Nordwesten durch das Waldgebiet ohne abzubiegen. Auf der anderen Seite des Waldes finden wir rechts am Wegesrand ein Schild, welches uns links zum bekannten „Urdonautalsteig" weist, und gegenüber eine kleine Kapelle. Davor gönnen wir uns auf der Holzbank eine kleine Verschnaufpause. Von der Bank aus haben wir ein schönes Panorama in Richtung der Ortschaft Breitenfurt ⑨.

Hinter der Kapelle wählen wir den Feldweg zum bekannten Steig in 300 Meter Entfernung. Hier oben auf der Ebene ist die Aussicht auf Dollnstein und das umliegende Tal herrlich, genauso von einer Panoramabank wenig später auf dem Steig. Wir lassen unseren Blick in Richtung Dollnstein und das Beixenharter Tal gleiten und erkennen unter uns den Ausgangspunkt der Wanderung, den Groppenhofer Weiher ⑩.

Wir gehen den schmalen Trampelpfad nach links weiter, welcher sich wenig später im Zickzackkurs nach unten windet. Dabei begleiten uns Sprüche auf Holzschildern. Unten angekommen in einer Senke verlassen wir den „Schlaufenweg" und wenden uns auf dem „Geoweg Urdonautal" auf den Feldweg nach rechts. Schon bald biegen wir bei einer Sitzgruppe nach links hinab in Richtung Weiher. Während wir über eine Wiese und einen Feldweg die letzten Meter spazieren, tauchen wir mit unserem Blick in die herrliche Landschaft ein und lassen die spektakuläre Tour vor unserem inneren Auge noch einmal Revue passieren.

Auf dem Oberlandsteig

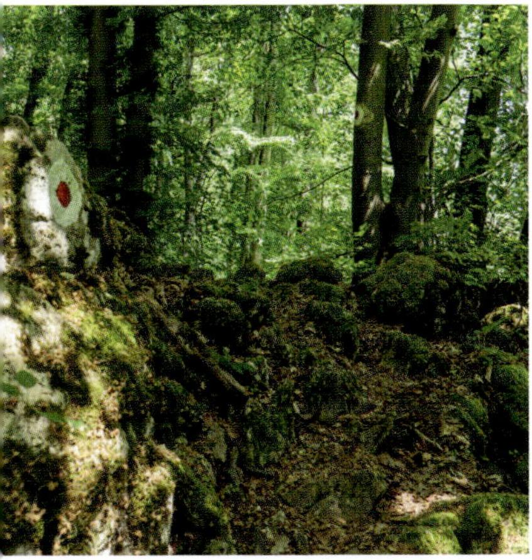

Spruch

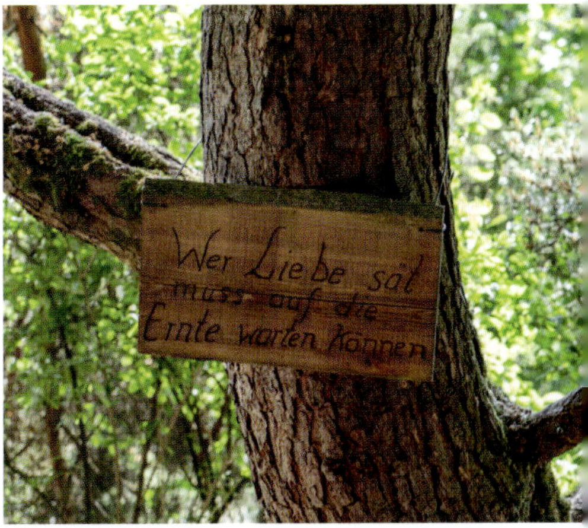

Bibliografische Information der Deutschen Nationalbibliothek

Die Deutsche Nationalbibliothek verzeichnet diese Publikation in der Deutschen Nationalbibliografie; detaillierte bibliografische Daten sind im Internet über http://dnb.dnb.de abrufbar.
ISBN 978-3-95587-433-9

MIX
Papier aus verantwortungsvollen Quellen
FSC® C014138
FSC
www.fsc.org

Für uns, die Battenberg Gietl Verlag GmbH mit all ihren Imprint-Verlagen, ist Nachhaltigkeit ein wichtiger Teil unserer Unternehmensphilosophie. Daher achten wir bei allen unseren Produkten auf den Einsatz umweltschonender Ressourcen und Materialien.
Dieses Buch wurde auf FSC®-zertifiziertem Papier gedruckt. FSC (Forest Stewardship Council®) ist eine nicht staatliche, gemeinnützige Organisation, die sich für die verantwortungsvolle und ökologische Nutzung der Wälder unserer Erde einsetzt.

Unsere Partnerdruckerei kann zudem für den gesamten Herstellungsprozess nachfolgende Zertifikate vorweisen:
- Zertifizierung für FOGRA PSO
- Zertifizierungssystem FSC®
- Leitlinien zur klimaneutralen Produktion (Carbon Footprint)
- Zertifizierung EcoVadis (die Methodik besteht aus 21 Kriterien in den Bereichen Umwelt, Einhaltung menschlicher Rechte und Ethik)
- Zertifikat zum Energieverbrauch aus 100 % erneuerbaren Quellen
- Teilnahme am Projekt „Grünes Unternehmen" zum Schutz von Naturressourcen und der menschlichen Gesundheit

Abbildungen:
Martin Ehrensberger

Kartografie:
Battenberg Gietl Verlag GmbH

Haftungsausschluss:
Alle Inhalte wurden vom Autor sorgfältig recherchiert und nach bestem Wissen und Gewissen aufbereitet. Die Begehung der in diesem Buch beschriebenen Touren erfolgt auf eigene Gefahr. Der Verlag und der Autor übernehmen für etwaige Schäden sowie auch für Richtigkeit und Aktualität der Angaben keine Haftung. Der Verlag und der Autor weisen darauf hin, dass Privatgrund sowie auch privates Eigentum unbedingt zu respektieren sowie aktuelle Info-Tafeln hinsichtlich zu schützender Bereiche o. Ä. zu beachten sind.

1. Auflage 2024
ISBN 978-3-95587-433-9

www.battenberg-gietl.de